Mellan Döden och Livet

Av Dolores Cannon

Översatt av Madelene Ljungqvist

Library of Congress Cataloging-Publication Data
Cannon, Dolores, 1931- 2014
Mellan Döden och Livet
Orginaltitel: *Between Death and Life*
    Vad som sker mellan döden och livet, såsom det avslöjats av många subjekt genom hypnotisk regression till tidigare liv.
1. Hypnos 2. Reinkarnation 3. Tidigare liv terapi 4. Livet efter döden
1. Cannon, Dolores, 1931- 2014 II. Reincarnation III. Title

ISBN: 978-1-962858-22-9

Omslagsdesign: Victoria Cooper Art
Text: Times New Roman
Översatt av Madelene Ljungqvist
Bokdesign: Tab Pillar
Publicerad av:

OZARK
MOUNTAIN
PUBLISHING

PO Box 754
Huntsville, AR 72740
800-935-0045 or 479-738-2348 fax: 479-738-2448
WWW.OZARKMT.COM
Utgåva tryckt i U.S.A

Den här boken skrevs ursprungligen i början av 1990-talet och har stått sig väl genom tidens tand. På den tiden var livet efter döden inte ett ämne man öppet diskuterade på grund av rädslan förknippad med det. Nu är människor mer öppna för att prata om det och i att utforska denna osynliga värld. 2013 bestämde jag mig för att uppdatera denna bok med anledning av de frågor jag har fått genom åren och den ytterligare information som sedan dess framkommit. Inget av det som jag har skrivit om sedan jag först upptäckte detta ämne 1969 har någonsin motsagts. Under mina 45 år av arbete inom detta område har endast ny information tillkommit i mitt fortsatta arbete som reporter i jakt på förlorad kunskap.

Dolores Cannon

Yvs inte, Död, fast man har kallat dig
för mäktig, fruktansvärd, är du ej det,
ty dem du vräkt omkull med våldsamhet
dör ej, och Död, du kan ej döda mig.

John Donne
[1573-1631]
Sonett: Döden

Innehåll

Kapitel 1	Dödsupplevelsen	1
Kapitel 2	De som kommer för att välkomna	20
Kapitel 3	En nära döden-upplevelse	27
Kapitel 4	Skolorna	36
Kapitel 5	Den Stora Rundturen	62
Kapitel 6	Olika nivåer av existens	87
Kapitel 7	Så kallade "dåliga" liv	108
Kapitel 8	Guider	129
Kapitel 9	Gud och Jesus	139
Kapitel 10	Djävulen, besatthet och demoner	149
Kapitel 11	Spöken och poltergeists	164
Kapitel 12	Planering och Förberedelser	174
Kapitel 13	Det allmänna rådet	185
Kapitel 14	Inpräntning	198
Kapitel 15	Walk-ins	208
Kapitel 16	Resan tillbaka	222
Om författaren		235

Böcker av Dolores Cannon

Conversations with Nostradamus, Volume I
Conversations with Nostradamus, Volume II
Conversations with Nostradamus, Volume III
Jesus and the Essenes
They Walked with Jesus
Keepers of the Garden
Between Death and Life
The Legend of Starcrash
A Soul Remembers Hiroshima
Legacy from the Stars
The Custodians
The Convoluted Universe - Book One
The Convoluted Universe - Book Two
The Convoluted Universe - Book Three
The Convoluted Universe - Book Four
The Convoluted Universe – Book Five
Five Lives Remembered
The Three Waves of Volunteers & the New Earth
A Very Special Friend
The Search for Hidden Sacred Knowledge
Horns of the Goddess

För mer information om någon av ovanstående titlar, eller andra titlar i vårt sortiment, skriv till:

Ozark Mountatin Publishing, Inc.
PO Box 754
Huntsville, AR 72740 info@ozarkmt.com
479-738-2348 or 800-935-0045 www.ozarkmt.com

Kapitel 1
Dödsupplevelsen

JAG HAR BLIVIT anklagad för att tala och kommunicera med de döda, ett absolut icke inom religiösa kretsar. Jag hade aldrig tänkt på det på det sättet, men jag antar att det är sant. Med undantaget att de döda vilka jag talar med inte längre är döda, utan lever igen och fortsätter med sin vardag. För, som du förstår, är jag en regressionist. Det är en vanlig term för en hypnotisör som specialiserar sig på regressioner av tidigare liv och historisk forskning.

Det är fortfarande många som har svårt att acceptera tanken på att jag kan resa tillbaka i tiden och tala med människor medan de återupplever sina tidigare liv genom historien. Det är något jag snabbt blev van vid och som jag fann fascinerande. Jag har skrivit böcker där jag berättar om några av mina äventyr inom detta otroliga fält.

Att arbeta med tidigare liv är bland de flesta hypnotisörer helt uteslutet. Jag förstår inte riktigt varför, såvida det inte handlar om att de är rädda för vad de kan upptäcka och därför väljer att hålla sig till mer bekanta situationer de är säkra på att de kan hantera. En sådan terapeut anförtrodde sig åt mig en gång, som om han hade gjort ett verkligt genombrott, "En gång tog jag någon tillbaka till tiden då han var ett spädbarn."

Han var så seriös att det nästan var omöjligt för mig att hålla mig för skratt då jag svarade, "Jaså? Det är där jag börjar."

Även bland andra regressionister, vilka regelbundet använder minnen av tidigare liv som terapiform, har jag funnit att många har egna rädslor vad gäller att guida en hypnotiserad person genom dödsögonblicket, eller att ge sig in i perioden mellan liv då personen antas vara "död". De är rädda för att något verkligt fysiskt ska hända med den hypnotiserades kropp när denne är i trans. Att man på något sätt kan ta skada av att återuppleva dessa minnen, och särskilt i de fall de är traumatiska. Efter att ha gått igenom denna upplevelse med tusentals personer vet jag att personen inte lider några fysiska men. Inte ens om den regresserade personen avlidit på ett ohyggligt sätt. Jag vidtar naturligtvis särskilda försiktighetsåtgärder för att förhindra eventuella fysiska verkningar. Min högsta prioritet är alltid subjektets

1

välbefinnande. Jag är övertygad om att mina metoder helt ut skyddar subjektet. Jag skulle annars inte bedriva denna typ av forskning.

För mig är livet emellan, det så kallade "döda" tillståndet, något av det mest spännande jag stött på, eftersom jag tror att det finns mycket information där att hämta som kan vara till stor nytta för mänskligheten. Jag tror att människor kan komma att inse att döden inte är någonting att frukta. När de står inför den tiden i sitt liv, kommer de att inse att det inte är en ny upplevelse, utan en de är mycket bekanta med. De själva har redan upplevt det flera gånger. De kommer inte att ge sig ut i det stora okända, utan till en plats de besökt många gånger förut. En plats som många kallar "hem". Jag hoppas att människor kan lära sig att se födelse och död som evolutionära cykler vi alla går igenom och som därför är en del av själens utveckling. Efter döden finns det liv och existens på andra plan som är precis lika verkliga som den fysiska värld de ser omkring sig. De kan hända vara mer verkliga än så.

En gång när jag pratade med en kvinna som ansåg sig själv vara "upplyst," försökte jag förklara några av de saker jag upptäckt. Jag berättade för henne att jag utforskade hur det var att dö och var man hamnar efteråt. Hon frågade då upprymt: "Var hamnar man… i himlen, helvetet eller skärselden?"

Jag var besviken. Om dessa var de enda alternativ hon kunde föreställa sig var hon uppenbarligen inte så upplyst som hon trodde.

Irriterat svarade jag "Inget av det!"

Hon var chockad. "Du menar att man stannar i jorden?"

DÅ INSÅG JAG ATT för att kunna skriva denna bok så måste jag gå tillbaka till den tidpunkt då dörren först öppnades och försöka minnas mina övertygelser och tankar så som de var innan ljuset trängde in. Ingen lätt uppgift, men nödvändig om jag skulle kunna förstå och relatera till de som ännu söker den dörren och det ljuset. För jag måste kunna kommunicera med dem på ett sätt de kan förstå och varsamt leda dem längs vägen till ökad medvetenhet. På så vis kan de leva sina liv till fullo, utan rädsla för vad morgondagen ska föra med sig.

För många människor tycks ordet "död" så hotfullt, så slutgiltigt och så hopplöst. En mörk tomhet omgärdad av mystik och förvirring, eftersom den representerar en avskärmning från den fysiska världen, den enda plats de med säkerhet vet existerar. Liksom mycket annat i livet är döden för oss okänd, insvept i mystik, folktro och vidskepelse,

2

och därför fruktad. Samtidigt vet vi att det är något vi alla i sinom tid ska erfara. Oavsett hur mycket vi önskar skjuta det bort från oss och sluta tänka på det, vet vi att kroppen är dödlig och att den en dag ska upphöra existera. Vad händer efter det? Kommer den personlighet vi identifierar oss med också att upphöra existera när den fysiska kroppen dör? Är det liv vi lever nu allt som finns? Eller finns det någonting mer, någonting enastående och vackert bortom det liv vi känner till? Kyrkan har kanske rätt i att predika om Himlen för de goda och fromma, och Helvetet för de onda och fördömda. Med min ohämmade nyfikenhet söker jag alltid efter svar och jag tror att vi är många som delar denna längtan efter att veta. Det skulle göra livet så mycket enklare om vi hade fått leva det i lycka och kärlek, utan rädsla för vad som väntar på slutet.

När jag först började min regressionsforskning hade jag ingen aning om att jag skulle finna svar på någon av dessa frågor. Som en entusiast inom historia uppskattade jag framförallt att få resa tillbaka i tiden och kommunicera med människor från olika tidsperioder. Det var fantastiskt att få uppleva historien medan den skapades och se den genom deras ögon medan de mindes sina andra liv. Jag ville skriva böcker om deras versioner av dessa historiska perioder, eftersom de omedvetet bekräftade varandras berättelser medan de befann sig i djup trans. Det fanns mönster som jag inte förväntade mig att finna. Men sedan hände något oväntat som öppnade upp en helt ny värld för mig att utforska. Jag upptäckte perioden mellan liv, det så kallade "döda" tillståndet, den plats man kommer till efter att ha lämnat det fysiska livet på jorden.

Jag minns fortfarande första gången jag snubblade genom dörren och talade till de "döda". Det hände under en regression av ett tidigare liv, där personen i fråga "dog". Det skedde så snabbt och oväntat att det fullständigt överrumplade mig. Jag var inte fullt ut medveten om vad som hade hänt. Jag vet inte vad jag hade förväntat mig skulle ske i det fall någon skulle uppleva själva döendet. Men som jag sa, det hände så snabbt att det var omöjligt för mig att avvärja. Personen tittade ner på sin kropp och konstaterade att den såg ut precis som vilket annat lik som helst. Jag blev förbluffad över att personligheten inte hade förändrats - den hade helt klart förblivit intakt. Det här är viktigt. Det finns en rädsla hos människor att upplevelsen av att dö på något sätt kommer att förvandla dem eller deras nära och kära till någonting annat, något främmande och oigenkännligt. Återigen så är

3

det rädslan för det okända. Varför skulle vi annars vara så rädda för spöken och andar? Vi tror att övergångsprocessen på något sätt omvandlar den person vi hållit kär till någonting ondskefullt och skrämmande. Men jag har upptäckt att personligheten förblir densamma. Även om det emellanåt kan förekomma upplevelser av tillfällig förvirring så är det i grund och botten samma person.

När jag hade övervunnit min chock och förundran över att kunna kommunicera med någon efter de hade gått bort tog min nyfikenhet över och jag fylldes av frågor jag alltid undrat över. Efter det tillfället hade jag som vana att ställa några liknande frågor varje gång jag stötte på en person med förmågan att nå ett djupare tillstånd av hypnos, vilket krävdes för denna typ av forskning. Religiös övertygelse, eller brist på sådan, verkade inte ha någon inverkan på vad de beskrev. Deras svar var i stort sett identiska varje gång. Även om de formulerades olika sa de alla samma sak; vilket i sig är enastående.

Sedan jag påbörjade mitt arbete 1979 har jag haft hundratals och åter hundratals människor som genomgått dödsögonblicket. De har avlidit på alla tänkbara sätt: genom olyckor, skjutningar, knivhugg, bränder, hängning, halshuggning, och till och med genom en atombombsexplosion, vilket jag rapporterade om i min bok A Soul Remembers Hiroshima. De har även upplevt dödsfall av mer naturlig karaktär som hjärtattacker, sjukdomar och av att fridfullt gå bort i sömnen. Även om det funnits en stor variation har det också framträtt tydliga mönster. Sättet att dö på kan te sig olika, men det som händer därefter är alltid detsamma. Således har jag kommit fram till slutsatsen att det inte finns någon verklig anledning till att frukta döden. Undermedvetet vet vi vad som händer och vad som finns där borta. Inte så konstigt, vi har övat på det en hel del. Vi har alla gått igenom det otaliga gånger förut. I mitt arbete med att studera döden har jag funnit hyllningen till livet. Och det är allt annat än ett dystert ämne. Snarare en oerhört fängslande värld i sig.

Med döden kommer också visdom. Någonting händer när vi befrias från vår fysiska kropp och en helt ny dimension av kunskap uppenbarar sig. Människan är uppenbarligen begränsad och hämmad av det fysiska tillståndet. Personligheten, eller anden som fortsätter vidare, är inte begränsad på samma sätt, och den har förmåga att uppfatta långt mer än vad vi kan föreställa oss. På så vis, genom att tala med dessa människor efter att de har "dött", kunde jag få svar på

4

många gåtfulla och förbryllande frågor - frågor som har förföljt mänskligheten sedan tidernas begynnelse. Vad en ande har berättat har varit avhängigt den individuella andliga utvecklingen hos just den anden. Somliga har en djupare kunskap än andra och har kunnat uttrycka det på ett tydligare sätt, vilket gjort det mer begripligt för oss dödliga. Jag kommer att försöka beskriva vad de har upplevt genom att låta dem tala för sig själva. Den här boken är en sammanställning av vad många människor har låtit berätta.

EN VANLIG BESKRIVNING av det ögonblick döden inträffar är att man upplever sig frusen och att ens ande sedan plötsligt står bredvid sängen (eller var man nu befinner sig) och betraktar sin kropp. I de flesta fall kan de inte förstå varför de andra i rummet är så upprörda, eftersom de själva mår så fantastiskt. Den känsla man generellt upplever är den av upprymdhet snarare än den av rädsla.

Följande är en beskrivning av det frigörande ögonblicket då en kvinna i 80-årsåldern, som på grund av hög ålder, släpper taget om livet. Det är ett exempel som är typiskt och ständigt återkommande.

D: [Dolores] Du har haft ett långt liv, eller hur?
S: [Subjekt] Ehm, ja. Jag rör mig långsamt, tar så lång tid. (*Jämrande*) Det finns inte mycket glädje längre. Jag är så trött.

Jag förflyttade henne framåt i tiden till dess att själva döendet var över då det var uppenbart att det orsakade henne obehag. När jag hade räknat färdigt ryckte hela kroppen till på sängen och hon log plötsligt. Hennes röst var full av liv, utan det minsta spår från den utmattade ton som funnits bara ett ögonblick tidigare. "Jag känner mig fri!" Jag är ljus!" Hon lät så tillfreds.

D: Kan du se din kropp?
S: (*Äcklad*) Usch! Den gamla saken? Den är där nere. Åh fy! Jag hade ingen aning om att jag såg så förfärlig ut! Jag var så skrumpen och rynkig. Jag mår för bra för att vara så skrumpen. Den var helt utsliten. (Hon gav ifrån sig ljud av förtjusning.) Åh, åh, jag är så glad att jag är här!

Jag kunde knappt hålla mig för skratt. Hennes uttryck och tonfall stod i så stark kontrast till varandra.

5

D: *Inte konstigt att den var rynkig, den kroppen har levt i många år.*
Det är antagligen varför den dog. Du sa att du är "här,"var är du
någonstans?
S: Jag är i ljuset, och åååh, vad bra det känns. Jag känner mig
intelligent... Jag känner frid... Jag känner lugn. Jag behöver
ingenting.
D: *Vad är det du ska göra nu?*
S: De berättar för mig att jag måste vila. Åh, jag avskyr att vila när jag
har så mycket att göra.
D: *Måste du vila även om du inte vill?*
S: Nej, men jag känner att jag inte vill bli sådär instängd igen. Jag vill
utvecklas och lära mig nya saker.

Jag förmådde inte få några ytterligare svar från henne efter det,
förutom det att hon upplevde sig sväva. Av hennes ansiktsuttryck och
andning förstod jag att hon befann sig på viloplatsen. När ett subjekt
befinner sig där är det som om de försvunnit in i en djup sömn, i vilken
de inte vill bli störda. Det är meningslöst att ställa frågor till dem
eftersom de svar de ger blir osammanhängande.

Denna speciella plats kommer att beskrivas mer i detalj senare i
boken.

I ETT ANNAT fall upplevde en kvinna att hon på nytt genomlevde
förlossningen av ett barn i sitt hem. Hennes andning och kroppsliga
rörelser visade på att hon upplevde de fysiska symtom som kommer
av att föda barn. Detta inträffar ofta när både kropp och sinne minns.
För att undvika obehag hos subjektet tog jag henne framåt till en
tidpunkt då förlossningen antogs vara över.

D: *Fick du ditt barn?*
S: Nej. Jag hade det svårt. Det gick bara inte. Jag var utsliten, så jag
bara lämnade min kropp.
D: *Vet du vad det blev?*
S: Nej. Det gör ingen skillnad.
D: *Kan du se din kropp?*
S: Ja. Alla är upprörda.
D: *Vad tänker du göra nu?*

S: Jag tror att jag ska vila. I sinom tid måste jag komma tillbaka, men jag tänker stanna här en tid. Jag är i ljuset. Det är fridfullt.

D: *Kan du berätta var detta ljus finns?*

S: På den plats där all kunskap och allt är känt. Allt är rent och enkelt. Det finns en större ren sanning här. Det som finns i världen är inte till för att förvirra oss. Man har sanningen på jorden, men kan bara inte se den.

D: *Du sa att du någon gång behövde komma tillbaka. Hur vet du det?*

S: Jag var svag. Jag borde ha haft förmåga att hantera smärtan. Jag måste hitta ett sätt att bättre klara av det. Jag vet att jag måste återvända och att jag måste bli fullständig, hel. Smärta är något jag måste övervinna. Jag måste lära mig att övervinna världens alla plågor.

D: *Men att uppleva smärta är väldigt mänskligt och något som är utmanande att göra när man befinner sig i en kropp. Det är lättare att se det på ett annat sätt från den plats du är på nu. Tror du att det är en erfarenhet du vill dra lärdom av?*

S: Det kommer jag att göra, ja. Ibland tar det ett litet tag för mig, men jag kan göra vad som helst. Jag tror att jag borde ha varit starkare. Jag hade kunnat göra bättre ifrån mig, men jag tror att jag bar med mig mycket rädsla från den tid då jag var sjuk som barn. Jag trodde att det här skulle bli lika illa. Och... Jag gav upp. Smärta... När du i ditt sinne arbetar med det högre tillståndet av medvetande och avlägsnar dig själv till det rena ljuset och den rena tanken så upphör smärtan att existera. Smärta är bara något att lära av. När vi lär oss om smärta på det mänskliga planet blir vi panikslagna och uppvisar en för stunden utåtriktad oro. Genom att distansera oss, fokusera och nå djupt inom oss och genom att vara tålmodiga, kan vi höja oss över det.

D: *Har smärta ett syfte?*

S: Smärta är ett läroverktyg. Man använder det ibland i syfte att göra människor mer ödmjuka. Ibland kan en högmodig ande få lära sig ödmjukhet genom lidande. Det visar att man småningom måste lära sig att höja sig över den, för att på så sätt kunna hantera den. Bara det att förstå smärta och varför vi har den kan ibland lindra den.

D: *Men som du sa, människor blir panikslagna och tror inte att de kan hantera det.*

7

S: De blir för alltför självcentrerade. De måste se bortom sitt egenintresse och vad de känner för stunden och nå en mer andlig nivå. Först då kan de hantera det. Numera frambringar vissa människor smärta hos sig själva eftersom de tror att det fungerar som ett skydd. De kan använda smärta som en ursäkt, eller som en "utväg," och det är då syftet. Det varierar med individen. Vad är smärta? Det kan inte påverka dig om du inte tillåter det att göra det. Om du erkänner att det skadar dig ger du smärtan makt. Ge den inte makt. Det är onödigt att känna den. Allt är kopplat till människan. Utforska ditt inre, ditt högre medvetande; det har ingen kontroll över dig.

D: *Så människor kan avskilja sig från smärta?*

S: Självklart, om de vill. Det vill de inte alltid. De vill ha sympati och självbestraffning och alla möjliga saker. Människor är lustiga. Alla vet hur man gör dessa saker, bara de tar sig tid. De måste finna ett sätt för sig själva, för de skulle inte tro det om du berättade att det fanns ett enklare sätt. De måste lista ut det på egen hand. Det är en del av de lärdomar som tar en framåt.

D: *Människor är så rädda för att dö. Kan du beskriva för mig hur det är när det händer?*

S: Tja, när jag är i kroppen så känns den tung. Den tynger mig. Det är bara otrivsamt. Men när man dör är det en lättnad. Det är rogivande. Människor bär alla dessa problem med sig. Och det är som att de bär med sig en börda för att de är så belastade av en massa andra saker. När man dör är det som att man slänger ut dem genom fönstret, vilket känns bra. Det är en övergång.

D: *Jag antar att människor är rädda för att de inte vet vad de har att förvänta sig.*

S: De fruktar det som är okänt. De måste bara ha tro och tillit.

D: *Vad händer när någon dör?*

S: Man bara reser på sig och lämnar. Man kommer hit. Till ljuset.

D: *Vad gör du när du är där?*

S: Fulländar allt.

D: *Var tar du vägen om du måste lämna ljuset?*

S: Tillbaka till jorden.

D: *Är det ovanligt för oss att kommunicera genom tid med er på detta sätt?*

S: Tid har ingen betydelse. I detta sammanhang finns ingen tid. All tid är ett.

D: Då störs du inte av att vi kommunicerar med dig från en annan tid eller plats?
S: Varför skulle jag det?
D: Ja, vi trodde att det kanske var så, och jag vill inte vara till besvär.
S: Jag tror att det stör er mer än mig.

ETT ANNAT EXEMPEL handlar om en flicka som avled vid nio års ålder. När jag först talade med henne var hon på tur med hövagn till en skolpicknick i slutet av 1800-talet. Det fanns en bäck i närheten av platsen för picknicken och de andra skulle gå och bada. Hon kunde inte simma särskilt bra och var rädd för vattnet, men hon ville inte att de andra barnen skulle veta det, av rädsla för att bli retad. Eftersom några av de andra hade fiskespön så bestämde hon sig för att låtsas fiska, så att ingen skulle få reda på att hon inte kunde simma. Den lilla flickan var verkligen orolig för det och kunde inte njuta av turen på hövagn alls. Jag sa till henne att flytta sig framåt till en viktig dag när hon hade blivit äldre. När jag hade räknat färdigt uppgav hon glatt "Jag är inte där längre, jag är i ljuset." Detta var något oväntat, så jag frågade vad som hade hänt.

S: (*Sorgset*) Jag kunde inte simma. Mörkret bara slöt sig om mig. Jag kände hur det brände i mitt bröst. Och sedan var jag bara i ljuset, och ingenting spelade längre någon roll.
D: Tror du att bäcken var djupare än du först hade trott?
S: Jag tror inte att den var så djup. Jag blev riktigt rädd. Jag tror att mina ben bara vek sig och att jag inte kunde stå upp. Jag var bara rädd.
D: Vet du var du är?
S: (*Hennes röst var fortfarande den av ett barn*) Jag är i evigheten.
D: Är det någon hos dig?
S: De arbetar. De är alla upptagna av att... fundera på vad de behöver göra. Jag försöker förstå alltihop.
D: Tror du att du har varit på den här platsen tidigare?
S: Ja, det är mycket fridfullt här. Men jag kommer att återvända. Jag måste övervinna rädsla. Rädsla är något man skapar själv och det är förlamande. Jag tror faktiskt inte att vattnet var djupt. Jag tror att min rädsla förvärrade det. Det värsta som kan hända brukar inte vara så illa som vi tror. (*Rösten lät mer mogen nu*) det är ett

monster i människans sinne, och rädsla påverkar bara de på jorden. Det är det mänskliga sinnet. Anden förblir opåverkad.

D: *Tror du att människor drar det de är rädda för till sig?*

S: Oh, ja! Man drar på sig dessa saker själv. Tanke är energi; den är kreativ och den får saker att hända. Det är lätt att se någon annans rädslor som löjliga och oviktiga, och man tänker "Hur kan de vara rädda för det där?" Men när det är din egen rädsla är den så djup och så personlig och så gripande att den bara överväldigar dig. Så om jag kan se på andra människors rädslor och hjälpa dem att förstå dem, tror jag att det kan hjälpa mig att förstå mina egna.

D: *Det låter väldigt rimligt. En av de största rädslor människor har är ju rädslan för att dö.*

S: Det är inte så farligt. Det är det enklaste jag någonsin har gjort. Det är som om all förvirring upphör, tills du börjar om igen, och det blir mer förvirring.

D: *Men varför fortsätter man då att återvända?*

S: Man måste fullborda cykeln. Man måste lära sig allt och övervinna alla världens utmaningar så att man kan nå fulländning och evigt liv.

D: *Det är dock en stor uppgift att försöka lära sig allt.*

S: Ja. Ibland är det väldigt tröttsamt.

D: *Det verkar som att det kan ta en lång tid.*

S: Härifrån verkar allt så enkelt. Jag har kontroll. Jag kan till exempel förstå rädslan och hur jag känner nu; jag känner att den inte kan påverka mig. Och ändå är det något med människan i sig. När du är där blir du så uppslukad av det. Jag menar, det blir en del av dig och det berör dig och det är inte så lätt att stå emot och vara objektiv.

D: *Nej, det är för att man är känslomässigt involverad. Det är alltid lätt för någon annan att se på det och säga "vad enkelt."*

S: Det är som att se på någon annans rädslor. Jag måste lära mig att härda ut och stanna i ett liv och inte lämna innan jag fått ut så mycket som jag möjligtvis kan från det livet. Jag tror att det skulle vara mycket lättare om jag hade ett liv jag kunde stanna vid för att gå igenom många upplevelser, istället för att leva så många korta liv. Jag slösar bort mycket tid. Därför kommer jag att vara noga med att välja ett där jag kan uppleva mycket och därmed begränsa mina resor tillbaka. Men jag tror också att det gör det svårare. Det finns vissa saker människor behöver jobba ut sinsemellan när de interagerar i en relation. Det man gör kommer tillbaka till en.

Att hela livet "flimrar oss förbi" när vi dör har länge varit ett uttryck i vår kultur. Detta har inträffat i några av de fall jag har undersökt. Det händer oftare efter döden när den avlidne ser tillbaka på sitt liv och analyserar det för att se vad de har lärt sig. Det är ofta tack vare hjälpen man får från mästarna på den andra sidan, vilka är mer benägna att se mer objektivt på livet, utan känslor. Ett av mina subjekt kunde objektivt granska sitt liv på ett okonventionellt sätt. Samtidigt är det svårt att säga vad som är konventionellt och vad som följer ett typiskt mönster när man arbetar inom ett område som regressiv hypnotisk forskning.

Denna kvinna hade genom regression just gått igenom ett tidigare liv och nått tidpunkten för döendet i det livet. Hon dog fridfullt som en gammal kvinna och såg på när hennes kropp fördes till en kulle nära hemmet för att begravas i en familjegrav. Men istället för att gå över till den andra sidan bestämde hon sig för att återvända till sitt hem för att ta hand om oavklarade saker. Där blev hon förvånad över att upptäcka att hon plötsligt framstod som ett spöke, med förmåga att gå genom väggar. Hon såg sig själv som en dimma eller en mist i formen av en människa, och blev förvånad över att upptäcka att man kunde se möbler och föremål genom henne, som om hon vore genomskinlig. Det var ganska intressant för henne att befinna sig i detta underliga tillstånd, och hon vandrade runt i huset för att utforska vad hon mer kunde göra. Vid ett tillfälle hörde hon kammarjungfrun anmärka på att den gamla kvinnan hemsökte huset, då de kunde höra henne vandra omkring.

Det blev efter en tid tråkigt att vara ett spöke eftersom hon förstod att ingen vare sig kunde se eller höra henne, och för att hon var oförmögen att kommunicera. Snart insåg hon att hon inte skulle kunna utföra det hon kommit tillbaka för att göra, på grund av sitt osolida tillstånd. I samma ögonblick som hon kom till denna insikt var hon ute ur huset och stod istället och blickade ut över dalen från en kulle. Hennes bortgångna man hade kommit för att ta emot henne och stod vid hennes sida. I den dimensionen var de unga igen och såg ut precis som de hade gjort på sin bröllopsdag. Medan de stod där arm i arm och blickade ut över dalen förvandlades den till en "dal av liv", men var snarare mer som en "livets dal". Hon beskrev det senare som att

11

det vore som om en färgstark palett eller filt hade kastats över dalen, och att ett kollage av scener och platser från det liv hon just hade lämnat bakom sig framträdde. Istället för att se sitt liv passera linjärt framför sig, med en scen efter en annan, lades det hela ut framför dem. Hon sa, "Vi kan se familjegraven, vi kan se staden, vi kan se bergen. Det är som om vi kan se allt vi känt på en och samma gång. Det är som om det här var vårt liv, och det här är vad vi hade tillsammans. Och vi kan se att vi delade det och att vi gick igenom det tillsammans. Vi är glada över att vi tog oss igenom det så som vi gjorde. När det var över hade vi någonting som var intakt. Det är rogivande. Det är som om man står där och granskar. Som om man hade stora fält med olika plantor som växte. Eller som om man hade en massa blommor i en trädgård och stod där och undersökte dem. Man skulle komma ihåg vad man hade gjort för att förbereda jorden. Man skulle komma ihåg hur någonting växte och formades. Och att det var slutresultatet som lades ut framför en. Man ser ut över denna dal av liv och pekar mot vissa områden, och säger "Ja, vi hade det verkligen bra där, och det här var den stora saken vi gjorde tillsammans där." Man beundrar alla de olika delarna av trädgården och kan se allting på en och samma gång. Alla de olika scenerna av ens liv ligger framför en, och man kan röra vid dem. Det var bokstavligen som om vi kunde se våra liv som i ett urklippsalbum, bara mer eller mindre som en dal.

Hon fann stor tillfredsställelse i att betrakta dessa scener, även om det var svårt att observera de svårare delarna av livet. Det fanns heller inget dömande inblandat. De verkade finnas ett slags mentalt antecknande i syfte att påminna om vad de ville förändra till nästa gång. Det här är givetvis inte det enda sätt att betrakta det liv man just lämnat bakom sig på, men det var ett vackert sådant.

I ETT ANNAT FALL kommunicerade jag med en man som just hade gått bort i en lavin. Jag frågade honom hur det var att dö.

S: Har du någon gång dykt ner i en djup pool.. ner till det mörka och dunkla på botten? När man tar sig tillbaka upp mot vattenytan blir det ljusare och ljusare. Och sedan, när man tar sig genom vattenytan, är det solljus överallt. Så var det att dö.

D: *Tror du att det var så på grund av sättet du dog på, med alla stenar som föll på dig?*

12

S: Nej, det var så för att jag skulle från det fysiska planet till det andliga planet. När jag lämnade min kropp var det som att ta sig upp ur poolen. Och när jag nådde det andliga planet var det som att ta sig genom vattenytan och in i solljuset. Om man dör i en olycka gör det fysiskt ont precis innan man förlorar medvetandet på det fysiska planet eftersom kroppen är skadad. Men efter att man har förlorat medvetandet är det väldigt lätt och naturligt. Det är lika naturligt som allt annat i livet: att älska, gå, springa, simma. Det är bara en annan del av livet. Döendet är behagligt. Om människor oroar sig över det, be dem att ta sig till den del av en flod som har en djup damm. Be dem att dyka ner till botten av dammen. Sedan, på botten, energifullt trycka sig uppåt med fötterna för att med kraft ta sig genom vattenytan. Berätta för dem att det är så det är.

D: Jag tror att många är oroliga över att döden ska vara smärtsam.

S: Döden är inte smärtsam såvida man inte har behov av smärta. I de flesta fall upplever man ingen smärta, om man inte har önskat det. Det kan vara extremt smärtsamt om man önskar det eller känner att man behöver dra lärdom av det. Men man kan alltid separera sig själv från det. Och det är alltid en möjlighet, oavsett hur kopplad man är till det som pågår. Det är möjligt för alla att separera kropp och själ under tiden för sådan smärta.

D: Men är den faktiska döden, när man lämnar kroppen, smärtsam?

S: Nej. Övergången är snarare enkel än påtvingad. Smärta kommer från kroppen. Anden känner ingen smärta utöver ånger. Det är verkligen den enda smärta en ande kan känna. En känsla av att man kunde ha gjort något...mer. Det är smärtsamt. Men fysisk smärta tjänar inte längre något syfte då det är något man lämnar med kroppen.

D: Är det möjligt att lämna kroppen innan själva döden inträffar, och bara låta kroppen lida av smärtan?

S: Ja. Personen i fråga har det valet, oavsett om man vill stanna och gå igenom det eller lämna och bara se på. Det är alltid en möjlighet alla har.

D: Jag anser personligen att det skulle vara lättare, särskilt i det fall det skulle vara en traumatisk död.

S: Det är helt upp till individen.

13

I mitt arbete har jag stött på flera exempel på just det. Under en regression blev en ung kvinna bränd på bål för sin tro medan hela staden såg på. Hon var livrädd och samtidigt väldigt arg på de trångsynta människor som bar ansvaret för det. När lågorna steg högre bestämde hon sig för att inte ge dem tillfredsställelsen av att se henne lida. Så hon lämnade kroppen och betraktade det som utspelade sig från en position från ovan. Där såg hon, till sin förtret och förargelse, kroppen skrika av smärta medan den plågades av att brännas till döds. I det här fallet var det ganska uppenbart att kroppen och anden var två separata ting.

Jag tror att det skulle vara väldigt lugnande och tröstande för de människor som förlorat nära och kära på ett hemskt och våldsamt sätt, att veta att de förmodligen inte ens upplevde den mest traumatiska delen av döden. Det verkar ganska logiskt att anta att anden inte skulle vilja stanna kvar i kroppen och uppleva all denna smärta. Därför avlägsnar sig anden, och kroppen reagerar då endast spontant. Ungefär så som vi reagerar när vi råkar skära eller bränna oss. Vi skriker till och drar undan handen. Det är inte en medveten reaktion, utan en ofrivillig. Således verkar det som att det endast är kroppen som reagerar under en hemsk död medan den verkliga personligheten lämnat för att se på från avstånd.

EN ANNAN BESKRIVNING av döden:

S: Föreställ dig att du är naken, frusen och blöder medan du går genom en mörk skog full av törnbuskar och vilda djur och konstiga ljud. Du vet att det bakom varje buske gömmer sig ett odjur, redo att anfalla och slita dig i stycken. Och att du sedan plötsligt kommer fram till en glänta med grönt gräs, fåglar som sjunger, vita moln på himlen och en trevlig porlande bäck som slingrar sin väg. Om du tänker på skillnaden i dessa scenarier kan du förstå min liknelse som skildrar det du skulle kalla liv och död.

D: Men det finns många människor på jorden som är rädda för det.

S: Många människor som befinner sig i skogen är rädda, det stämmer. När de väl kommit ut ur skogen finns det ingen mer rädsla. Rädslan finns inne i skogen.

D: Alltså finns det ingenting med övergången att vara rädd för?

S: Det finns vissa övergångar som är mer önskvärda än andra. Det ska jag inte hålla tillbaka med. Men en dörr är bara en dörr. Oavsett hur många gånger du öppnar den kommer det aldrig vara något annat än en dörr.

EN ANNAN BESKRIVNING:

S: Människor borde inte vara rädda för att dö. Det är inte värre än att andas. Själva döendet är lika naturligt och smärtfritt som...att blinka. Och nästan så är det. Ena stunden är du på ett existensplan, och i ett annat ögonblick befinner du dig bokstavligen på ett annat. Det är ungefär så man fysiskt förnimmer det, och precis lika smärtfritt. All smärta man känner under processen kommer från fysisk skada, men andligt finns det ingen smärta. Ens minnen är intakta och man känner sig densamma, som om ens liv fortsätter vidare. Ibland tar det en stund att inse att man inte längre är bunden till sin fysiska kropp, men det är ändå något man vanligtvis direkt märker av, eftersom ens uppfattningsförmåga vidgas så till vida att man kan uppfatta det andliga planet, med slöjan ur vägen. Det här är den grumliga spegeln, som vissa har liknat det vid. Vad som händer är att det till en början följer en period av orientering. Man är fortfarande mycket medveten om det fysiska planet, men utforskar och upptar sensationerna av att vara medveten om det andliga planet tills man vant sig vid att man verkligen befinner sig på det andliga planet och känner sig bekväm i det.

D: *Kan du berätta om anden även inkluderar själen, när den lämnar kroppen?*

S: Din ande är din själ. Själen omfattar den energi man identifierar som sin ande, sin identitet, sin verklighet. Det är verkligen ditt sanna jag. Man kan välja att kalla det för såväl ande som själ, beroende på hur man, utifrån sin egen verklighet, väljer att tolka det.

D: *Vi har hört mycket om vad man kallar för "silversträngen." Finns det någon sådan?*

S: Detta är, som du kanske förstår, en livlina till din kropp som är mycket verklig till sin natur. Ur ett energimässigt perspektiv är det denna sträng som utgör livlinan mellan vår energi och fysiska kropp. Det är en verklig anordning.

D: *Denna sträng blir alltså avskuren vid dödsögonblicket?*

S: Det stämmer.

15

D: Vissa människor är rädda för utomkroppsliga upplevelser eftersom det finns en rädsla för att separeras från sin kropp för tidigt.
S: Det är möjligt att göra detta. Men det sker då nästan säkerligen med avsikt snarare än av ren slump.
D: Du menar att silversträngen håller dem bundna så att de inte går vilse, så att säga, när de har utomkroppsliga upplevelser?
S: Det stämmer. Man borde inte vara rädd för att uppleva astralt resande. För om det inte vore menat skulle det heller aldrig ske.
D: I många fall är det inte planerat, det sker spontant.
S: Det stämmer. Det sker "spontant."

I mitt arbete har jag upptäckt att de flesta inte är medvetna om att man reser utanför sin kropp varje kväll när man somnar. Det är kroppen som blir trött och behöver vila; anden eller själen har inte något behov av sömn. Det skulle vara väldigt tråkigt för det "riktiga" du, anden, att vänta på att kroppen skulle vakna för att kunna fortsätta med sitt arbete. Så medan kroppen sover är det riktiga du ute på alla möjliga äventyr. Du kan resa över hela jorden, tillbringa tid på den andliga sidan, och till och med besöka andra planeter och dimensioner. Du är vanligtvis inte medveten om det, såvida du inte kan minnas drömmar av att flyga eller av ovanliga platser. Du är alltid bunden till din kropp genom silversträngen, din livlina, din navelsträng. Och när det är dags att återvända blir du mer eller mindre "dragen tillbaka", och din ande återvänder till din kropp. Klienter har berättat för mig att de ibland upplever en tillfällig förlamning precis innan de vaknar. Detta inträffar när personen plötsligt väcks (av ett högt ljud eller liknande) innan anden helt är tillbaka i kroppen. Kopplingen mellan kropp och ande har då inte helt fullbordats och resultatet blir således en tillfällig förlamning.

D: Finns det några risker med att stanna utanför kroppen?
S: Vi uppfattar inte att det skulle finnas några risker. Om personen inte återvänder så är det ett val han eller hon gör och har inte att göra med att någon illvillig energi tagit sig fram och klippt av strängen.
D: De skulle med andra ord inte kunna gå vilse, utan att finna sin väg tillbaka?
S: Vi uppfattar inte detta som sant.

D: Då är man verkligen bunden till sin kropp fram till dödsögonblicket när strängen blir avskuren? Det är som en navelsträng, så att säga?

S: Det är helt korrekt.

D: Vad skulle man säga är orsaken om man avlider medan man har en utomkroppslig upplevelse? En hjärtattack?

S: Frågan avser vilka de fysiska symtomen skulle vara. Plötslig spädbarnsdöd tillskrivs ofta detta. Det finns även de som på grund av sin ålder väljer att inte återvända, och man finner dem då i sitt sömntillstånd.

D: Är det en hjärtattack?

S: Eftersom en hjärtattack är inducerad av en verklig fysisk åkomma så är inte det fallet och inte heller vad vi refererar till här. De dör i så fall i sömnen och skulle vara av, vad vi kallar, "naturliga orsaker."

D: Man skulle alltså inte finna en orsak om man gjorde en obduktion?

S: Det stämmer.

D: Hur är det med människor som dör av spontan självförbränning? Det är ett mysterium som saknar förklaring.

S: Det orsakas av en obalans av vad ni skulle kalla för "kemikalier" i systemet. Det är på grund av det faktum att människans kropp förbränner mat, och att det sker genom en mycket kontrollerad och långsam process. En sådan död orsakas av en förbränning av kroppsvätskor. Det har ofta att göra med ärftliga faktorer, vilka orsakar en obalans av den kemiska sammansättningen i kroppen. För mycket fosfor i kroppssystemet, till exempel.

När människor befinner sig på den andliga sidan upprättar de en plan innan de återinträder det karmiska hjulet som kallas "jorden". Det är en plan för vad de hoppas åstadkomma under sitt nästa liv. De ingår också avtal med andra själar som kommer att vara viktiga för dem att interagera med i det kommande livet. Detta avtal inkluderar även en utträdesplan. Alla planerar för hur de ska lämna eller avsluta det nuvarande livet. Jag har funnit att ingen någonsin dör förrän det är deras tid att dö. Det finns inget sådant som olyckor. Det är helt enkelt det sätt själen valt att lämna på. När själen har uppnått vad den avsett är det dags att gå vidare till nästa fas av existerande. Jag har funnit att det är möjligt att fördröja döden under en kort period, men man väljer ändå att lämna när ens bestämda tid är inne. Det medvetna sinnet har naturligtvis inget minne av denna del av planen, eftersom slöjan av glömska sänks när vi träder in i detta liv och minnet av den andliga sidan tas bort. Vid ett tillfälle sa de, "Det skulle inte vara ett test om man hade alla svar." Så vi måste förbli medvetet omedvetna om våra själsplaner.

D: Hur är det med människor som dör i grupp? Det finns många fall, såsom tågolyckor, massakrer och jordbävningar, där många verkar dö vid samma tillfälle. Har de alla valt att gå bort samtidigt eller hade de något att säga om den saken?

S: Du är medveten om begreppet karma på en individuell nivå. Det finns faktiskt också vad som kallas "gruppkarma." Det har funnits, genom många eoner av tid, fall där själar har tenderat att gruppera sig för att utföra vissa uppgifter, eller för att etablera förändringar, eller för att uppleva livet i grupp, mycket som ni tenderar att uppleva på individuell nivå. Dessa "gruppdödsfall" är inget annat än individuella själar som kommer samman vid vissa punkter i sin övergång; det vill säga, i sitt lärande av att dö. Och när de gör det befinner de sig vid en tidpunkt då det skulle vara som mest lämpligt att lämna samtidigt.

D: Kom de överens om att göra detta innan de trädde in i livet?

S: Det stämmer. För det är i denna gruppövergång som de finner stöd. Det finns en gemensam erfarenhet på så vis att de inte är ensamma i denna övergång. I många fall har det funnits flera gemensamma födslar och liv, så det är inte ovanligt att stöta på flera gemensamma dödsfall.

D: Var det fallet med astronauterna som omkom i olyckan med rymdfärjan Challenger?

S: Det var mycket riktigt ett fall där man kommit överens om att dela dödsupplevelsen.

D: Men det orsakade så mycket lidande för familjerna och för människor över hela landet. Om det nu var deras öde, varför kan vi då inte vara glada över det?

S: Det kan vara så att det finns en snäv syn på hur man betraktar dessa händelser. Ni tänker bara på de individer som gick bort. Så är inte fallet. Det finns många andra element inblandade. I ett fall som detta kom de överlevande samman, de delade upplevelsen. När man ser att någon annan delar sorgen är det mycket lättare för en individ att uppleva det, med vetskapen att det finns andra som går

18

igenom samma sak. Det här var alltså en gruppupplevelse på många nivåer.

Många beskriver själva upplevelsen av att lämna sin fysiska kropp som att de rör sig mot ett starkt bländande ljus i slutet av en tunnel eller liknande. Dessa beskrivningar har duplicerats i rapporter av NDU (nära döden-upplevelser). Ett av mina subjekt sa att detta vita ljus var ett intensivt energifält som fungerade som en barriär mellan vår fysiska värld och det andliga riket. I nära döden-upplevelser närmar personen sig ljuset, men dras tillbaka till kroppen innan de går in i det. De har faktiskt varit i en nära döden-situation, men fullföljde inte övergången. De tog sig inte tillräckligt långt. När mina subjekt återupplever sin död tar de sig igenom det vita ljuset, barriären. Vid den punkten är energin så intensiv att den skär av "silversträngen", navelsträngen som förbinder anden med den fysiska kroppen. När detta inträffar kan anden inte ta sig tillbaka genom barriären och återinträda kroppen. De två har för alltid blivit separerade. Utan denna förbindelse till livskraften (själen eller anden) börjar kroppen snabbt att förfalla.

Kapitel 2
De som kommer för att välkomna

EFTER SJÄLVA DÖENDET tycks det för vissa andar följa en period av förvirring. Det är dock inte något alla upplever. Mycket beror på om döden har varit naturlig eller plötslig och oväntad. Vad jag huvudsakligen funnit är en försäkran om att man aldrig är ensam efter att ha gått igenom själva döendet.

S: Ibland följer en period då man inte är helt säker på var man är någonstans, det vill säga huruvida man befinner sig på det fysiska eller andliga planet, eftersom vissa förnimmelser är likartade, och samtidigt inte. Man försöker förstå vad som pågår och var man befinner sig. Det uppstår en period av orientering, eller omorientering, vilket för vissa kan vara förvirrande när de försöker lista ut hur de ska fortsätta vidare. Men de behöver inte oroa sig, eftersom hjälp sänds omedelbart. Vanligtvis kommer det en handfull av själar som man har haft nära karmiska kopplingar till i tidigare liv. Det finns alltid en eller två, eller till och med flera, som befinner sig mellan inkarnationer själva. De kommer att vara där för att möta dig. Och man kommer att känna igen dem tack vare den anknytning man haft till dem i det omedelbara och föregående livet. Något annat som orsakar förvirring när du går över till det andliga planet är att ditt minne börjar öppna upp till dina tidigare inkarnationer och hela din karmiska bild. Och då känner du igen dem själarna. Först och främst genom den relation du har haft till dem i det liv du just lämnat, och sedan genom andra relationer du haft till dem. Det är en del av processen av att minnas all sin karma medan man befinner sig på det planet. Att förstå vad du just har slutfört och vad det är du har kvar att arbeta med nästa gång du återvänder till jorden.

D: *Då är det sant att det alltid kommer någon när människor dör?*

S: Ja. Om det är möjligt är det ofta någon som har varit speciell för dem under deras liv, om de inte har hunnit reinkarnera. Någon de kan identifiera sig med. Attraktionskraften finns där för att hjälpa dem genom övergångsperioden.

D: Många gånger dör människor våldsamt eller plötsligt. Om de inte
vet att de är döda, är de då mer benägna att bli förvirrade?

S: Ja, det stämmer. Den som är där för att hjälpa måste då förklara för
dem vad det är som händer, och sedan hjälpa dem igenom det.

D: När anden möts av andra själar efter att den har dött, var tar den
vanligtvis vägen?

S: Den kommer till planet för inlärning. Det finns ingen central plats
för det; det är bara ett tillstånd av varande. Vanligtvis interagerar
anden med många andra själar medan den gör detta. Efter att har
lärt sig vad den behöver inför nästa liv rådgör den med de andliga
mästarna och börjar förbereda sig inför nästa inkarnation. Den
rådgör med de andliga mästarna för att se vilken typ av situation
som skulle vara bäst för anden att komma tillbaka till. Det finns
också konsultation kring vilka själar som skulle vara mest
lämpliga för den att interagera med och som skulle vara gynnsamt
för alla.

D: Har du någonsin hört talas om viloplatsen?

S: Ja, om du syftar på det jag föreställer mig så är det en särskild plats
för skadade själar, eller för de som har dött traumatiskt, att vila
och återhämta sig på innan de återförenas med andra själar eller
återinträder inkarnationsplanet.

D: Det finns vissa som tror att Jesu ande kommer att kontakta och
guida dem när deras själ lämnar kroppen.

S: Det är fullt möjligt. Dock inte obligatoriskt och förekommer inte i
alla dessa fall. Det sker emellanåt om den individ som genomgår
en övergång ber om eller önskar att möta Jesus energi, vilket då i
själva verket skulle vara Jesus energi som manifesterar sig. För
Han har så uttalat att Hans hjälp skall vara en del av denna
process, och att den ska finnas där för vem som än väljer att vara
öppen för den, oavsett man är inkarnerad eller inte. Det gäller även
för de av annan tro eller religion. Om man har en djup tro på en
viss entitet kommer den andliga energin att finnas där för att
underlätta övergången, om det så är vad de önskar.

D: Det finns också en tro på att det finns en plats i den andliga världen
där andar sover, eftersom de dör i tron att de måste vila till dess
Jesus kommer en andra gång för att återuppväcka dem.

S: Det vilket du förväntar dig finna, eller den verklighet som du
skapar, är i sanning också vad du finner. Om de förväntar sig att
vakna upp till kanske en karneval, då skulle det vara just vad de

finner. Allt är möjligt om man tror på det. Det finns så många olika saker som kan hända efter döden av vad ni kallar den "fysiska kroppen." När en kropp dör (det gör aldrig själen); om det är en stillsam död upplever man en känsla av lättnad, förundran och frihet. Det personen förväntar sig att finna kommer till största delen att göra det. Om de förväntar sig att träffa sina guider eller vänner längs vägen för att hjälpa dem mot ljuset, då är det precis det de kommer att göra. Om de har en djupt rotad tro på fördömelse och helveteseld, och om de tror att det är vad de förtjänar, då är det också vad de kommer att uppleva. Mycket av det beror på förberedandet av den individuella själen innan döden. Men vanligtvis möter man de som stod en nära, innan övergången till den andra sidan. I de flesta fall kommer en själ för att guida dem till en plats för helande, där de kan sig ur detta tillstånd av förvirring och förstå vad det är som har hänt. Det kan vara så att anden är förvirrad för att det har gått en lång tid sedan de befann sig på den sidan. De som möter dem kommer att hjälpa dem med denna förvirring och att hitta den plats de vill och behöver gå till. De upplever heller ingen rädsla om det är någon de känner, för det är ju denna rädsla som gör att människor hamnar i ett tillstånd av chock. För de som upplevt en traumatisk död följer en period av djup, djup vila, till dess de kan hantera vetskapen om att kroppen upphört att existera. Uppvaknandet sker då mycket långsamt. Vi har inget behov av människor som förvirrat vandrar omkring. De kan skada såväl sig själva som andra.

D: *Gör de det ibland?*

S: Ja, det händer ibland. De vet inte var de befinner sig. I sin panik kan de skada sig själva och tänka: "Jag måste tillbaka, jag måste tillbaka." De binder sig själva till var de dog genom känslan av att det är något overkligt.

D: *Så det är bättre att de får vila?*

S: Ja, eftersom uppvaknandet då kan ske långsamt och i vetskap om att det som inträffat är något bra, att det är rätt och naturligt. Chocken och traumat har då försvunnit.

D: *Möter deras nära och kära dem även vid en traumatisk död?*

S: Ja. Ibland bara för att föra dem till en plats där de kan vila. Men vad ni skulle betrakta som en traumatisk död betraktas inte alltid som traumatisk från den andra sidan. Många skulle möjligen anse att soldater har dött på ett traumatiskt sätt. Ändå är de mer

22

accepterande än andra av vad som har skett, mer så än kanske någon som går bort i samband med en förlossning.

D: Jag antar att det helt enkelt beror på omständigheterna och den individuella själen.

S: Till stor del, ja.

DET TYCKTES FINNAS en etablerad cykel av att ständigt behöva återvända till jorden efter att ha varit på den andra sidan. Själv såg jag det som att om någon befann sig på en plats där de inte kunde dö, att de naturligtvis skulle vilja förbli där för alltid. Jag tänkte på människans ständiga jakt efter odödlighet på jorden.

S: Nej, man skulle snabbt bli uttråkad. Om man har gått ut tredje klass, varför skulle man då vilja stanna i tredje klass resten av livet? Det skulle vara bekvämt, men det skulle inte finnas något att lära sig.

D: Det skulle inte finnas några utmaningar.

S: Precis. Döden är nödvändig för vår utveckling. Stagnation skulle uppstå om det inte fanns någon död som tog oss över till den andra sidan. Detta är den kontinuerlig process bäst lämpad för att ta in mycket information. Allt är som de ska vara i detta avseende. När lärdomar blivit avklarade blir de erfarenheter man lärt sig av överflödiga och man ges nya erfarenheter för att kunna tillgodogöra sig mer avancerade lärdomar. Man kan säga att det är som att klättra på en stege där varje nivå av erfarenhet växer i medvetenhet från erfarenheten nedanför. Omgivningen, vilken är katalysatorn för dessa erfarenheter, behöver på så vis försakas då det erfordras nya erfarenheter. Skulle man vilja stanna i treans klassrum och ta lektioner för fjärde- eller sjätteklassare? Eller skulle det vara bättre med en ny miljö och ett nytt sätt att tänka på? Om man stannade kvar i samma klassrum skulle man tendera att tänka på samma sätt. Sättet att tänka på är också mycket viktigt.

D: Jag tror att det är sant för många här på jorden. Man växer inte om man håller sig till samma miljö. Är det vad du menar?

S: Det är helt korrekt.

D: De behöver utmaningen av någonting nytt, en ny plats, nya omgivningar.

S: Nya omgivningar är mycket viktigt för utvecklingen. Att ständigt påminnas om det förflutna verkar hämmande i förmågan att se framåt.

23

S: Det finns de som tror att det inte existerar något liv alls efter döden. (Hon gav ifrån sig ett kort skratt.) Men när någonting väl existerar så kan den energi som utgör själva existerandet inte förstöras. Varför är det så svårt att tro på en existens efter att den fysiska kroppen dör? Man kan inte förstöra något som elektricitet eftersom energin alltid finns där, om än i en annan form. Varför tror de att människans ande och själ kan förstöras om energi inte kan det? Det är vad människans själ är - inget annat än energi. För själen är inte bara ett ting inom den fysiska kroppen. Den är en energi. Och som en energi kan den sprida sig såsom energier vanligtvis gör. Det korrekta sättet att uppfatta sin personlighet på är som energi, för det är essensen av sanningen om skapelsen - att allt är energi. Vissa former existerar på lägre nivåer, såsom den fysiska världen omkring dig; men de är av energi och kan demonstreras som så genom enkla omvandlingsprocesser, som till exempel eld. All materia är i sanning energi. Det manifesteras bara i en lägre, mer basal form. Alltså ska man se sig själv som en varelse av ren energi, och ingenting annat. Det finns inget sådant som materia. Det är helt enkelt en konnotation man använt för att beskriva det som är uppenbart utifrån den "fysiska" världen.

S: Döden väcker många rädslor. Ändå är döden den stora förnekaren, den stora osanningen. Det är vad man talar minst om, och ändå vad man funderar över mest. Det finns ingen anledning att frukta döden, för med dess frigörelse finns det åter liv vilket långt överstiger det vi har här på jorden. Vi vill ändock varna dem som förnekar detta liv att de genom olämplig användning, det vill säga genom självmord eller liknande, alstrar denna energi, vilken följer dem till den andra sidan. Vilket då blir nödvändigt att ta itu med den på den andra sidan. Det är, och kommer aldrig att vara, lämpligt att göra sig av med en levande kropp innan dess tid är inne. Det är ett slöseri som inte får tolereras.

D: *Jag försöker göra detta så tydligt som möjligt så att människor inte ska vara så rädda för den här typen saker.*

S: Ja. Den största utmaningen för dig kommer inte att vara rädsla, utan snarare filosofisk dogm.

D: *Menar du på sättet att förklara det?*

S: Filosofisk dogm är det sätt på vilket människor stänger sig för det som är. Som exempel kan personer med olika trosuppfattningar finna det svårt att förstå vissa av de saker som jag har förklarat.

D: *Menar du de som uppfostras i tron på saker som Himlen och Helvetet?*

S: Till exempel, ja. Och de som uppfostras i tron att man bara har en inkarnation. Det är dumt, men det är vad de tror.

D: *Ja, de tror att de lever en gång, och att det är allt. Det finns de som inte kan acceptera tanken på att de har levt mer än en gång.*

S: Är det svårare att tro att man kan födas en gång i en kropp än att tro att man kan födas två eller fler gånger?

D: *Vissa människor har svårt för det konceptet.*

S: Bara de på din sida. Det är en anledning till att så många har problem med depression och liknande. För de känner att de förstör sin enda chans. Om de inser att de har en mängd chanser, kan de göra sitt bästa varje gång utan att må så dåligt över de misstag de gör. De kan lösa det nästa gång.

D: *De borde helt enkelt försöka göra så gott de kan den här gången. Det verkar logiskt för mig, men det finns många som inte förstår det.*

S: Det är många som inte vill förstå det. Många är rädda för att tänka att det finns en ytterligare tillvaro efter denna, då den de lever i kanske är så plågsam att de tänker att det skulle vara en fortsatt tortyr med ett liv efter ett annat. Många av kyrkorna vill inte att människor ska tro på tidigare eller efterföljande existenser på grund av det faktum att det lossar deras grepp om rädsla och att de inte längre har kontroll. Ledarna för alla de stora tankeskolorna var medvetna om tidigare och efterföljande existenser, men man undanhöll denna kunskap från allmänheten för att man ville ha kontroll. Även den hinduiska tankeskolan använder sig till viss del av denna kontroll genom att hävda att "Den här mannen lider nu på grund av något han gjorde i sitt tidigare liv. Så varför ska jag hjälpa honom? Han har gjort något för att förtjäna det." De använder samma taktiker som man gör inom kristendomen, eller någon av de andra. Kom ihåg att alla de som säger sig stå på religionens sida inte alltid gör det. De kan hända vara påverkade och förvridna av de mörkare aspekterna av sin tillvaro, utan att själva inse det. Människor har plockat bort många saker från Bibeln för att sedan lägga till vad de önskat. De bryr sig inte, utan tänker, "Det här är vad jag vill att det ska stå, och därför är det så det står."

D: Människor verkar rädda när något sådant kommer på tal. När man försöker förklara för dem att bibeln har ändrats många gånger genom historien.

S: Dessa saker får dem att reflektera, och många är rädda för att tänka fritt. När man tar ifrån människor vad de har trott på hela sitt liv och säger att det förhåller sig på ett annat sätt, eller att deras föräldrar kanske ovetande ljugit för dem, tar du ifrån dem deras grundläggande övertygelser. Och människan kan inte leva utan någonting att tro på, även om det är en tro på ingenting. Man måste tro på någonting.

D: De är med andra ord rädda för ett annat sätt att tänka på?

S: Människor sa samma saker om Jesus när Han sa att Han hade kommit för att uppfylla profetiorna. De sa att Han hade fel, att Han var galen, att Han inte visste vad han talade om. Varje gång någon kommer på något som är lite annorlunda eller lite ovanligt kommer det att skrämma människor, och de kommer att säga dåliga saker om det. Denna kunskap är något som behöver läras ut, eftersom människan behöver lära sig att leva utan rädsla för att kunna vara vad hon kan vara. Det finns människor som behöver veta dessa saker. Det kommer att slå en gnista inom dem, och de kommer att se det som sanning. Det kan eventuellt hjälpa dem att finna sin väg till att bli vad de vill och behöver bli. Det är dem som är viktiga och som med tiden kommer att få tillräckligt många människor att ställa sig på deras sida. Kom ihåg, det vara bara ett fåtal, en handfull av människor, som trodde på Jesus budskap. Och se vad det har lett till. En stor del av världen bekänner sig, åtminstone utåt sett, till kristendomen. Sanningen har varit undertryckt i många århundraden, och det är dags för den att komma fram.

Kapitel 3
En nära döden-upplevelse

ALL MIN INFORMATION om dödsupplevelser kommer inte enbart från hypnos. Ibland berättar människor för mig om de nära döden-upplevelser (NDEs) de haft. Denna term blev känd genom arbetet av Dr. Raymond Moody och Dr. Elisabeth Kubler-Ross. Det hänvisar till händelser människor minns när de bokstavligen har dött och gått över till den andra sidan för att sedan återvända till vår värld av de levande med hjälp av vetenskapens framsteg. De historier som människor har låtit berätta för mig följer traditionellt det mönster som andra forskare har upptäckt. De bekräftar också den information jag har funnit i mitt arbete, med undantaget att dessa människor återvänt för att berätta om sina upplevelser, medan mina stannade kvar på det andliga planet till dess de reinkarnerade i sitt nuvarande liv. Mina subjekt bär minnet, men det ligger djupt begravet i deras undermedvetna och kan endast frigöras genom regressiv hypnos.

Det fall jag ska berätta om innehåller många av de klassiska delarna. En vän presenterade mig för Meg genom att berätta att hon hade en anmärkningsvärd historia att berätta. Meg hade inte anförtrott denna upplevelse till särskilt många eftersom hon var rädd att bli förlöjligad. Det var för personligt och privat, och hon kände att det var många som inte skulle förstå hur viktigt hon tyckte att det var. Hon kände att det hade förändrat hennes liv för alltid. Meg var sig inte lik efter det och skulle aldrig bli det heller. Hon trodde att detta var anledningen till att hon fick behålla minnet av det. Det var en gåva hon kunde dra nytta av i stunder av obeslutsamhet och stress. Hon förklarade att hypnos inte skulle vara nödvändigt för att återkalla det från det undermedvetna, eftersom det för alltid fanns inpräntat i hennes minne. Meg kanske var lite oklar över vissa detaljer, men hon visste att hon aldrig skulle glömma det, och ingen skulle någonsin kunna övertyga henne om att det aldrig hade inträffat. Det blev en vändpunkt i hennes liv. Meg var en mogen kvinna i sena 40-årsåldern. Hon var gift och hade flera barn. Hon hade inte läst någonting om NDEs, och hon hade definitivt inte tagit del av mitt material. Hon levde ett aktivt liv med många intressen, men allt som hade hänt sedan denna händelse hade varit avhängigt dess betydelse. Den fortsatte att färga allt i hennes liv.

För avskildhet träffades vi hemma hos en vän där Meg slog sig ner i en bekväm stol för att återberätta sin historia inför bandinspelaren. Jag var imponerad av hennes behov av noggrannhet och det omsorgsfulla sätt på vilket hon undvek alla former av försköning. Hon kände ett behov av att återge sin historia så exakt som möjligt och gjorde det med anmärkningsvärd detalj.

Detta är vad som hände, med hennes egna ord:

DET INTRÄFFADE UNDER en operation jag genomgick för ungefär 10 år sedan, 1978. Jag skulle öppna en bokhandel i juni, men under en rutinundersökning fann man helt oväntat en tumör på min lunga. De kunde inte avgöra huruvida det var cancer eller någonting benignt, så jag var tvungen att genomgå en lungoperation. Och jag måste säga att, innan jag sövdes ner så kände jag intuitivt att jag inte hade cancer, och jag hade ingen bra känsla inför att opereras. Det gav mig inga bra vibbar. Det är det enda sättet jag kan beskriva det på.

Jag hade en ganska konventionell barndom. Jag gick i flera olika kyrkor, och sedan inga kyrkor alls. De var av alla slag: församlingar, lutherska kyrkor, och så vidare. När vi flyttade ut på landet följde jag med min granne till en baptistkyrka. Men jag har inte växt upp med en fundamentalistisk bakgrund. Faktum är att det var en mycket lös kristen bakgrund - lös i den meningen att jag inte var van vid att gå i kyrkan särskilt ofta. När jag gifte mig med min man gick jag med i hans kyrka, vilket var en episkopal kyrka. Återigen var det ett mycket löst förhållande och förblir så än idag. Någonstans längs vägen hade jag kommit fram till slutsatsen att jag verkligen var påväg att bli agnostiker, kanske till och med ateist. Men jag tror att jag på grund av mina barndomsvanor inte riktigt vågade tillkännage mig som ateist fullt ut. Bara för säkerhets skull. (Hon skrattade.)

Jag vill att du ska förstå var jag kom ifrån när jag låg på sjukhuset kvällen före operationen. Jag var verkligen övertygad om att jag kanske inte skulle överleva den. Jag bad en bön som jag trodde kunde vara min sista. Jag viskade in i det som jag skulle kalla mörkret, "Jag vet inte om du är där, men om du är det, så ska jag göra mitt bästa." Och jag försökte gå igenom allt och se om det fanns något jag andligt hade lämnat ogjort. Sedan sa jag, "Jag tror faktiskt inte att du är där, men om du är det behöver jag verkligen hjälp." Jag gick rakt på sak

28

och sa, "Jag är ledsen att jag inte har mer tro, men i all ärlighet är det här, i slutändan, det bästa jag kan göra."

Hur som helst gick operationen bra, men jag mådde uselt på grund av smärtan. Jag hade så ont att det enda jag kunde tänka var; när får jag nästa dos? Jag tar med allt detta för att jag känner att jag måste vara helt ärlig. Jag drev in och ut, och de gav mig Demerol. Skeptiker kan här alltså säga att "Ja men hon gick ju på smärtstillande." Det spelar ingen roll. Skeptiker kommer ändå att säga vad de vill säga. Efter ungefär tre dagar av intensiv vård somnade jag. Och helt plötsligt rörde jag mig längs en mycket lång och mörk dalgång. Jag kände mig väldigt, väldigt varm, och väldigt, väldigt trygg, men det var den mörkaste dalgång jag någonsin sett. Det såg ut som avlägsna bergsväggar, som sedan helt plötsligt verkade nära. Vid ett tillfälle tittade jag mot dessa bergsväggar, och istället för att vara helt mörka framstod de nästan som orangea, med mörka ljus som fladdrade mot dem. Det hade någonting att göra med själar, men jag kommer inte ihåg vad. Det var i alla fall en väldigt varm och trygg känsla. Medan jag gick ner längs dalgången såg jag en mycket dimmig plats precis framför mig. Och när jag kom dit kunde jag se att det fanns någon form av stenbarriär som blockerade hela ingången till denna dal. Man kunde inte gå vidare, men det fanns precis tillräckligt med utrymme för att klämma sig runt den. Dimman låg överallt.

Och då såg jag några som stod där. Det var två män och en skugglik figur. Plötsligt kände jag igen vem personen var, och då var han inte längre en skuggfigur. Det är lustigt, men han såg ut precis som Gene Wilder brukade se ut i Willy Wonka. Han hade det underbart lockiga håret och bar en kostym med vita ränder. Min första tanke var, "Vad är detta?" Och plötsligt insåg jag att jag var döende. Jag upplevde ett ögonblick av rädsla där.

Då sa mannen i kostym, "Du är vid döden". Precis så sa han. "Du är vid döden". Jag förstod då att han var "dödsängeln". Han sa det inte, men jag visste det. Och jag tänkte för mig själv att han var lite skrämmande. Men när han sa: "Du är vid döden," var det så vänligt att jag inte kände någon rädsla. Jag var inte rädd alls. Och han hade en sådan effekt. Det var helt otroligt.

Jag minns att jag funderade över det, att jag nickade med huvudet och sa "Jag vet." Nu kommer jag att berätta resten i ett enda virrvarr eftersom jag fick till mig information samtidigt. Det kom helt enkelt till mig genom intryck. När någon sa något kommer jag att citera exakt vad de sa. Min första tanke var "Döden är verkligen inte slutet. Det är verkligen inte det!" Jag var fullständigt tagen. Jag fortsatte säga, "Men döden är så enkel. Den är så enkel. Det är som att resa sig ur en stol och sätta sig i en annan."

Männen nickade med sina huvuden, och en av dem sa "Ja, men det är svårt att komma dit." Jag förstod det inte, men det var vad han sa. Då sa mannen i kostym, "Och du har blivit given ett val." Nu började jag att tänka på flera saker. En tanke var; "Döden är en dansare." Det är en konstig tanke, men jag försöker beskriva min upplevelse precis så som den var, i sin renaste form. Vid den punkten fick jag intrycket av att jag inte alltid skulle få ett val. Jag fick också intrycket av att inte alla fick ett val. Att detta hände vid just denna specifika tidpunkt, i denna stund. Sedan fick jag också intrycket av att denna "dödsängel" inte var denna varelses permanenta roll. Jag kände det som att han bara var på ett tillfälligt uppdrag, och att han inte alltid skulle ha just det här uppdraget.

Det fanns andra skugglika figurer närvarande, och jag förstod det som att de var där för att hjälpa mig. För han sa, "Vill du stanna, eller vill du gå?" Att stanna innebar alltså att stanna kvar hos dem. Att gå innebar att återvända. Det var inte normalt vad man skulle tänka, utan tvärtom. "Vill du stanna, eller vill du gå?" Jag visste att det var helt underbart där och att jag ville stanna. (Exalterad) Så jag sa, "Jag vill stanna."

Jag kan inte minnas hans exakta ord, men han sa, "Det finns några saker som du bör veta innan du bestämmer dig." Så visade de för mig hur min mamma grät och snyftade. Och han sa, "Det skulle göra din mamma förkrossad, och i sin olycka skulle hon förstöra för de omkring sig". Och jag är säker på att han syftade på min pappa. Jag förstod att det skulle innebära slutet för henne. Och i sin kärlek till henne skulle det även vara slutet för honom. Men jag sa "Åh, jag vill stanna". Som jag upplevde det så gick tiden så fort där ändå, att det inte spelade någon roll. De skulle snart vara där, och då skulle de förstå. Jag uppfattade även något annat, att oavsett vilket val jag gjorde skulle det vara det rätta. Det fanns absolut inget dömande eller kritiserande, utan det jag valde att göra skulle vara det rätta att göra. Därefter fick jag se min man. Han grät och sa, "Jag visste inte att jag älskade henne," vilket stämmer bra med hur äktenskapet var vid den tiden. Jag såg att det skulle ta honom hårt, men ändå sa jag "Jag vill stanna." För jag visste ju att alla inom kort skulle vara där och att alla skulle förstå.

Då sa han, "Dina barn kommer att klara sig bra, men de kommer inte att göra lika bra ifrån sig som de annars hade gjort." Men jag sa ändå "Jag vill stanna." Jag visste att mina barn skulle klara sig. De kanske inte skulle göra så bra ifrån sig som de hade gjort om jag hade varit där; men de skulle inte gå under. Att stanna där var fortfarande det val som lockade mest. Men då sa döden "Då kommer du att behöva hålla dig nära dina barn." Jag skulle med andra ord behöva hålla mig nära kanten. Och man berättade för mig att jag skulle behöva vägleda mina barn. Jag blev verkligen förvånad, för det var ju inte det jag ville. Jag ville ju fortsätta vidare till denna lyckliga plats och lära mig. Jag vet inte hur jag visste att jag kunde lära mig saker där. Det kom bara till mig, och jag visste. Jag hade själv inte sett det, men så fort de hade börjat tala så visste jag att det var en plats som jag ville vara på. Jag visste bara att det fanns svar där. Eller svaren, antar jag. Det fanns studier; svar; utveckling. Det här var instinktivt, men jag visste att det var en plats jag ville stanna på. Jag ville verkligen inte lämna den och återvända till alla de här problemen. Jag ville vara kvar där. Men vid den tidpunkten sa jag motvilligt, "Okej, om jag ändå måste hålla mig så nära kanten kan jag lika gärna återvända. Jag har detta ansvar och jag kan hantera det bättre från den sidan än genom att bara försöka hålla mig nära mina barn och påverka dem. Så jag sa, "Okej, jag går tillbaka." Och de verkade alla ganska nöjda över att jag hade fattat det beslutet, även om det annars inte hade funnits något dömande eller någon kritik.

Jag kände det som om jag började dras tillbaka. Och jag såg hur de andra mindre figurerna viskade, "Hon går tillbaka. Hon går tillbaka." Jag kommer inte ihåg om de försvann eller om de gick bakom barriären. Jag tror att de gick bakom barriären. Jag upplevde det som att de hade varit där för att hjälpa mig till andra sidan. Men nu när de inte längre behövdes så försvann de. Då började jag dras tillbaka, som om jag skulle ge mig av. En av dem tog då till orda och sa, "Innan du går finns det ett par saker vi vill att du ska veta."

Med ens befann jag mig på en annan plats. Jag var inte längre i tunneln. Det var lite som en bakgård, och där fanns en cirkel av människor. Jag har sedan dess försökt gissa hur många som kan ha varit i den där cirkeln av människor som satt på stolar. Jag skulle gissa på kanske åtta, tio män och kvinnor. Jag uppfattade det som att de var mitt råd. Och jag förstod att varje person har ett råd med ett ansvar för varje själ här nere. De påminde lite om en lantlig söndagsskola som samlas på en kyrkogård, kanske en eftermiddag eller något sådant. Jag kunde inte urskönja några ansikten, men en person vägledde mig på sätt och vis. Jag kommer ihåg hans bara armar och uppkavlade vita skjortärmar, väldigt likt hur män skulle ha det under en varm söndags, sommar, bibelgruppgrej, eller något i den stilen. Han förde mig till en flicka som satt under ett träd, och som hade mörk hud, färgad hud. Och han drog liksom i hennes hud. (Hon gjorde rörelsen av att nypa tag i huden på underarmen mellan tummen och pekfingret). Och han sa, "Det här är så oviktigt, denna hud. Det är så oviktigt. Det är bara ett litet hölje. Det är så oviktigt att det är skrattretande," och sedan skrattade de båda. Och jag tänkte, "Varför berättar han detta för mig? Jag vet det."

Nästa bild som följde var ... vi stod på en väg, och åtminstone en av mina rådgivare var med mig. Två unga män med ostindiskt utseende gick uppför vägen. Och de var där för att visa mig mig själv. Och medan jag stod där fann jag plötsligt mig själv bredvid mig. Jag såg en vacker, mycket stor, lysande, ogenomskinlig skimrande sfär som jag visste var jag själv. Och jag gick runt och in i mig själv, in i denna sfär av ljus. (Hon visade med handrörelser hur man trädde in i toppen av denna sfär och fortsatte nedåt genom den för att sedan komma ut på botten.) Och jag visste att jag skulle ha alla svar när jag kom ut. Att jag skulle känna mig själv. Och det gjorde jag. När jag gick in i sfären så sjönk jag neråt. Det var som att bli omsvept av något mjölkaktigt vitt, och väldigt bekvämt. Och jag tänkte, "Närsomhelst kommer jag att nå dess mitt." Och snart fortsatte jag igenom och kom ut på andra sidan, nästan i en slags nedåtgående vinkel. Jag visste när jag befann mig i dess mitt, men det var precis som i periferin. Mitten var med andra ord precis som kanterna. Jag förstod, trots det, när jag var vid kanterna och gick igenom, och när jag var i mitten och kom ut igen. Men, mitten var precis som periferin. De hade helt enkelt samma sammansättning. När jag kom ut så kände jag mig själv. Och jag stod där, och jag kände mig generad. Jag kände mig naken, eftersom jag kände mig själv och förstod det goda och det onda i mig, och jag dömde inte mig själv. Jag sa, "Det där måste jag jobba på." Och de kände mig också. De kände mig fullständigt. De log och nickade. Och det fina var att det inte fanns något kritiserande. Absolut inget. Inget dömande.

Sedan blir mitt minne lite suddigt. Jag kan inte minnas vad som hände därefter. Jag tittade uppåt och såg att himlen plötsligt mörknade och fylldes av stjärnor. Några av dem var enorma, andra medelstora, och vissa var mycket små, och deras sken varierade men ingen överglänste den andre. Även om det fanns en mycket liten bredvid en väldigt stor och lysande stjärna, så kunde man ändå se dem lika klart. Och jag visste att stjärnorna var själar. Jag sa, "Nå, var är min?" Och någon sa, "Där är den." Och jag tittade bakom mig och såg min stjärna. Den hade just stigit upp över horisonten. Och plötsligt var jag där, på platsen där min stjärna fanns. Och jag kände mig som om jag var sammanvävd av tyg. I det ögonblicket insåg jag att vi alla är fullständigt sammanlänkade och att vi, oavsett vad, inte kan förstöras. Även om någon kom och rev i tyget så skulle det hålla. Jag visste att jag inte kunde förstöras, och inte någon annan heller. Att jag var den jag var och den jag är.

Sedan var jag tillbaka på ängen och stod vid vägkanten. Och jag tittade ut över denna vackra, solbelysta äng och såg en träddunge. Det var för mig symboliskt med en träddunge, men jag uppfattade det som att livets träd fanns i den. Ur denna dunge kom plötsligt detta enorma blixtklot. Jag bara stod och tittade på medan den for över ängen. Och den träffade mig precis här. (Hon lade handen på bröstet över hjärtområdet). Det var som om andan hade slagits ur mig. Det var som om varje uns av allting sugits ut ur mig och att jag förtärdes. Och det som kom in i mig var total, ren, och villkorslös kärlek. Det var så fantastiskt. Det trängde in i varje cell, och jag kunde knappt andas. Det fanns inget annat jag kunde ge än kärlek, eftersom det var allt jag bestod av. Det hade tagit över varje atom av mig. Och då började jag komma tillbaka. Någon ropade till mig, vilket kan ha varit min rådgivare: "Fortsätt vara gift. Ni är ämnade att vara gifta." (Uppgivet) Vilket jag har gjort.

Jag kom tillbaka. Jag såg att sjuksköterskan från intensivvårdsavdelningen lutade sig över mig med ett mycket bekymrat ansiktsuttryck. Hon betraktade mig, och jag tänkte, "Oroa dig inte. Jag är okej. Jag ska inte dö. Och jag tänker inte försvinna igen." Jag tänkte också att, "Du vet verkligen inte var jag har varit." Jag berättade inte detta för någon på flera dagar.

Senare diskuterade vi möjligheten att Meg hade varit döende och att sjuksköterskan kanske hade sett något på maskinerna eller i hur

33

hon uppträdde. När Meg träffades av denna stöt så kanske det hade varit en faktisk stöt till kroppen som hade återgett henne livet. Hon återvände omedelbart till sin kropp efter att ha träffats av den. Det kan ha påverkat henne på samma sätt som de elektriska chocker man administrerar för patienter med hjärtstopp.

Det kommer onekligen att debatteras kring huruvida denna incident verkligen inträffade eller om det snarare var en drogrelaterad fantasi. Meg har däremot inga sådana tvivel inom sig. Hon vet att det var på riktigt. Det finns inget tvivel i hennes röst medan hon återberättar denna händelse. Hon vet, eftersom det förändrat hennes liv för alltid.

Som Meg sa, "Kanske måste man vara nära på att förlora sitt liv för att finna det."

Resten av Megs historia:

Meg blev en god vän och vi höll kontakten i mer än tjugofem år efter det att hon berättat sin historia för mig. Denna nära döden-upplevelse hade en sådan djupgående effekt på hennes liv att hon alltid sa åt sin man att låta henne gå i den händelse hon skulle ligga för döden. Hon ville inte återupplivas. Det här är något som händer med många som upplever detta fenomen. De är inte längre rädda för döden. De har sett den andra sidan och ser fram emot att återvända när tiden är kommen.

Så, många år senare drabbades hon av cancer och låg döende på sjukhuset. Hennes man blev panikslagen när hennes livstecken avstannade och han bad då sjukvårdspersonalen att återuppliva henne. De tog henne tillbaka, och hon blev väldigt arg. Hon hade än en gång gått över till den andra sidan och hade inte velat återvända. Hon insisterade på att det var något som inte fick hända igen.

När hon låg på sjukhuset steg smärtan i styrka och det fanns inte längre någon möjlighet att använda hennes blodkärl för smärtlindring. Men så en natt kom en ung manlig sjuksköterska in i hennes rum för att försiktigt föra in en intravenös nål med smärtlindring i en liten ven mellan hennes ringfinger och lillfinger. Min dotter Julia, som arbetat

34

som sjuksköterska i mer än tjugo år, sa att detta är ett väldigt osannolikt ställe att föra in en intravenös nål på.

Meg hade det mer bekvämt i ett par dagar, fram till dess att nålen behövde bytas ut. Hon insisterade på att de skulle ta in den unga manliga sjuksköterskan för att ersätta den, eftersom han hade gjort det så bra innan. Läkarna vidhöll att det inte fanns några manliga sjuksköterskor anställda på det sjukhuset. Vem var då den unga man som så varsamt hade lindrat hennes smärta? En ande från den andra sidan? Hennes skyddsängel? Vem han är var så var han definitivt inte från denna fysiska jord. Han hade bidragit med att göra hennes övergång mer bekväm, för ett par dagar senare gick hon bort i sömnen, innan någon hann föra henne tillbaka till detta liv igen.

Jag sörjer inte Meg eftersom jag vet att hon är lycklig. Hon var en av de få som fått en glimt av den andra sidan. Även om det bara var för några ögonblick, så var det hon såg så underbart att hon visste att inte vara rädd för att återvända.

Kapitel 4
Skolorna

JAG SKULLE FÅ möjlighet att utforska denna fascinerande andliga värld många gånger. Detta är det område som skrämmer människor mest, och som väcker den eviga frågan, "Vart tar jag vägen när jag dör?" Alla undrar över vad som kommer att hända med dem, om det kommer att vara total glömska, eller om personligheten på något vis fortsätter. Även de mest religiösa hyser osäkerheter. Jag har inte alla svar, men jag tror att jag kan vara till hjälp genom den information jag har erhållit genom min regressionsforskning. Inte ens den regresserade somnambulisten kan berätta vad den inte vet. Men när man erhåller samma beskrivningar från så många olika människor, då måste man anta att det har validitet. Kanske känns det sant eftersom de flesta verkligen skulle vilja tro att livet efter detta är en plats för frid och glädje.

Personligen finner jag tanken på att ligga kvar i marken fram till Uppståndelsens dag eller Domedagen som frånstötande. Tanken på att sväva omkring på ett moln och spela harpa i all evighet är inte heller min vision av Himlen. Jag tror att det snabbt skulle bli ganska tråkigt. Kanske är det min omättliga nyfikenhet och ständiga strävan efter kunskap som gör att jag finner konceptet om lärorna som mer tilltalande.

Hur det än förhåller sig tror jag att detta ger oss den bästa beskrivningen och kanske, bara kanske, svaren på några av de hemsökande frågor som plågar oss alla.

Många gånger har de subjekt jag regresserat inte varit involverade i ett liv. Deras svar har avslöjat att de har befunnit sig på olika andliga nivåer eller plan, och på olika platser. Den vanligaste av dessa har varit skolan. Jag bad om en beskrivning.

S: Det är kunskapens skola. Jag ser salen. Där finns höga pelare och allt är vitt. Riktigt ljus - hur kan jag förklara det? Ljuset kommer inifrån och utifrån, från allt, och det bara lyser.

D: *Menar du som solljus?*

S: Inte så starkt, utan mer…varaktigt. Det är väldigt fridfullt, väldigt rogivande, väldigt stillsamt. Det är en mycket trevlig plats att vara på.

D: *Var finns denna kunskapens skola?*

S: Den bara finns här. Den finns på en annan vibrationsnivå än den existens man känner som jorden. Den finns på en annan existensnivå.

D: *Har den ingen koppling till jorden?*

S: Vi lär oss om det vi har gjort, och på så sätt har den en koppling till jorden, men inte mer än så.

D: *Du sa att det är som en stor sal; håller man alla lektioner i den salen?*

S: Nej, det finns klassrum utanför. Det här är en slags huvudgång, antar jag. Man kan se precis vad som helst här. Det framträder bara genom att visualisera det. Man kan göra det precis så bra eller så dåligt som man önskar. Om man brottas med dåligt samvete och vill plåga sig själv kan man göra det mot sig själv också. Man kan få omgivningarna att se ut som man vill, eller på det sätt man har visualiserat det. På vissa plan, inklusive det jag befinner mig på nu, känns det som att man befinner sig på en högre nivå av jorden. Terrängen är densamma, men den är av en finare energinivå. Jag menar, det finns kullar och berg och dalar, men de kanske inte är placerade så som dem på jorden. Det finns grönska och så, men färgerna är mer intensiva och renare. Det kan även finnas byggnader och liknande, men vanligtvis påverkas deras energi på ett sådant sätt att de får ett visst framträdande.

D: *Skulle de andra som befinner sig där se samma saker som du ser?*

S: Ja, bergen och grönskan är generella egenskaper alla kan se på det här planet. Det är jorden, fast på en annan energinivå. Och eftersom det är en annan energinivå är också energilagarna annorlunda. Marken är solid och bergen är solida, och träden och djuren existerar verkligen. Det är som det inkarnationsplan jag kommer att återvända till. Men eftersom energilagarna är annorlunda, är olika saker möjliga med artificiella konstruktioner.

D: *Måste alla manifestera detta, eller finns det där hela tiden?*

S: Det finns alltid där. Det är bara en fråga om personlig uppfattning om huruvida man uppfattar det eller inte.

D: *Menar du att människor kan komma dit och inte se samma saker som du ser?*

S: Nej, jag syftar på de människor som befinner sig på planet för inkarnation. De skulle inte uppfatta det eftersom de uppfattar saker på en lägre nivå, eller på ett lägre plan.

D: Kan denna plats motsvara vad vissa människor kallar "Himlen"?

S: Nej. Det är nog vad de skulle kalla "paradiset." Jag gör en åtskillnad mellan himmel och paradis då paradis avser en fulländad jord. Ungefär som jorden, men utan den förstörelse och det förfall som existerar på inkarnationsplanet. Himlen avser de högre existensplan anden känner instinktivt, även om den inte kan förmedla en tydlig bild av det med det inadekvata vokabulär och den begränsade begreppsramen på inkarnationsplanet. Himlen avser de högre plan där allt är energi. Och paradiset avser de så kallade "lägre" planen som fortfarande liknar jorden eftersom man befinner sig på ett högre plan av jorden.

D: Så när någon talar om att "komma till Himlen", kommer de till ett högre plan där det inte finns några...bilder, så att säga. Det är bara energi, eller finns det scener runt dem?

S: Det handlar till stor del om energi och energimanipulation. Men när människor talar om att dö och att komma till himlen kommer de i själva verket till paradiset, eftersom allt måste ske i rätt ordning, och saker måste uppfattas och förstås i rätt ordning. Man måste vara förberedd för de högre nivåer för att kunna assimilera dem mer rättvist.

D: Men det vi känner som Himlen, skulle det vara helt tomt eller skulle det finnas scener, byggnader och liknande?

S: Nej, inte byggnader. Er uppfattning är annorlunda och ni skulle kunna se energierna. Det skulle vara som fantastiska skådespel av norrsken. Ni skulle själva vara av energi och kunna manipulera den för att uppnå olika saker eller för att få olika saker att hända. När man befinner sig på de högre plan som kallas Himlen, kan man mycket enkelt se in i de lägre planen för att se vad som pågår på de fysiska planen. Det är inte svårt att se saker, vad man ser beror helt enkelt på vilken nivå man observerar. Men eftersom det inte finns några horisonter skulle det heller inte finnas några omgivningar.

D: Men du sa att människor inte kommer dit direkt.

S: Det stämmer. När man dör följer normalt en övergångsperiod där man anpassar sig till det faktum att man inte längre befinner sig på inkarnationsplanet. Där man anpassar sig till det faktum att man kan röra sig fritt mellan de plan man har tillgång till, beroende på hur utvecklad ens ande är.

D: *Är det någon annan där med dig på skolan?*

S: Det finns ungefär 50 personer bara i min... klass. Det finns andra här, men vi har inte så mycket med dem att göra. De arbetar med andra problem. De har olika saker de behöver lära sig, och som de behöver komma till rätta med inom sig själva. Jag upplever det bara som att jag väntar. Jag vet att jag ska tillbaka. Jag lär mig här, och eftersom jag inte hämmas av världsliga influenser kan jag betrakta och utvärdera de saker som hände under min tid på jorden.

D: *När du lär dig, gör du det helt själv eller finns det någon som hjälper dig?*

S: Nej, jag får hjälp om jag behöver det. Om jag letar, frågar eller undrar över något så kommer allt till mig och bara finns där.

D: *Vem är det som undervisar dig?*

S: Mästarna. Det finns flera för varje klass. De lär oss att studera oss själva.

D: *Hur ser alla ut? Jag menar, har de några kläder?*

S: Här bär de klädnader, men inte alltid. Vi ser i princip ut som olika former av ektoplasma. Ibland kan man se någon med formen av en kropp och som förefaller bära kläder, men de är då ganska vita och genomskinliga. Om de önskar att inta en mer fast skepnad kan det göra det också. Oavsett vilken typ av kläder de vill framställa sig bära gör de det för att motsvara den bild de önskar förmedla vid den specifika tidpunkten.

D: *Då ser inte alla likadana ut?*

S: Nej. Och man ser heller inte nödvändigtvis likadan ut från en stund till en annan. Det beror på vad man önskar att uppnå. Men vid denna tid och denna plats bär de långa klädnader.

D: *Vad är det du lär dig på denna skola?*

S: Jag studerar livserfarenheter och effekter. Jag studerar länge och väl för att lära mig och för att veta. Jag sammanställer bitarna av alla mina erfarenheter för att ge mening åt min existens. Och jag frågar mig själv: Hur påverkas jag av dessa saker? Hur har jag hanterat dem? Det är väldigt fridfullt och tyst här, och jag har mycket tid för mig själv. Jag reflekterar över och bearbetar dessa tankar. Och ibland går jag tillbaka till tidigare upplevelser och försöker förstå. Du förstår, i livet vrängde jag mitt omdöme för att passa, vanligtvis för att känna mig rättfärdig i mina handlingar. Men här kan jag analysera och gå igenom en situation på nytt för att få en mer sanningsenlig bild av vad som faktiskt hände. Jag försöker förstå varför jag agerade och reagerade på ett visst sätt för att undvika att upprepa tidigare misstag. Här förvärvar vi en omfattande kunskap om de lärdomar vi har att lära, och den karma vi har att hantera. Vi lär oss många saker om hur man hanterar den mänskliga naturen och om de problem jag varit tvungen att ta itu med. Även de problem jag kommer att ställas inför och de beslut som behöver tas kring dem. På så sätt kommer jag att lära mig att växa och expandera.

D: Kommer du att ställas inför dessa problem medan du är där?

S: Nej, när jag återföds. Jag förbereder mig inför att återvända igen.

D: Berättar de vilken typ av problem du kommer att ställas inför?

S: En del, men inte många. Vi går bara igenom vad jag borde besluta om, och vi pratar om det arbete jag önskar fortsätta med och de problem jag vill ta itu med.

D: Menar du att du försöker lista ut vilka du vill ta itu med, eller finns det några du måste?

S: Några jag måste. Men just nu handlar det verkligen bara om lärande.

D: Tror du att du har många problem du behöver ta itu med nästa gång?

S: Det beror på vad du menar med "problem". Många av dem är bara beslut och de sätt jag kommer att hantera mig själv och mina relationer på. När du går igenom något på jorden, vare sig bra eller dåligt, är det din attityd som är det viktiga, hur du hanterar det. Hur hanterar du nederlagen? Hur hanterar du dina vinster? Hur hanterar du situationer och problem? Hur accepterar du misslyckanden? Är du nådig? Du vet, dina livssituationer. Allt detta utgör den sammanlagda summan av vem och vad du är. Och självbedrägeri, det är en stor en. Människor kan inte vara ärliga och se saker för vad de är. De kommer på ursäkter för varför de gör saker och rättfärdigar det och vrider och vänder på det tills de har förlorat all sanning.

D: Är det några lärdomar som du har särskilt svårt med?

S: Jag måste lära mig att stå upp för mig själv. Jag måste lära mig att ställa krav och att inte låta andra manipulera mig så mycket. En del av problemet är att jag har varit med så länge och att jag alltid är medveten om att det inte är en så stor grej, att jag på sätt och vis bara flyter med i situationer. Jag har låtit människor manipulera mig för att det egentligen gjort så stor skillnad för mig. Så jag måste vara mer bestämd och lära mig att fatta beslut. Jag tycker egentligen inte om att göra det.

D: *Drar du dessa situationer till dig för att lösa dem? Eller planerar du så långt i förväg?*

S: Jag tror att man skapar många av situationerna själv. Det som finns i sinnet blir också ibland till verklighet. Din ande vet vilka saker du behöver lära dig och skapar därför situationer utan att du egentligen är medveten om vad som händer. Men allt sker av en anledning. När jag är på jorden kommer jag inte riktigt att veta, jag kommer inte riktigt att bestämma. Jag kommer bara att tro att allt sker av en slump. Men allt är genomtänkt och planerat för särskilda ändamål.

D: *Är det någon som hjälper dig att göra dessa planer?*

S: Ja, ibland låter jag andra här hjälpa mig. Det finns en kvinna som har hjälpt mig mycket. Hon tar hand om mig. Även i livet kan jag ibland vara mer medveten om hennes existens, som till exempel då jag växer från att vara ett barn. Ibland, när jag är mitt uppe i allt, är jag inte lika medveten om hennes närvaro. Här visar hon mig ibland hur vissa handlingar kommer att påverka mig i ett liv. Hon projicerar dem som på en filmduk på en vägg. Och hon säger saker som, "Det här är vad som kommer att hända om du gör det här; och det här är problemet du kommer att ställas inför." Du förstår, hon förklarar det på ett sätt som jag inte har varit medveten om. I livet har det funnits situationer där jag har vetat att någonting har varit fel, utan att kunna förstå vad. Ibland har hon gjort saker som jag behövt veta begripliga för mig.

D: *Vet du hur länge du kommer att stanna här?*

S: Inte länge. Jag vet att jag måste fortsätta vidare. Jag vill lära mig allt jag kan. Jag strävar efter att lära mig så mycket som möjligt. Ibland tror jag att jag helt har förstått något, men då dyker det upp nya saker, saker jag aldrig riktigt har tänkt på. (Tankfullt) man blir nog aldrig helt klar med det, antar jag. Men man kan fullända det och testa det. Det är som att förädla något i en ugn.

D: *Tycker du om att uppleva jorden?*

S: Tja, även då jag tror att det inte finns något mer för mig att lära, så lär jag mig något nytt varje gång. Jag har en tendens att vara lite rebellisk. Jag vet att jag inte har övervunnit det ännu, även om jag gärna vill tro att jag har det.

D: *Är du tvungen att återvända till jorden och till en ny kropp, eller har du ett val?*

S: Nej, det finns inga måsten. Om det är vad som är mest ändamålsenligt, ja; då kanske det är det bästa alternativet. Det finns emellertid ingen regel som säger att man måste återfödas, för vem kan säga att någon skulle välja att inte återfödas för evigt? Det är upp till den berörda livskraften. Jag kan stanna här och lära mig, eller så kan jag återvända. Jag kommer förmodligen att återvända. Jag ser friden och tänker att jag är redo för utmaningarna.

D: *Fattar du något beslut kring när du planerar att återvända?*

S: När jag hittar någon som jag känner kan tillgodose mina behov, då har jag ett val. Man involverar sig med andra människor. Du skapar relationer och känslomässiga band. Du är öppen, du känner, du upplever, och deras liv påverkar dig.

D: *Är allt planerat i förväg?*

S: Det måste det vara eftersom det finns så många som önskar återvända och så få kroppar att återvända till.

D: *Fattar du alla beslut själv?*

S: Nej, våra beslut att fatta är de mindre. Lärarna och mästarna hjälper oss med de stora besluten och de stora händelserna.

D: *Det låter som att det skulle vara komplicerat.*

S: Ja, men det fungerar. Det skulle vara alltför komplicerat att lista ut på egen hand. Dessutom skulle alla göra det extremt enkelt för sig själva och undvika problem. Man skulle inte växa på det sättet.

D: *Kan du välja vilken typ av person du vill vara?*

S: Man har vissa egenskaper. Man är summan av allt man någonsin har varit eller gjort. Man är en person. Man kanske präglas något av sin barndom, av de personer man har runt sig, men det är mer av en tillagd faktor. Det gör egentligen ingen skillnad. Man är vad man är, vad man har gjort, vad man har sagt, vad man har tänkt, hur man har levt och hanterat varje situation. Man är den totala summan av alla dessa saker.

D: *Hur är det med den fria viljan?*

S: En del av det är att ... varje själ har en personlighet. Det innebär att det finns en fri vilja i det att vi vet vad för beslut en person kommer att fatta i en viss given situation, eftersom de är just den

42

personen. Baserat på vad de har gjort i sina tidigare liv är personligheten mycket förutsägbar. De kan förhindra vissa saker från att ske genom att bara ändra eller gå emot sin karaktär, men det är ovanligt att en person förändras så drastiskt.

D: *Jag trodde du menade att allt var förutbestämt, att det är så det måste vara. Att man inte har något att säga om saken.*

S: Man skulle inte lära sig om man inte fattade sina egna beslut. Man måste hantera sina egna misstag.

D: *Så vår teori om förutbestämdhet stämmer?*

S: I den mån du ser det som är förutbestämt som ditt eget och inte något som någon Gud i Himlen har bestämt genom att säga, "Du skall göra si och du skall göra så. Och du och du och du skall göra något annat." Det som du eventuellt ser som förutbestämt i din framtid är helt och hållet ditt eget, eftersom du själv väljer vilken väg att ta. Det kan vara relevant att säga att den "du" jag pratar om här omfattar mycket mer än vad som finns tillgängligt för dig. Inom var och en av oss finns det en betydligt större del än den del vi är medvetna om. Vi utgör bara toppen av vårt eget isberg, och det är detta isberg som styr vårt öde. Det är därför det är så enkelt att tillskriva dessa upplevelser man kanske skulle kalla "obehagliga" någon gud, någon osynlig övernaturlig kraft bland molnen, någon som säger, "Du ska krypa och jämra dig och gnissla tänder, medan personen bredvid ska leva i lyx och flärd." Så är det inte. Det är bara så att var och en av oss talar utifrån ett eget och mycket begränsat perspektiv.

D: *Så alla saker är inte "förutbestämda"?*

S: Bara i viss mån. De är förutbestämda i den meningen, som jag sa, att man känner personligheten och att personen i slutändan kommer att fatta ett visst beslut. Personligheten förblir i princip densamma. Den förändras bara när den växer.

D: *Då har man en uppfattning om vilken typ av situation de kommer att fungera i. Det finns de som säger att man inte har ett val när det gäller vissa saker.*

S: Det är bara människors sätt att säga, "Varför ska jag bry mig om jag ändå inte har något att säga om saken? Det kommer att hända ändå." Det handlar bara om att man är lat och inte vill växa.

D: *Då har de tydligen en hel del att säga om det. Tror du att det är förutbestämt vilka man ska träffa och vilka man kommer att ha en relation till?*

43

S: I viss mån, eftersom man har någon form av tidigare band med de flesta man möter i sitt liv. Det kommer att finnas saker att reda ut med två, eller kanske flera, personer. Ibland kommer man samman som en trio, ibland som en hel grupp, med saker som man måste reda ut tillsammans. Ibland föds man bland dem, vilket gör det enklare. Det är också en förklaring till varför vissa föräldrar och barn inte står ut med varandra. De hatar varandra. De bestämde sig för att åtminstone försöka komma överens, men klarar det inte särskilt bra.

D: *När man återvänder till den fysiska kroppen minns man inte dessa saker.*

S: Det stämmer till viss del. Men det finns alltid sätt att komma i kontakt med sitt medvetande. Det tar bara lite tid och studier.

D: *Många frågar mig varför vi inte minns våra tidigare liv. De tror att det skulle vara till stor hjälp om vi kände till dessa karmiska kopplingar.*

S: Det skulle det inte. Det skulle göra det alltför komplicerat. Kan du tänka dig hur svårt det skulle vara att fungera i vardagen om du ständigt bombarderades av minnen från otaliga tidigare liv? Du skulle aldrig kunna koncentrera dig på de lärdomar du har i det nuvarande livet. Som barn kan man ibland minnas tidigare kopplingar, då de fortfarande ligger så nära. Men de minnen man senare skapar trycker bort dem och man glömmer, även om de fortfarande finns kvar i det undermedvetna. En konsekvens av det kan vara att man ibland känner att man borde göra en sak istället för en annan, vilket generellt beror på att det undermedvetna subtilt påminner oss om en viss karmisk aspekt.

D: *Något man inte har gjort rätt innan.*

S: Ja. Det är anledningen till att ni tillåtits utveckla denna hypnosteknik, och andra medicinska tekniker, som ett sätt att ta reda på mer av tidigare karma. Det möjliggör en snabbare utveckling för de personer som berörs. Det har delvis att göra med att vi går in i Vattumannens tidsålder.

D: *Det är små genvägar. Men det är vad många tänker, att de borde kunna minnas dessa saker på egen hand. De tänker att det skulle hjälpa dem att lösa problem.*

S: De har för höga förväntningar på sig själva. Det är inte vanligtvis så det går till.

D: Det verkar som att det skulle vara lättare om man kunde minnas de problem man har haft med andra.

S: Det skulle återigen göra det svårare, eftersom man genom att minnas skulle bära med sig fördomarna från tidigare. Det är vad vi försöker att undvika. I vissa fall kan det vara till hjälp. Vissa hanterar det bättre än andra. Men i de flesta fall fungerar det inte. Om man fortfarande är arg på grund av tidigare känslor är det bara ilska som kommer fram och inte så mycket logik. Alltså hjälper det inte alltid.

D: Men de säger, "Om jag kom ihåg vad som hände med dem tidigare skulle jag kunna förstå och hantera det bättre nu."

S: Det är inte alltid sant. För om de är mogna nog att hantera sina känslor nu, då skulle jag säga att de förmodligen var mogna nog att hantera dem i ett tidigare åtagande. Men om de har problem med att hantera det nu - att acceptera dem - kan de inte heller acceptera problemet från tidigare.

D: Så du tycker att det är bättre att vissa inte minns?

S: Ja, i det stora hela. Ingen regel saknar dock undantag.

D: Vissa är ändå inte tillräckligt utvecklade för att förstå dessa saker.

S: Det är sant.

D: Vet du vad karma är?

(En generell definition av karma är: den universella lagen om balans, om orsak och verkan, där såväl allt gott som ont behöver återbetalas eller balanseras)

S: Jag tror att själva ordet i sig... olika människor tillskriver det en egen betydelse. Det är svårt att säga, men som ett mycket generellt begrepp betyder det att älska. Om du till exempel tar någon annans liv så måste du ställas inför det igen. Låt oss säga att du dödade för pengar. Då måste du möta samma sak om och om igen tills du övervinner det. Situationer blir ofta omvända och du kan då själv bli dödad för pengar.

D: Åh, en fullständig omvändning.

S: Ja, eller så kan man behöva lämna ett mycket härligt liv där allt är trevligt och bra. Man kortar ner det för att uppleva förlusten av något. På så vis kommer allt tillbaka till en.

D: Jag har också hört att det finns andra sätt att betala tillbaka på. Att det inte måste vara ett liv för ett liv.

45

S: Nej, låt oss säga att man gör en person en stor orätt. Då kan det hända att man behöver återvända i syfte att tjäna den personen. Att man till exempel måste tand om eller skydda personen för att gottgöra för något man har gjort tidigare. Ibland kan det alltså handla om att hänge sitt liv åt någon. Att offra sig för någon annan. Det man gör är alltid på ett eller annat sätt motiverat.

D: *Hur är det med dig? Är du en ung själ eller en gammal själ? Har du med andra ord varit med länge?*

S: Alla själar har varit med lika länge. Vissa av oss har av personliga skäl valt att inkarnera fler gånger än andra. Det är varför man använder uttrycket "gammal eller ung själ." Vissa är unga vad jordliga erfarenheter beträffar. Jag har funnit att jag gillar att göra vad jag kan på ett mer påtagligt sätt för att hjälpa, inte bara mig själv, utan även andra. Det är varför jag tenderar att komma tillbaka om och om igen.

D: *Då skulle en ung själ vara någon som inte har så mycket erfarenhet av jorden?*

S: Ja, eller erfarenheter av andra världar, då jorden inte är den enda medvetna värld som existerar.

D: *Du sa att du går i skolan; att du får lära dig saker där. Om det är så att man har möjlighet att lära sig saker medan man befinner sig i det andliga, varför är det då nödvändigt att över huvud taget inkarnera i fysisk form?*

S: Det finns ett stort behov av det. Det är som att läsa en bok. När du har läst en bok finns kunskapen inom dig, men du har inte använt den. Och om du inte använder denna kunskap har den inget värde. Du kan inte förändra dig själv utan att ha en anledning att göra det. Det är starkare, mer personligt, om du upplever eller genomlever problemen själv. Det är inte lika starkt om man bara läser om något. Du kan lära dig allt om hur man gör något genom att läsa en bok, men om du inte har den praktiska erfarenheten gör det dig inte ett dugg gott.

D: *Det sägs att det är svårt att uppleva livet på jorden i fysisk form. Att det är ett svårt sätt att lära sig på. Tycker du att det stämmer?*

S: Det är ett svårt sätt att ta till sig lärdomar på, men de är mer bestående. Om du drar lärdom av de svårigheter du går igenom kommer det att stanna hos dig.

Jag tror att vi kan använda en analogi och likna det vid en kurs i kemi på universitetet. Man kan lära sig hur man utför en massa experiment bara genom att läsa en bok, men till dess att man faktiskt har blandat kemikalierna och följt anvisningarna själv och sett resultaten av det, förblir experimenten bara ord i en bok. Genom praktisk erfarenhet förstår man proceduren, och resultatet mer fullständigt. Många med en examen från ett universitet har teoretisk kunskap, något de inte kan tillämpa på sina egna liv. Det är här den praktiska erfarenheten kommer in. Detta exempel kan också tillämpas på mekanik och andra liknande yrken där det finns teoretisk kunskap kontra praktisk hantering av material.

D: Vet du hur många liv du har haft?
S: Jag har inte en aning. Kanske ett hundratal, kanske fler än så. Jag har tappat räkningen.
D: Är det svårt att hålla räkningen?
S: Efter ett femtiotal, ja.

Jag kunde förstå varför det blev så. Jag hade under ett år arbetat med en kvinna, och vi hade gått igenom 26 liv. De hade till slut börjat smälta samman, vilket gjorde det svårt för mig att skilja dem åt. Jag kunde se hur ett liv påverkade ett annat och hur de var komponenter i en integrerad personlighet, ungefär som pusselbitar.

D: För dem ett register någonstans?
S: Ja, men det är inte viktigt. Det är själva upplevelsen som är det viktiga.
D: Har du hört talas om något som kallas Akashakrönikan?
S: Ja, livets register. Det finns entiteter som är väktare av dessa register, och de har tillåtelse att läsa dem. Vissa, som har studerat och praktiserat i åratal, har en viss tillgång till dem. Men de är väldigt få, och ingen som jag känner till som för närvarande är inkarnerad som har full tillgång till dessa register.

En annan ande såg dessa register som mer tillgängliga än så.

D: Har du hört talas om Akashakrönikan? (Hon tvekade.) Du kanske kallar det något annat. Tror du att det finns ett register någonstans över alla de liv du har levt?

47

S: Åh, ja. Fast om jag skulle kalla den för något skulle det vara Livets bok - ett register över allt man har gjort. Den står på hyllan där borta. Den är väldigt stor.

D: *Är det bara ditt register, eller allas?*

S: Tja, alla kan använda den och referera genom den. Man bläddrar i den, och om det är jag som tittar i den så återspeglar den det jag letar efter. Om någon annan tittar återspeglar den vad de letar efter. Det är en magisk typ av bok.

D: *Jag undrar hur alla register kan få plats i en enda bok. Det måste vara en mycket stor bok.*

S: Det du tror att du vill hitta, det du letar efter, bara finns där.

En annan entitet försökte beskriva Akashakrönikan på en mer personlig nivå.

S: I enlighet med era övertygelser finns Akashiska register som man kan få tillgång till för att ta fram den personliga information man söker. Konceptet med dessa Akashiska register är kanske inte helt förstått. Vi skulle vilja definiera det nu. Kanske kan man använda era bankfack som analogi. I de enskilda bankfacken förvaras era personliga tillhörigheter. Själva bankens koncept är förvaring, och varje enskilt fack innehåller endast det som är av relevans för dig. Alltså kan man förstå att det är du själv som lagrar, eller som faktiskt är bankfacket för din egen energi. Det är helt enkelt så att du kan ta dig till ditt specifika valv, eller ditt fack, för att hämta den information du söker. Du är själv behållaren av denna information.

D: *Innehåller dessa bankfack information om såväl vår framtid som våra tidigare liv?*

S: De innehåller endast det som är lämpligt för dig vid just det tillfället. Det finns förstås frågor kring sådant som inte skulle vara lämpligt för dig att få information om, och därför skulle du inte finna något sådant i ditt specifika fack.

D: *Hur deponeras informationen i facket? Är det genom det liv vi lever, de tankar vi tänker, eller något annat?*

S: Allt som du upplever, varje enskild erfarenhet som du kan relatera till i ditt liv, matas automatiskt in i det samtidigt som du upplever det. Det är som om man gör en bandinspelning av hela livet, som sedan finns tillgänglig att när som helst referera till.

D: *Är det möjligt för andra att få tillgång till den inspelningen?*
S: Det är förstås möjligt, som du redan vet genom ditt arbete.
D: *Är det vad som sker i det vi kallar för en parallell livssituation?*
S: Det är faktiskt möjligt att samtidigt korsreferera till andras Akashiska register och få intryck av de upplevelser en annan individ erfarit. Det är inte så ovanligt som det verkar. En empatisk reaktion är just denna mekanism i verkan.
D: *Så när vi utforskar vad som tycks vara en erfarenhet från ett tidigare liv, så kan det vara någon annans Akashiska register vi utforskar?*
S: Eller möjligtvis din egen.
D: *Finns det något sätt för oss att avgöra skillnaden?*
S: Är det relevant att veta? Det faktum att det återuppspelas bevisar, i kraft av att det ges dig, att det är relevant. Därför borde det inte vara nödvändigt att göra skillnad på vem registret tillhör. Det faktum att det återuppspelas är i sig en indikation på att det är den uppspelning som är lämplig för dig vid den tidpunkten.

Jag har också fått veta att det finns saker som vi mår bättre av att inte veta, och att vissa av våra frågor inte besvaras. Att viss information fungerar som gift snarare än som medicin, och att det är bättre för oss att inte veta vissa saker, som en form av censur för vår egen säkerhet.

D: *Det finns en teori som säger att allt i en persons liv registreras som energi. Du använder analogin av en bandspelare. Men det finns också en idé om att alla saker, inklusive tankar och handlingar, producerar energi, och att denna energi förblir intakt. Skulle ett bankfack vara en bra analogi för det?*
S: Ja, det stämmer. Det är även möjligt att radera om det skulle behövas. Att kanske ta bort ett visst segment av en erfarenhet från registren som inte tjänar ett användbart syfte, som till exempel ugnarna i Auschwitz, erfarenheten av att bränna judar.
D: *Är det något vi medvetet kan göra om vi är fast beslutna att göra det?*
S: Det är inte för dig att avgöra, för du är bara en mycket liten del av ditt hela jag. Det är ditt hela jag som, i samråd med de som förvarar informationen, skulle kunna göra den bedömningen. Det sker inte på en medveten nivå. Du har inte tillgång till den

information som skulle kunna avgöra om en särskild del av din upplevelse är lämplig att radera. Det är ett beslut som involverar de som förvarar informationen, i samråd med de högre nivåerna av ditt medvetande.

D: Du nämnde att man kunde radera saker som ugnarna i Auschwitz. Gör man det på grund av deras negativitet?

S: Vi skulle säga att det i de flesta fall inte varit en avsedd upplevelse. Det är upplevelser man raderar för att skydda deras karma, för att förhindra det att orsaka problem i senare liv. Det undermedvetna har då inte åtkomst till tragedin av en sådan händelse, vilket verkligen hade kunnat orsaka problem i efterföljande liv.

D: Är detta en del av den process som äger rum när man kommer till viloplatsen?

S: Det stämmer. Det är en helande process där sådana traumatiska upplevelser neutraliseras av helande energier.

D: Kan du då också beskriva processen för de som har begått dessa brott?

S: Deras karmiska register skulle återspegla det straff som skulle vara mest lämpligt för de brott de begått. Genom att lagra dessa brott ges även lämplig botgöring, för att använda religiös terminologi. Det skulle vara tydligt framgå vilka konsekvenserna skulle vara vid en återuppspelning. Under förberedelserna inför nästa inkarnation, och genom en bedömning av vad som behöver helas, ges det som är den helande upplevelsen.

D: Jag är nyfiken på den här uppspelningen. Spelas allt upp för oss innan vi återföds?

S: Det kan vara något helt individuellt. Vissa kanske skulle få ta det av det i sin helhet. Andra kanske bara ges en kort sammanfattning. Det är helt upp till individen och de specifika målen med det kommande livet. Det är inte möjligt att göra ett generellt uttalande som skulle täcka alla möjligheter.

D: Behöver man granska alla de liv man har haft, eller är det bara de omedelbara man behöver hantera?

S: När en person dör kanske hans tankar inte uteslutande berör någon av den karma som uppstått i det senaste livet, utan kan handla om de liv som följer och föregår det, om man känner att man är kapabel att möta det som har uppstått.

D: Du menar att man inte för ett protokoll, så att säga, över alla de liv man levt som man går efter?

50

S: Inte under ett och samma tillfälle, nej. Registren finns där. Det skulle innebära alltför mycket karma att hantera på en och samma gång.

D: *Då går man inte igenom hela saken och säger, "Nu måste jag göra det här och det här för att rätta till karma från liv långt bak i tiden."*

S: Om problemen ligger så långt bak i tiden så har man vanligtvis redan tagit itu med dem.

D: *Kommer du ihåg vad ditt första liv var?*

S: Om jag har tagit till mig mina lärdomar tenderar jag ofta att glömma dem.

D: *Jag tänker alltid att man har lättare att komma ihåg den första gången man gör något.*

S: Det är inte nödvändigtvis sant.

D: *Finns det några regler eller bestämmelser kring hur många liv man måste leva sammanlagt?*

S: För vissa kan ett mycket föredömligt liv innebära att man fullbordar sin karma, och så är det färdigt med det. Andra måste gång på gång och genom många, många liv reda ut de saker de har dragit på sig för att lära sig vad de behöver lära sig. Det finns de som är mycket nya i sin erfarenhet då de kanske nyligen beslutat sig för att inkarnera. Andra har varit från början och arbetar med det de behöver arbeta med. Det finns även de som kanske var med från början men som genom långa perioder av vila mellan liv eller lärande på andra sätt, kanske bara har haft ett fåtal liv.

D: *Började du att inkarnera direkt?*

S: Inom en mycket kort tid, vilket är en mycket lång tid från då till nu. Jag har hört att det finns mycket information att lära och samla in. Om det jag berättar kan hjälpa andra kommer det också att hjälpa mig med den karma jag ådragit mig genom att göra saker mot andra.

Jag hade arbetat med denna kvinna i ett år och vi hade gått igenom nästan 30 liv, och ändå jag att jag bara hade skrapat på ytan.

S: Det kommer inte vara nödvändigt att berätta om alla mina liv då vissa av dem kanske varit vilande liv och som därför inte är av intresse för någon annan än denna entitet. Men det finns ändå många liv att dra lärdom av.

D: Jag studerar var och en för att finna ett mönster, en förklaring till varför man utarbetar karma på olika sätt.

S: Ja, men förvänta dig inte att alltid finna svar i det du erhåller. Även på vår nivå betraktar vi det bara ur vårt perspektiv, och vårt perspektiv är fortfarande mycket begränsat i förhållande till helheten.

D: Jag har lagt märke till att vissa är vad jag kallar enkla liv, vilande liv.

S: Ja, där det inte längre uppstår någon karma, vare sig bra eller dålig sådan.

D: Många av dessa liv var inte mentala, intelligenta liv. De var mer eller mindre fysiska.

S: Men de är viktiga för subjektet och för avrundningen av slutresultatet.

Ett vilande liv kan definieras som ett obetydligt liv, även om jag inte anser att något liv egentligen är obetydligt. Varje liv utgör en unik berättelse om en människas resa och har därför ett eget värde. Ett vilande liv kan vara långt eller kort. Det är ett liv där entiteten kan anses genomgå en tråkig och till synes meningslös tillvaro, där inget riktigt extraordinärt händer.

Vi känner alla till den typen av människor, de som verkar glida genom livet utan några som helst bekymmer. De skapar ingen oreda. Under ett sådant liv kan karma betalas tillbaka och redas ut, uppenbarligen utan att ny karma skapas. Jag föreställer mig att vi alla behöver ett sådant liv då och då, eftersom vi inte oavbrutet kan gå från ett traumatiskt liv till ett annat utan att sakta ner och koppla av.

Det vilande livet är perfekt för det ändamålet och är därför värdefullt, även om personligheten kan verka tråkig och oviktig. Det kan också hjälpa oss att förstå människor utifrån våra egna upplevelser, som för närvarande lever den här typen av liv. Vi behöver förstå att vi inte får döma. Vi kan inte veta vilken typ av liv personen vilar från, eller förbereder sig inför; vilka prestationer de har uppnått vid andra tillfällen, och vad de kommer att åstadkomma nästa gång.

D: Är den här skolan den enda plats man kan lära sig på?

S: Nej, det finns andra typer av skolor på andra existensplan. Allt måste till viss del upplevas, åtminstone en gång.

D: Går du i denna skola efter varje liv du lever?

52

S: Inte alltid. Ibland väljer man att vila.

Jag hade vid flera tillfällen stött på människor som befunnit sig på viloplatsen. När de befinner sig där vill de inte prata. De låter mycket sömniga och vill inte frivilligt ge ifrån sig någon information, ungefär så som man skulle bete sig om man väcktes mitt i natten. De kan heller inte ge någon beskrivning, som om det inte fanns någon att ge. Det verkar vara en lugn och fridfull plats där man kan komma bort från allt och under en tid (kanske ett år eller kanske ett hundratals) inte ha något att tänka på och inga problem, förrän man åter är redo att återvända till det eviga livshjulet.

D: *Ligger viloplatsen på en annan plats än där du befinner dig?*
S: Nej, det är ingen skillnad. Vissa kommer till skolan och spenderar sedan en viss tid åt vila innan de lär sig något. Andra beger sig till en plats som enbart är till för vila, där det råder total tystnad och en känsla av ingenting.
D: *Det är platsen jag undrar över. Är det dit man normalt sett kommer efter ett mycket traumatiskt liv?*
S: Ja, eller när de inte vill glömma och släppa taget om något.

Jag tänkte på Gretchens berättelse i min bok Five Lives Remembered. Hon envisades med att försöka återvända till sitt liv i Tyskland, trots att det var något omöjligt. Hon fördes ständigt till viloplatsen, till dess att alla minnen av det ihållande livet suddats ut. Först då kunde hon återfödas och fungera normalt igen.

D: *Ja, jag träffade en person som ville ta det med sig. Hon kunde inte släppa det och fördes till en plats som liknar den du beskriver. Många andar berättar olika saker för mig, men de beskriver liknande platser.*
S: Vi bär alla på en kärna av sanningen. Vi måste ta till oss det vi hör och lära oss av allt, och inte stänga ute det vi inte vill höra.
D: *Du kanske kan hjälpa med att förtydliga några av dessa saker. Det kan vara väldigt förvirrande.*
S: Förvirring leder till okunnighet.
D: *Tjänar ett vilande liv samma syfte som att spendera tid på viloplatsen?*

S: Till viss del. Viloplatsen är till för att helt sudda ut allt fram till den punkten. Och det vilande livet är till för de som kanske just lämnat ett stressigt liv och som behöver vila, men inte nödvändigtvis glömma sin personlighet, för det är inget enkelt. Viloplatsen är till för de som har svårt att glömma sin tidigare personlighet eller problemen de upplevt, och som därför fortsätter med att identifiera sig med den sidan av sin identitet. Den tidigare personligheten skulle ha ett för starkt inflytande i det kommande livet. Det är den typen av situation man uppsöker viloplatsen för att glömma.

D: Ett vilande liv tjänar alltså ett annat syfte?

S: Inte ett helt annat. Kanske bara en annan aspekt av samma syfte.

Under ett vilande liv utsätts inte personligheten för så mycket stress. Efter ett enklare liv kan man gå tillbaka till ett som skulle vara mer meningsfullt, för att återigen reda ut komplicerad karma. Jag tror att det skulle vara svårt att ständigt gå från ett stressigt liv till ett annat. Det kanske är nödvändigt att sakta ner och ta det lugnt ett tag, och ett vilande liv skulle tjäna det syftet perfekt.

D: Jag antar att man har sina anledningar, inte sant?

S: Det finns en anledning till allt.

D: Det är du som går i skolan, men verkar på samma gång undervisa mig. Vi har alla möjligheter att växa, eller hur?

S: Och jag har ännu mycket kvar att lära.

Jag bad henne att fortsätta beskriva de olika platserna för lärande.

S: Det finns ett oändligt antal skolor och viloplatser, beroende på behov. Ibland behöver man gå tillbaka och reflektera över det man har behövt lära sig i visst liv, och utforska det för att se vad man faktiskt har uppnått. Ibland är det som du önskar åstadkomma vad som får dig att söka dig till skolan. Andra gånger träder man direkt in i ett nytt liv.

D: Finns det några regler eller bestämmelser kring detta?

S: Inte om valet gäller dig själv. Hmm, förutom i särskilda fall. Om man känner att det är för mycket att ta med sig, då kan man antingen komma hit till skolan och försöka lösa det, eller så kan man gå till viloplatsen.

D: *Men man kan välja att återfödas direkt?*
S: Ja, om själen så önskar.
D: *Jag tänkte att man kanske behövde vänta ett antal år eller så.*
S: Nej, inte alltid. Det beror på den specifika själens förmåga att hantera de saker som kommer deras väg - de problem de kommer att ställas inför. Vissa behöver mer tid mellan inkarnationer för att hantera övergången från ett liv till ett annat, eller bara för att kunna glömma.
D: *Är det bättre att glömma innan man återvänder?*
S: I många fall, ja. Om det inte finns något behov av att bära med sig de lärdomar man behöver inför nästa liv, då finns det många goda skäl att glömma. Annars skulle personen ständigt försöka återvända till det liv som han eller hon levde, vilket inte är möjligt.

Det var vad som hände med Gretchen under hennes liv i Tyskland i Five Lives Remembered. Det tog henne 200 år på viloplatsen att slutligen förlika sig med det faktum att hon inte kunna återvända till sitt tidigare liv. Det var ett så starkt och våldsamt liv, att när hon till slut kunde återvända till jorden så gjorde hon det med en helt ny personlighet. Det var det enda sättet för henne att klara av det och fortsätta med sina jordliga studier.

D: *Finns det situationer där det skulle vara bättre att inte glömma?*
S: I de fallen finns det något att lära från sin tidigare existens och som har direkt betydelse för det man ska gå igenom och uppleva i livet.
D: *Är det i sådana fall bättre att komma tillbaka direkt?*
S: Ibland. Men ibland måste man förbereda sig längre för att kunna hantera kunskapen om ett tidigare liv.
D: *Skulle karma spela in i beslutet att komma tillbaka snabbt?*
S: Ja. Det beror också på om man försöker reda ut vissa saker. Ibland måste man vänta på andra som ännu inte befinner sig på samma plan. Det är inte alltid upp till en själv att besluta om när man ska födas. Några av mästarna hjälper oss att fatta det slutgiltiga beslutet. Även den person man behöver reda ut karma med.
D: *Måste den andra personen samtycka?*
S: Det beror på vissa omständigheter. Deras samtycke är inte alltid nödvändigt.
D: *Då kan de reda ut karma utan att veta om det?*
S: Utan deras godkännande, ja.

D: *I så fall skulle det vara ens egna karma som man var tvungen att reda ut, stämmer det?*

S: För det mesta, ja. Det finns vissa riktlinjer att förhålla sig till.

D: *De lärare och mästare som hjälper dig med att lista ut allt detta, är deras beslut viktigare än ditt?*

S: Det handlar inte om att det är viktigare. Många gånger betraktar de det från en annan vinkel, eller ur ett annat perspektiv. De ser det utifrån sin erfarenhet och de delar med sig av sin visdom. Ofta är deras bedömningar kloka och det kan vara värdefullt att se det ur deras perspektiv också. På så vis lär man sig.

D: *De ser med andra ord saker som du inte ser.*

S: Ja, eftersom de står utanför situationen, så att säga.

D: *Det låter logiskt. Man är ofta för involverad för att kunna vara opartisk i att avgöra det själv. Finns det tillfällen då en själ tvingas att återvända mot sin vilja?*

S: Ja, i vissa fall, men kanske inte för att de inte vill. Låt oss anta att det senaste livet de verkligen njöt av var som en man, och att de nu tvingas komma tillbaka som kvinna. Hade de fått välja hade de valt att återfödas som en man igen. Det finns tillfällen när det händer. Det beror på den specifika situationen. Tillvaron här är enklare, men å andra sidan lär sig själen inte lika mycket. Vardagliga erfarenheter ger oss mer visdom. Visdomen att hantera människor med brister och problem. Det gör att man växer mer än de som har tillgång till stor visdom. En själ kan behöva återvända om den inte ser på något ur rätt perspektiv. De blir visade ur vilket perspektiv de bör se det, genom att uppleva det. Innan man träder in i ett liv observerar man balansen av karma och hur den ter sig. De ser vilka aspekter av sin karma som skulle vara bäst att arbeta med i denna specifika situation och för denna specifika balans. Deras andliga mästare kan ge några förslag för att hjälpa dem med att lista ut vad de vill uppnå i livet. Men ingen kan tvingas ge sig in i en situation man verkligen hatar. Det sker generellt genom ett samförstånd mellan personen i fråga och hans andliga mästare. Det finns många aspekter av livet som de inte kommer att tycka särskilt mycket om, men större delen av livet kommer vara av sådant de kan hantera. Och dessa extra saker som de inte är så förtjusta i betraktas som andliga utmaningar, något för dem att åstadkomma och arbeta med. Hur väl de lyckas hantera de saker de inte bryr sig så mycket om är en av de saker som hjälper dem att jämna ut sin karma. När de är tillbaka på det andliga planet och kan se att de har hanterat det bra, avspeglar det sig positivt på deras karma.

D: *Jag tänkte på ett speciellt fall. Denna flicka hade begått självmord i ett tidigare liv och tvingades komma tillbaka till detta liv. Situationerna och allt verkade vara rätt, men hon ville egentligen inte komma tillbaka.*

S: Detta händer ibland när själen till exempel har varit på det andliga sjukhuset och mästarna säger: "Nu är det dags för dig att återvända, för du kan inte stanna här för evigt." Av rädsla visar själen ett yttre motstånd, men de vet innerst inne att de måste göra det för att kunna ta sig ur situationen och för att kunna utvecklas. Även om de ger intrycket av att vara ovilliga, vet de att de måste. Så i det avseendet vill de komma förbi den här aspekten av sin karma, och vidare till större och bättre saker.

D: *Men då tvingas de att återvända?*

S: Man kan säga att de blir starkt uppmuntrade, eftersom de inte kan stanna på sjukhuset för evigt och alltså måste återvända. De själar som är sjuka och skadade behöver mer vägledning än de som är friska. De har till en viss del förlorat sin rätt att fatta sådana beslut. Å andra sidan behöver själar som detta fordon (subjektet), och du själv, hållas tillbaka och bli tillsagda att "Vänta lite nu. Du kan inte gå tillbaka än; du har mer kvar att." Ni var otåliga att återvända för att involvera er i allt igen.

D: *Du menar att vi var alltför ivriga. (Skratt) Men den här flickan jag tänker på är mycket olycklig i det här livet. Hon hanterar det verkligen inte bra.*

S: Det tar några livstider att lista ut sätt att lösa det på, och att vara lycklig i processen av det. Att inte avsluta det nuvarande livet genom självmord skulle vara ett framsteg i sig.

D: *Hon var tvungen att komma tillbaka till en situation med samma personer igen.*

S: Hennes största utmaning i det nuvarande livet är obestridligen att inte avsluta det genom självmord, då hon befinner sig i samma situation med samma personer inblandade. Huvudutmaningen ligger i att hantera dessa människor under en normal livstid och att inte avsluta det för tidigt. Om hon lyckas med det kommer det att fungera bättre i nästa liv, och det kommer möjligtvis även att ändras på, så att hon endast behöver hantera en eller två personer åt gången istället för hela gruppen. Och hon kommer även att lära sig att vara lycklig igen.

D: Jag har hört att man fattar det slutgiltiga beslutet själv, men att det här var ett fall där någon annan tvingade henne att komma tillbaka. Jag undrar om det är en motsägelse.

S: Nej. De personer som tvingas att komma tillbaka vet att det är för deras eget bästa. Efter att de har haft tid att tänka på det inser de att de verkligen behöver komma tillbaka. Annars kommer de alltid att vara fast på samma ställe, och de skulle då aldrig kunna göra några framsteg. Att inte göra framsteg är så nära man kan komma den kristna uppfattningen av Helvetet.

D: Att vara i samma situation och upprepa samma misstag?

S: Ja.

D: Är du tillåten att besöka andra platser, eller måste du stanna på skolan?

S: Ibland besöker vi andra existensplan i syfte att lära oss hur anden behöver hantera dem. Var och en av nivåerna har sina lärdomar.

D: När jag talar med andra andar beskriver de ibland sin omgivning på olika sätt.

S: Mycket av det beror på vad individen visualiserar, eftersom de flesta skolor är vad du visualiserar dem att vara. Utifrån dina erfarenheter kan du se det på ett sätt, medan någon annan kan se det på ett helt annat. Men det kommer i princip att vara samma plats.

D: Jag tänkte att det kanske var en så stor plats att det kunde vara många olika saker.

S: Det stämmer också. Det finns ett oändligt antal plan.

D: En ande berättade för mig om en gyllene båt som färdades till och från jordplanet med själar. Har du någonsin sett något liknande?

S: Möjligen är det hennes egen visualisering av det hon trodde pågick. Det finns de som säger att de ser gyllene trappor, eller en bro som de går över. Andra ser en stor sal av ljus och att de närmar sig ljuset. Mycket av detta är individuella erfarenheter som färgar det de tror sig se, vilket då också är vad de upplever. Allt man kan visualisera kan också vara verkligt. För du är mästare över ditt eget öde, ditt eget hem, ditt eget kärl eller behållare, eller på vilket sätt du än väljer att uppfatta konceptet av en ande i en fysisk kropp. Du är mästare över din egen kropp och du är mästare över ditt eget öde. Det du skapar framträder framför dig. Du är medskapare här. Det du ser framför dig är ditt eget verk och din egen skapelse, oavsett om det är på det fysiska eller andliga planet. Vi måste alla förstå vårt ansvar, för alla medskapare av sitt manifesta öde.

D: Hur är det med livet som funktionshindrad? Tjänar det något syfte?

S: Oh ja! Det är en ödmjukande upplevelse. Man tvingas till att verkligen acceptera sig själv, för vem och vad man är, och att reflektera över sig själv istället för att fokusera på vad andra människor i världen tycker om en. Det är så lätt för människor att se sig själva genom andras ögon, vilket är fel. Man är många saker. Man är vem man verkligen är, sedan är man det man tror att man är, och sedan det som andra ser en som...och sedan förändras man. Men när man har en funktionsnedsättning har man något man måste övervinna. Och en av de saker man måste lära sig är att inte låta sig påverkas av då andra gör en till åtlöje. Man får inte ta andra människors grymhet som något personligt. Det är något de själva måste hantera. Antingen förstår de inte eller så är de rädda. Det som människor inte förstår skrämmer dem ofta.

D: Men de som blir sårade förstår inte det.

S: Nej, de blir helt enkelt ledsna där och då.

D: Har du levt ett liv där du har haft en funktionsnedsättning?

S: (Paus som om hon funderade) Jag tror att jag var helt...nej, jag föddes inte med det; men jag förlorade min syn.

D: Tror du att du lärde dig något av det livet?

S: Jag lärde mig att vara uthållig. Jag lärde mig att inte ta det vi ser för givet. Att känna mer uppskattning. Jag lärde mig en typ av känsla, och jag lärde mig...(förvånad) tillit.

D: Då var det värt det. Jag tror att allt har ett värde så länge man lär sig av det, håller du inte med med?

S: Jo.

D: Om andra människor försöker hjälpa dig att bli helad, och det är något karmiskt som du måste ta itu med, kommer helandet att fungera?

S: Nej. Om det är något som är planerat i syfte att föra en person till en viss punkt kommer helandet inte att fungera.

D: Kan det skada att försöka?

S: Åh nej. Det finns en särskild kärlek och en särskild välsignelse Gud ger till dem som använder sina inre resurser för att hjälpa andra.

Att ge av sig själv är en givande process, vilket i sig är en belöning.

Följande är från en regression där en ung flicka återvände till ett liv där hon vare sig kunde höra eller tala. Jag talade med henne omedelbart efter hennes död.

D: *Det var inget dåligt liv, eller hur?*

S: Det uppstod ingen ytterligare karma, nej.

D: *Tja, man kan ju inte dra på sig någon karma i ett sådant liv, eller hur?*

S: Jo. Om man kämpade emot och mer eller mindre gav upp. Faktum är att om man är funktionsnedsatt och inte kämpar för att åstadkomma något, då skulle man dra på sig mer karma.

D: *Menar du om du är funktionshindrad och bara "ger upp." Eller om du till exempel vill att någon annan ska ta hand om dig och göra saker åt dig? Skulle det vara fel sätt att hantera en funktionsnedsättning på?*

S: Ja, och att aldrig försöka med någonting. För att dra fördel av ett sådant liv bör man alltid sträva efter att nå nya höjder, och inte låta det dra ner dig.

D: *Trots att man har en funktionsnedsättning måste man alltid försöka göra bättre ifrån sig. På så sätt återbetalar man karma eller skuld? Men om man bara ger upp och inte försöker göra någonting skapar man mer karma till nästa gång. Är det så det är?*

S: Ja.

D: *Men hur är det med dem som har en intellektuell funktionsnedsättning? Det skulle vara en annan typ av funktionsnedsättning, eller hur? (Hon rynkade på pannan.) Vet du vad som menas med en intellektuell funktionsnedsättning?*

S: Jag är inte säker på om jag förstår hur du menar.

D: *Vissa barn som föds växer inte riktigt upp mentalt. Kroppen växer, men sinnet förblir som hos ett barn. Det är en annan typ av funktionsnedsättning. Förstår du vad jag menar?*

S: Ja. Men återigen har man ändå förmåga att försöka bättra sig lite för varje gång. Att sträva efter att övervinna eventuella brister inom sig själv.

D: Tror du att då en person föds med en funktionsnedsättning, eller utvecklar en sådan, att de gör det av en anledning?

S: Ja. Det kan handla om att sona för något man har gjort i det förflutna, eller att man helt enkelt vill ta sig vidare på sin väg.

D: Då kan man ha en funktionsnedsättning även om det inte är för att betala tillbaka en skuld?

S: Ja, eftersom mycket gott kan komma av det. De kan lära sig att vara mer förstående. De kommer inte vara lika snabba i att döma som andra.

D: Då är det inte alltid någonting dåligt som de försöker betala tillbaka för.

Det finns fler själar som väntar på att få inkarnera i en funktionsnedsatt kropp än i kroppar utan. Den karma man betalar tillbaka i ett sådant liv skulle annars ta minst tio liv. För se vad man lär sig. Och vad man lär sina vårdgivare: föräldrarna eller andra med vilka man har avtalat att uppleva det tillsammans med. Vi får inte heller glömma den inverkan funktionsnedsatta människor har på andra. Vilka lärdomar ger det dem som de har en daglig kontakt med? Vad lär de sig av andra? Vilka positiva och negativa känslor väcker de? Och vilken typ av lärdomar är det de avvisar? Det understryker än en gång att vare sig vi vill det eller inte, så påverkar vi ständigt andra människor på olika sätt varje dag. Lärdomarna kommer av hur vi accepterar och hanterar dessa saker, eller hur vi avvisar och förnekar dem.

Kapitel 5
Den Stora Rundturen

VI UPPTÄCKTE VISDOMENS tempelkomplex av ren tillfällighet. Jag arbetade med en ung man vid namn John som hade haft vissa fysiska problem. Han undrade om det fanns en plats i den andliga världen där han kunde få helande. Jag kände inte till någon sådan plats, men jag är alltid beredd att testa ett experiment för att ta reda på mer. Övrig information i denna bok samlades in genom subjekt i trans som befann sig i sin andliga form i det så kallade "döda" tillståndet mellan liv. Den här gången skulle det bli annorlunda. Efter att John hade nått det djupa sömnambulistiska tillståndet styrde jag honom medvetet mot den andliga världen för att se om han kunde finna någon plats som ägnade sig åt helande, om en sådan plats nu faktiskt existerade.

När jag hade räknat färdigt befann sig John i vackra, eteriska omgivningar, Han fick veta att detta var en del av Visdomens tempel, ett stort komplex som bestod av flera olika delar: Helandets tempel, Gobelängsalen och Biblioteket. Jag blir ofta besviken över att själv inte få njuta av de visuella underverk mina subjekt får se. Liksom en blind person måste jag förlita mig på de muntliga beskrivningar jag får av andra, och ofta räcker inte våra ord till för att verkligen kunna återge de underverk som återfinns i dessa andra dimensioner.

J: Jag befinner mig nu i Helandets tempel. Det är så vackert. Det är en rund sal med briljanta ljus som strålar genom ädelstensfönster högt uppe i taket. De är blå, röda, gröna, gula, orangea, turkosa - alla färger man kan tänka sig, förutom svart och vitt. De är inte representerade här, men alla de andra färgerna är det och de kastar vackra ljusstrålar ner på golvet i den runda salen. Nu kommer väktaren av Helandets tempel. Han kommer fram till mig och ler, och han tar min hand. Han säger, "Du har kommit hit för att få behandling, eller hur? Din själ har gått igenom mycket, inte sant? Stå här i mitten av allt detta ljus och låt detta ljus av energi vara med dig."

D: *Är det vad denna plats är till för?*

Inget svar. Det var uppenbart att han upplevde något mycket djupgående, vilket framgick av hans kroppsrörelser och ansiktsuttryck. Det verkade vara en behaglig upplevelse, och därför blev jag heller inte oroad.

D: Kan du berätta vad det är som händer just nu?

Fortfarande inget svar. Det var uppenbart att han var djupt tagen av upplevelsen. Hela hans kropp skakade krampaktigt flera gånger. Detta pågick i några sekunder.

D: Hur känns det?
J: De olika ljusen virvlar runt mig och omfamnar mig, samtidigt som de känner och renar mig. Det är därför jag för tillfället inte kan prata.
D: Jag ville bara försäkra mig om att allt är okej. Är det en bra känsla?
J: Det är extatiskt. (Ytterligare några sekunder av tystnad följde medan hans kropp fortsatte att rycka till då och då.) Åh, det är en underbar känsla! Jag känner mig så föryngrad. (En paus på ytterligare några sekunder.) Ahh! Det är bara så underbart! Åhh! Det är vågor av färg och energi omkring mig som tar bort all min smärta och värk. Och nu tar han min hand och leder mig härifrån. Han säger, "Din själ har blivit renad från mycket av den negativa energi som har omgett dig. Känn det lugn som nu infinner sig. Du måste fokusera på att lära dig att hela dig själv." (Ett djupt andetag.) Ohh! Det var en underbar känsla. Det här är en fantastisk plats för dem som varit mycket sjuka i den fysiska kroppen. När de går över till andra sidan förs de hit så att deras astrala och andliga kroppar kan förnyas och bli helade i denna runda sal. Efteråt möts dessa själar, som inte längre är bundna till några kroppar, av sina andliga vägledare, och de leds till olika områden för att lära sig mer om sin själsliga resa. De står i en lång kö för det. Men då jag bad om att bli helad, och på grund av det faktum att jag fortfarande befinner mig i mänsklig form, sa de att det var okej för mig att komma först och gå genom kammaren. De kallar den för "Färgernas och Ljusets kammare."
D: Är det ovanligt för någon som fortfarande befinner sig i en fysisk kropp att besöka denna plats?

63

J: Ja. Väktaren säger att det inte är många som utnyttjar denna möjlighet medan de befinner sig i det astrala resandetillståndet. "Men det borde de," säger han. "Vi är här också för att vara till tjänst för de själar som fortfarande är inkarnerade. Om de skulle vilja komma, skulle vi vara glada att välkomna dem. För det finns alltid en kärleksfull energi som följer detta helande." Detta är en fantastisk, kärleksfull plats. Det är inte som ett sjukhus eller något sådant. Det är som ett vackert tempel, och ovanför denna runda sal finns dessa ädelstensfönster. Jag skulle säga att de är cirka 1 till 2 meter höga och gjorda av olika färgade ädelstenar. Ljuset strömmar genom dem och studsar in i mitten av denna runda sal, och det virvlar runt dig med energi. Det var där jag var. Åh, det är bara en underbar, underbar känsla. Nu säger väktaren, "Vi vill tala med dig om din hälsa. Det är mycket viktigt att ha en positiv känsla och att vara medveten om att din spirituella uppgift är att hjälpa och tjäna andra, John. Oroa dig inte för dina hälsoproblem. De kommer att manifesteras ut ur din kropp genom din positiva energi. Om du önskar denna kropp att gå ner i vikt, fokusera då på den form du skulle vill manifestera och du kommer att bli det du manifesterar. Men det är viktigt att du koncentrerar dig. Att använda alkohol och tobak gynnar inte din andliga utveckling, så dessa saker måste du på sikt sluta med. Du kommer inte att växa med energier som skadar din fysiska och andliga kropp. Med tiden kommer du, om du så önskar, att manifestera allt det naturliga och vackra som din själ har. Du kommer att attrahera rätt energier, så oroa dig inte för din hälsa för vi helar och du kommer att bli helad. Om du någon gång behöver återvända till detta tempel, önska bara att vara här och du kommer att vara här." Han är verkligen kärleksfull. Han har just gett mig en stor kram och han säger, "Det är dags för dig att lämna denna plats."

D: *Innan vi går vidare vill jag fråga honom om dessa människor som står i kö. Är det människor som har dött av sjukdom?*

J: Han säger, "Ja, det är människor som har gått bort i långvarig sjukdom, liksom människor som lidit oerhört innan de gick över. Det är människor som har gått bort till följd av sjukdomar som cancer, och bilolyckor och liknande." Det finns ingen fysisk kö som så. Jag menar, det finns en viss ordning, ja, men det är inte som om de står på led en efter en. Var och en går i tur och ordning genom denna kammare av ljusenergi.

D: Är det deras guider som tar dem dit?

J: Det finns guider bland dem. Faktum är att vissa av dem har kommit med sina familjemedlemmar.

D: Är det dem som kom för att möta dem när de dog?

J: Ja, deras familjer har fört dem hit.

D: Kommer de att bli renade, eller bli helade, innan de tillåts gå vidare?

J: Ja, De har behov av denna helande process eftersom det de har gått igenom har varit mycket smärtsamt.

D: Och detta skulle vara det första som sker efter att de går över?

J: Ja, denna helande energi är något av det första man upplever om man har lidit oerhört i sin fysiska kropp till följd av sjukdom eller olycka. Det har då orsakat en sjukdom, eller en negativitet, i den eteriska kroppen. Den eteriska kroppen måste därför helas innan de kan gå vidare till det astrala planet och arbeta på den nivån. Det här är en mycket viktig plats för dessa människor. De leds till mitten av detta centrala utrymme. Det är här alla strålar av ljus kommer ner och omger dem, virvlar sig runt dem och tar bort all den negativitet som den eteriska kroppen har. De återförenas sedan med sina familjer och sina guider, vilka leder dem till olika områden i den astrala världen.

D: Jag har inte hört om detta helande tempel tidigare. Jag tackar honom för informationen.

J: Han ler och säger, "Jag är här för att vara till tjänst. Det här är mitt uppdrag, mitt liv, mitt varande; inte liv, varande." Han är bara en varm, strålande och kärleksfull energi. Hans beröring är magisk. Det är som en mors kärlek, du vet, på det sättet en mor kramar sitt barn. Det är den typen av kärlek man känner. Han säger att detta är en gynnsam plats för alla själar att samlas på, oavsett om de är inkarnerade eller inte. Han säger att denna tjänst och detta område av helande välkomnar alla. Många av de som använder sin psykiska förmåga att hela bör frammana denna bild, för här kan de få helande. Han säger: "Nu när du har bevittnat det och deltagit i det, John, är det viktigt för dig att beskriva denna plats för andra människor som skulle kunna ha nytta av den. Det skulle vara ett underbart verktyg för Dolores att använda för att hjälpa hela andra människor. Hon kan vägleda dem genom hypnos till detta helande tempel där vi tar över och hjälper. Så det skulle vara en underbar tjänst för Dolores att använda sig av. Och genom att ge och dela med sig av detta område kommer även hon att växa." Detta är det meddelande han har till dig, Dolores.

D: Det är jag väldigt tacksam för. Finns det några regler kring vilka som får och inte får komma dit?

J: Han säger, "Alla själar är välkomna hit, så länge de är villiga att göra övergången och resan. Inte alla är villiga eller tillräckligt utvecklade för det. Men om de är villiga och har en önskan om att få bli helade, är vi glada över att få vara till tjänst." Med tiden kan de behöva komma tillbaka, beroende på omfattningen av deras negativitet. Men när de väl har fått behandling säger han att de flesta själar går vidare. De stannar inte kvar. De vill vanligtvis inte komma tillbaka, såvida det inte är viktigt för dem att göra det. Sådan är lagen. Det var så han sa, "Sådan är lagen. Själen vet bäst. Vi har att göra med själens kropp, och inte så mycket det medvetna fordonet. När själen är mästaren, eller den förstår vad som pågår, känner den också lagen. Ingen blir beroende av denna energi. (Skratt) De blir inga 'missbrukare' av helande. Det är inte så det fungerar."

D: Så om jag tar någon som befinner sig i ett tillstånd av trans och leder dem till denna plats, kan de bli helade genom denna process om de är villiga?

J: Han säger, "Ja, om de är villiga finns vi här att bistå med hjälp. Om man riktar fokus på denna plats genom ett meditativt eller hypnotiskt tillstånd, finns vi här för att vara till tjänst då det är vad vår energi är till för. Det skulle vara väldigt enkelt för dig att kanalisera den." Han säger att Dolores skulle kunna använda det för att vara till nytta. Han säger, "När vi väl är till tjänst uppenbaras allt. Var och en av oss har en andlig gåva. Och för dig, Dolores, är detta ett underbart sätt att låta dina andliga gåvor komma till uttryck."

D: Det låter som en mycket god idé, för många gånger ber man mig om råd angående sin hälsa.

J: Han säger att det skulle vara ett fantastiskt sätt. Att försätta dem i trans och föra dem till detta tempel av ljus. Det skulle vara en underbar hjälp att få, eftersom det inte bara helar den fysiska kroppen, utan även de eteriska kropparna. Det är kroppar som finns inom oss när vi inkarneras.

D: Jag skulle tro att allt helande också avspeglar sig i den fysiska kroppen.

J: Det gör det. Men personen måste också använda den i positiv mening. Det är viktigt. Det finns en plats av guld här som är helt fantastisk. Den strålar, med vackra utsmyckningar av guld på väggarna.

D: *Är det en annan plats än det helande templet?*

J: Vi är fortfarande i det helande templet. Jag går runt och pratar med guiden. Han visar mig de olika strålenergierna och hur de tar sig igenom. Det är som att vara inuti ett smyckeskrin. Det är helt fantastiskt. Hela tempelstrukturen strålar nästan elektriskt i en guldaktig färg. Jag menar, det är som en guldbrun färg, fast en riktig helande färg. Och det ser ut som om det har filigran inristat i sig. Det finns opaler och många olika typer av halv- och ädelstenar infattade i väggarna. Men de viktigaste är juvelerna i fönstren där ljuset kommer in.

D: *Tja, jag tackar honom för att ha gett oss tillträde och för den behandling du har fått. Vill du lämna den platsen nu?*

J: Ja, han kramade mig och sa hejdå.

D: *Vi bör gå eftersom det finns andra som väntar på att få samma behandling.*

J: Det finns andra, ja. Var och en av dem ställer sig i ljuset.

D: *Det är en mycket viktig plats för oss att känna till. Det måste finnas många platser där borta som vi inte vet om existerar. Du sa att alla dessa byggnader var delar av ett komplex? Jag undrar om du skulle kunna ta med mig på en rundtur, så att säga, så att vi kan få veta vad som mer finns där.*

J: Okej. Väktaren säger att gobelängsalen är viktig, så jag går längs en vacker korridor med väggar som ser ut som lapis lazuli och marmor. I slutet finns det en stor dörr. Jag öppnar dörren, och där möts jag av ett bländande starkt ljus.

D: *Vad är det som skapar detta ljus?*

J: Det finns en man, eller en andlig gestalt. Han säger att han är väktare av Gobelängsalen och tillåter mig att gå in. (Samma Gobelängsal beskrevs i Conversations with Nostradamus, Volume II [reviderad utgåva].) Detta är en mycket aktad plats. Det finns en underbar doft i luften. Doften är som en kombination av frisk bris med en antydan av salt, och dofter från en trädgård. Det är nästan som rökelse. Det är ett vackert rum med mycket, mycket höjd. Det sträcker sig kanske mellan trettio och sextio meter. Nej, trettio meter skulle vara mer exakt. Taket har en rundad spets, som på tornet av en kyrkobyggnad. Det finns fönster längst upp, och längs sidorna av väggarna. De är högt upp och de lyser upp rummet. Det finns även kristallkronor som hänger från taket som påminner om Aladdin-lampor. Och det finns många av dem, kanske runt 15, 20 stycken. Väggarna och golvet ser ut som att vara gjort av marmor. Och med jämna mellanrum står tunga möbler, grupper av stolar och bord mittemot gobelängen. De är varken moderna eller antika, men de är mycket funktionella, bekväma och inbjudande. Väktaren berättar att lärare ibland tar med sina elever hit för att förklara gobelängens underverk och finesser för dem. Det känns som om jag befinner mig på ett speciellt museum dit människor kan komma för att undersöka och studera detta. Nu ska jag gå och titta på gobelängen. Den är så vacker. Den är metallisk, gjord av metalltrådar och de är helt underbara. De glimmar och glänser. (Ett plötsligt andetag.) Och det ser ut som om den andades. Det är som om…den är levande. Jag menar, den bara böljer och gnistrar. Vissa av trådarna glittrar, andra är något mer matta. Det är verkligen svårt att beskriva. Den är faktiskt som en levande varelse, men den är inte skrämmande; den är vacker. Det finns olika typer av trådar. Och, åh! Det är helt magiskt. Inget på jorden kan jämföras med detta. Det är inte möjligt att beskriva hur fantastiskt detta är, för det är så fullt av liv att det nästan är elektriskt. Väktaren berättar att varje tråd representerar ett liv.

D: *Det låter väldigt komplicerat.*

J: Åh, en del av det är komplicerat, men det bildar en vacker design. En tidlös design. Och… jag kan se världen bortom den. Genom att titta på denna gobeläng kan jag se alla händelser som någonsin har ägt rum.

D: *Hur menar du?*

J: Det är som att se igenom gobelängen, där jag kan se människors dagliga liv, och hur de går samman som en tråd i denna väv. Nu förklarar väktaren att varje liv som någonsin varit representeras av en tråd i denna gobeläng. Det är här alla trådar av människors liv, de själar som inkarnerar, sammanlänkas. Det illustrerar perfekt hur varje liv vävs in och hur de korsar och berör alla dessa andra liv, för att så småningom påverka hela mänskligheten. Den absoluta enheten av mänskligheten representeras av denna gobeläng. Den är en, men sammansatt av alla dessa olika delar.

Ingen av dem kan existera utan de andra, och de vävs samman och påverkar varandra.

D: Tja, om den består av alla liv så borde den själv också vara vid liv. Har väktaren något emot att vi tittar på den?

J: Åh, han bryr sig inte. Han vet att vi har ett syfte. Han säger, "Varsågod, titta gärna på den, men titta inte för djupt. Jag vill inte att ni tittar på andra människors liv, eftersom att sprida den kunskapen skulle kunna vara skadligt för deras utveckling." (John återgick till att beskriva.) Gobelängen är enorm. Den verkar vara, åh, jag skulle säga åtminstone mellan sex och nio meter hög. Och den verkar vara oändligt lång. Det skulle ta mig timmar att bara gå längs den. Den måste sträcka sig minst en mil. Den löper längs den vänstra väggen och ljuset som kommer in från fönstren lyser på den. Men det finns en punkt som jag inte kan gå förbi.

D: Vet du varför?

J: Väktaren av gobelängen säger att det har att göra med själens andliga utveckling. Bara de andligt utvecklade har tillgång till den delen av gobelängen. Det är som en liten skylt som säger, "Gå inte längre än såhär." (Skratt) Men det är inte så mycket en skylt som en känsla av att detta är så långt jag kan gå. Det är som att betrakta det vackraste av konstverk. Den består av fibrer som sträcker sig från en liten bit av snöre ända upp till kabelliknande storlek, lika tjocka som en handled.

D: Jag föreställde mig dem som trådar.

J: Nej, de är inte så smala som trådar. Jag kallade dem det för att de är sammanvävda, men de varierar i storlek. De flesta av dem är ungefär lika tjocka som rep, och sedan fortsätter de att bli tjockare och tjockare. Det finns gröna, blåa, röda, gula, orangea och svarta trådar. Ja, det finns till och med svarta där. De svarta sticker ut eftersom de inte verkar sträcka sig lika långt som de andra färgerna gör. Hmmm. Vad underligt.

D: Har färgen någon betydelse?

J: Jag ska fråga väktaren. Han säger, "Ja, den representerar den andliga energin hos alla själar."

D: Vad skulle betydelsen vara med de mörka färgerna jämfört med de ljusa?

J: "De mörka färgerna," säger han, "har egentligen ingen betydelse. De svarta är speciella då de har valt en mycket ovanlig väg."

D: *Jag tänkte att de mörka färgerna kanske indikerade på att de var mer...ja, jag tänker på negativa liv.*

J: Nej. Han säger att det inte finns någon negativitet i denna gobeläng. De svarta har helt enkelt valt ett ovanligt sätt att manifestera sig på. Men han säger, "Fråga inte om det. Det är inte för dig att veta just nu. Du har kommit hit i ett annat syfte."

D: *Ja. Jag skulle vilja ställa ett par frågor. Du sa att det fanns lärare som lärde sina elever om denna gobeläng. Finns det ett sätt för dem att betrakta mönstret av sina tidigare liv?*

J: Ja. Jag tittar på en grupp just nu. Läraren har en fin klädnad på sig, och han har en mycket välvillig uppsyn. Han pekar ut för olika själar vad som pågår och vad som har hänt. Han undervisar dem om denna gobeläng och vad de olika intrikata mönstren betyder. Han har något som liknar en skimrande pekare. Den är gyllene med något vid spetsen som ser ut som en kristall, men det är faktiskt en lysande diamant. Han pekar på en tråd i väven, och tråden, kabeln, repet, eller vad man än vill kalla det, ser ut att lysa av sig själv. Han pekar ut olika egenskaper om liv, hur människor har utvecklats och var de behöver utvecklas mer. Alla gör anteckningar. Inte så mycket med penna och papper, utan snarare genom tanke.

D: *Ger han eleverna förklaringar om sina egna liv så att de kan fatta beslut i framtida liv?*

J: Ja, jag får intrycket av att de är där för att studera sina tidigare liv och de sätt som deras trådar har vävts in i denna gobeläng av liv. Detta är vad de äldre kallar "de Akashiska registren." (Jag blev förvånad.) Det här är de Akashiska register som avancerade själar förstår. Han säger att vissa av registren finns i bokform, men det är för de själar som inte är lika högt utvecklade.

D: *(Jag förstod inte.) Du menar att inte alla har en tråd i denna gobeläng?*

J: Jo, allt liv har en tråd i denna gobeläng, men det är bara de avancerade själarna som kan förstå konceptet med den och som också har tillgång till den. Mindre utvecklade själar har Akashiska registerböcker som de kan bläddra i. Det skulle vara som om ett barn gick in på ett universitetsbibliotek när de istället borde gå till barnsektionen på ett lokalt bibliotek.

D: *Då skulle de inte förstå vad de såg även om de kom hit?*

J: Precis. De skulle inte förstå eftersom gobelängen har ett syfte. Den sträcker sig till de högre dimensionerna, och bortom det, och det är en mycket komplex plats. Denna gobeläng har sitt slut i det Gudomliga där allt är ljus. Allt leder till detta vackra ljus.

D: *Kan du fråga väktaren om det är många levande människor som kommer för att se den här gobelängen? Eller är det ovanligt för oss att vara här?*

J: Han säger att du skulle bli förvånad över hur många som har besökt denna sal och som ännu befinner sig i en kropp. Många kommer hit för att betrakta det som ett konstverk. Han säger att det ibland har varit en inspirationskälla för konstnärer skickliga inom målning, skulptur och textil konstform. De kommer ibland hit eftersom det är ett av de mest praktfulla konstverken i hela vår skapelse. Den har många olika mönster, såsom vilda moderna mönster, orientaliska mönster och indianska arrangemang.

D: *Hur tar de sig hit?*

J: Han säger att vissa kommer när de befinner sig i sitt astrala tillstånd, när de drömmer. Andra kommer när de utforskar de själsliga världarna genom meditation, astralprojektion eller hypnos. Precis som du gör nu.

D: *Jag undrar om det är ovanligt att komma hit medan man fortfarande befinner sig i en kropp.*

J: Han säger, "Nej, det är inte så ovanligt som du kanske tror. Du skulle bli förvånad över hur många som faktiskt kommer hit. Men inte alla människor är redo att komma till denna plats ännu."

D: *Kan han se att vi inte är döda?*

J: Ja, han går bredvid mig och säger att han vet att jag fortfarande befinner mig i en kropp. Han ser silversträngen som löper bakom mig.

D: *Åh, han vet att du fortfarande är bunden till en kropp. Och att vi gör det här som ett slags experiment.*

J: Ja, han förstår det. De flesta har inte silversträngar som kommer ut ur deras kroppar.

D: *Okej. Har någon av de som kommit hit medan de fortfarande befunnit sig i en kropp någonsin nekats inträde i denna sal?*

J: Han sa, "Du skulle bli förvånad. Vi har varit tvungna att be människor lämna det här området. En själ kom och försökte rycka sin tråd ur gobelängen. Han trodde att det skulle vara det bästa sättet att avsluta sin existens på. Mannen led av någon form av

71

demens på det jordliga planet, och han insåg inte att han faktiskt befann sig på det andliga planet. Han var mycket förvirrad. Vi var tvungna att leda honom tillbaka. Han är nu på en institution där han får mycket lugnande medel så att han inte går in i detta tillstånd av trans, vilket han lätt kunnat göra. Men han kom för att förstöra gobelängen, eller förstöra det han trodde var hans tråd. Vilket i själva verket inte ens var hans tråd."

D: *Men det är inte så många som försöker göra sådana saker, eller hur?*

J: Nej, det var ett mycket sällsynt fall. Den mannen fick stor andlig styrka under sin fysiska inkarnation. Men han trodde att det var illusioner, vilket har lämnat honom obalanserad i sin mentala kropp. Som ett resultat blir han fysiskt begränsad och ges kemikalier för att hindra honom från att resa astralt. Han skulle ha varit en stor världslig tjänare om han hade tillåtit sig själv att hitta sitt mönster. Men han lät den intellektuella sidan av sin natur få för stort inflytande över honom.

D: *Jag antar att det är en av anledningarna till att de har en väktare där.*

J: Det måste finnas en väktare. Ibland inträffar märkliga saker här då det porträtterar tid, och saker måste hållas i balans. Man kontrollerar och balanserar saker längs denna gobeläng.

D: *Du sa att personer ibland blir ombedda att lämna. Försöker de se saker de inte borde eller något sådant?*

J: Han säger, "Man kan se saker, för bakom denna gobeläng finns er uppfattning av tid, och man kan följa en tråd och resa genom tiden. De flesta människor behöver inte veta något om sin framtid medan de fortfarande befinner sig i kroppen, såvida de inte avser använda kunskapen i andligt syfte."

D: *Är det den här typen av människor som ombeds att lämna?*

J: Han säger, "Nej, det här är en kärleksfull plats och ingen blir någonsin ombedd att lämna den, såvida de inte försöker förstöra gobelängen eller är våldsamma. Vi måste bara bevaka den då det i sällsynta fall händer saker. Det har tidigare hänt att stora krafter kommit genom själva gobelängen. Ni hade vid ett tillfälle kärnvapenexplosioner, och många människor lämnade planeten så snabbt att de kom ut genom gobelängen. Så vi måste finnas här för att hjälpa dem."

D: *Jag antar att allt möjligt konstigt händer där, och jag uppskattar att du berättar dessa saker för mig. Vi var nyfikna.*
J: Ja, han säger, "Det är förståeligt. Oroa dig inte. Vi är väl medvetna om din uppgift och din själsliga utveckling. Jag är här för att vara er alla till hjälp."
D: *Vi försöker använda denna information på ett mycket positivt sätt om vi kan. Skulle jag tillåtas att komma hit om jag hade för avsikt att använda den på ett negativt sätt?*
J: Nej. ingenting kan döljas eller hemlighållas här. Vi känner dina motiv bättre än du gör själv.
D: *Jag försöker verkligen vara positiv. Finns det någonting mer du skulle vilja se i gobelängen innan vi lämnar den?*
J: Jag ser min egen tråd nu. Den har en färg av silver och koppar medan den väver sig genom gobelängen. Väktaren av gobelängen säger att det är dags för mig att lämna. Han säger, "Du behöver inte denna kunskap. Med tiden kan du titta, men inte just nu." (Paus) Han diskuterar min själs tillväxt. Och han kallar mig till en uppgift angående det. (John skrattade.) Han säger att jag var en sådan ljusstråle, men att jag hade tillåtit mig själv att falna. Det var därför som jag var tvungen att återvända till den jordiska skolan.
D: *Så att du kan göra bot och bättring?*
J: Tja, genom att förstå universella lagar och kärlek kan jag få tillbaka mitt ljus. Det är lättare att gå igenom den jordiska skolan än att inkarnera i andra dimensioner. Det går snabbare.
D: *Vad känner du när han berättar detta för dig?*
J: Tja, jag gillar det inte. Jag skäms faktiskt. Jag känner mig väldigt tillrättavisad. Jag menar, han har ju helt rätt i att det är mitt fel. Jag har undvikit att ta mitt ansvar och har därför varit tvungen att inkarnera. Men det är inte som att han hytter med fingret och säger, "Nej, nej, nej, nej, nej." Han gör det kärleksfullt. Han omfamnar mig och säger, "Lycka till med ditt uppdrag."

Jag kunde inte motstå frestelsen, så jag frågade, "Jag undrar om min tråd finns där någonstans?"

J: Ja, din tråd finns där. Din tråd har en ljus och skinande färg av koppar som bara blir starkare. Den är till en början ganska liten, men växer sig större och större och påverkar många andra trådar.

73

Denna gobeläng är mycket magisk. (Abrupt) Han uppmanar oss att lämna. "Du tittade på ditt eget liv, och det är inte lämpligt vid denna tidpunkt."

D: Nej, det är bara mänsklig nyfikenhet.

J: Han visar mig mot trappan nu. (Skratt) Och han säger, "Varför går du inte och ser vad som finns där nere."

D: Som om vi inte borde snoka omkring alltför mycket, antar jag.

J: Ja. Han säger, "Ni har sett tillräckligt just nu." Jag tror att väktaren av gobelängen antyder att vi inte borde se för mycket av vår egen framtid.

D: Det låter rimligt. För om vi visste vad som skulle hända med oss, skulle vi då fortfarande göra det vi planerat att göra? Okej, tror du att vi kanske borde gå?

J: Ja, jag går nerför trappan från Gobelängsalen nu. Jag är i Visdomens Tempel nu och går nerför korridoren. Det ser ut som att det finns ädelstenar i väggarna, såsom smaragder, rubiner, peridoter och kristaller. Det är så vackert. Det är mycket strålande och mycket heligt. Man känner … det är en mycket dämpad känsla. Framför mig ligger biblioteket. Jag går in i det nu. Det ser ut som att det finns ädelstenar på alla spiselkransar och dörrar, och de lyser med sitt eget ljus. Jag befinner mig i en enorm studiesal. Det finns böcker och rullar överallt, och alla typer av handskrifter på hyllorna. Det finns ett vackert ljus som strömmar in och som lyser upp hela salen. Salen är gjord av guld, silver och ädelstenar, och de reflekterar ljuset så att man kan läsa. Hela byggnaden tycks vara gjort av detta underbara material.

Biblioteket i den andliga världen var inte en främmande plats för mig. Jag har besökt det många gånger förut med hjälp av mina subjekt. Flera har nämnt det och beskrivningarna varierar endast marginellt. Bibliotekets väktare har alltid varit ivrig att hjälpa mig i mitt sökande efter kunskap, och jag har använt vår tillgång till den här platsen för att få information om många olika ämnen.

D: Det här är en av mina favoritplatser. Jag tycker om alla platser med böcker och handskrifter. Finns det andra människor där?

J: Åh, det finns människor i den andra delen. Det är väldigt stort, nästan som en katedral. Det finns en man där - han är en ande, och han är bara lysande. Han talar om förberedelser inför den jordiska skolan, men det är bara några få som lyssnar på honom just nu. Andra människor är i grupper eller promenerar tyst omkring med böcker och handskrifter till olika platser. Det är en känsla av ... (han hade svårt att hitta ordet) som forskare. De studerar. Alla har en känsla av syfte, och det finns en känsla av frid. Det finns musik som tycks fylla hela platsen. Den är knappt hörbar, men den klingar. Det är vacker musik.

D: Det låter som en väldigt vacker plats.

J: Ja, det är verkligen fint. Allting skimrar och alla har vackra kläder på sig. Kläderna ser ut som om de vore genomskinliga, men med elektriska färger som skiner igenom. Det är deras auror.

D: Är det någon som har ansvaret här? Hur gör man för att hitta något?

J: Ja, det finns en andlig guide som är väktare av biblioteket. Han sitter vid ett skrivbord och skriver för tillfället. Och jag får frågan, "Vad är er önskan?"

D: Är han mycket upptagen just nu?

J: Åh, nej. Han säger "Nej, nej, nej, nej. Det här är fantastiskt. Det är mycket viktigt att få stå till tjänst."

D: Okej. Skulle han kunna leta efter information åt oss?

J: Han säger att det finns vissa restriktioner.

D: Kan han berätta för oss vilka de är? Jag vill gärna veta om jag bryter mot några regler.

J: Han säger, "Det är inte bra att fördjupa sig i sin personliga framtid. Det är en regel som måste följas. Det är inte bra, det orsakar disharmoni."

D: Okej. Det kommer vi inte göra. Finns det några andra restriktioner?

J: Han säger att det är den huvudsakliga.

D: Får de som fortfarande befinner sig i den fysiska världen besöka biblioteket?

J: Han säger, "Ja, de kommer hit genom astralt resande, sina drömmar. Att drömma är faktiskt astralt resande. De kommer hit, men är inte alltid medvetna om vad de gör då det blir dimmigt för dem. Det är ganska ovanligt att ha inkarnerade människor här som faktiskt söker oss. Det finns några, men inte så många." Han visar mig runt. Här finns biblioteket med den enorma runda salen, där människor samlas i grupper och studerar och diskuterar saker. De kan gå in i visningsrum som ligger runtom salen, för att se de saker

75

de önskar att se. Det är där all kunskap lagras, men inte på samma sätt som på en dator. Man behöver inga datorer här. Informationen överförs helt enkelt genom intelligent tanke. Och han säger att vi kan gå in i skriptoriet. Det är här saker blir lästa. Det är hit människor som kan relatera till skrivande och läsande uppskattar att gå. Det är en del av bibliotekskomplexet.

D: *Skriptoriet är alltså en annan del av biblioteket?*

J: Ja. Det är för de mindre avancerade själarna. De är medelutvecklade själar som fortfarande behöver det skrivna ordet för att göra det meningsfullt för medvetandet.

D: *De skulle inte förstå visningrummen?*

J: De skulle förstå dem, men det är på detta sätt de väljer att lära sig. Genom att läsa boken.

D: *De kan då hämta böcker och sitta där och läsa dem, och även skriva?*

J: Precis. Även skriva i dem. Vissa av dem gör det.

D: *Är det tillåtet? Skulle inte det inte innebära att man ändrar på dem?*

J: Han säger, "Ja, det är tillåtet. Allt som gynnar själens utveckling är tillåtet. Det är därför man ibland ser barn födas med fruktansvärt vanställande sjukdomar. Allt är tillåtet. Det hela handlar om syftet att uppnå andlig fullkomlighet."

D: *Jag tänkte att dessa var eviga register man inte fick skada eller ändra på, och att det därför inte var tillåtet att skriva i dem.*

J: Gobelängen är det eviga, och det enda man inte kommer åt. Men, han säger att allt vad som gynnar själslig utveckling är tillåtet. För vissa är det böcker. Men för de mest avancerade själarna är det bara information.

D: *Då är det dem som bättre kan ta till sig kunskapen i visningsrummet?*

J: Ja.

D: *Jag undrar om det finns några restriktioner kring vem som får komma in i biblioteket.*

J: Det finns inga restriktioner, det är sant, men själar med lägre energi finner det mycket svårt att träda in i denna värld. De är rädda för denna plats och söker sig därför inte hit.

D: *Jag undrar varför det skulle skrämma dem.*

J: De bär fortfarande på många av de negativa egenskaperna från sina tidigare existenser. Girighet, svartsjuka, lust, sådant som sänker ens vibrationer. Som ett resultat stannar de för det mesta nere vid vad man kallar "den lägre astrala världen". De har verkligen svårt för att träda in i detta område, de blir liksom avskräckta.

D: Det låter inte som om de söker efter kunskap i alla fall.

J: Han säger, "Vi är här för att vara dem till tjänst. Faktum är att vi har filialbibliotek nere i den lägre astrala världen. Och det krävs verkligen en högt utvecklad spirituell entitet att bemanna dessa. Men de används nästan aldrig. Dessa lägre varelser söker fortfarande upplevelser i fysisk form. Detta är varför de håller till på platser som är degenerativa eller nedbrytande för den mänskliga själen.

D: Jag är nyfiken på att veta varför vi har fått tillåtelse att komma hit.

J: Ditt syfte manifesteras.

D: Så de vet varför vi söker information?

J: Åh, de förstår. "Bara genom att låta dig omslutas av vitt ljus vet vi att du är från den högre astralen. och vi kan läsa dina motiv bakom det du söker. Ingenting kan döljas."

D: Skulle vi tillåtas att titta på lite av denna information?

J: Han sa att vi kan gå in i visningsrummet.

D: Var ligger det?

J: Han tar mig till ett annat rum.

D: Okej. Jag är intresserad av dessa olika existensplan. Jag tänkte att det kanske vore lättare om du kunde se dem i visningsrummet snarare än att faktiskt bege dig till de olika planen. Det kanske skulle vara obekvämt för dig att testa på det. Men om väktaren kan ge dig information om dem, eller visa dem för dig, så kanske det skulle vara lättare. Skulle han kunna göra det?

J: Ja. Han säger att den astrala världen är uppdelad i tre delar: det lägre, mellersta och övre astrala planet.

D: Först och främst är jag nyfiken på det lägre planet, så låt oss börja där. Kan han berätta för oss hur det ser ut och vilken typ av människor eller andar som finns där?

J: Ja. Vi har gått in i visningsrummet och han visar mig det. Han säger, "Fokusera helt enkelt på det du önskar se och alla möjliga bilder kommer att framträda." De visas på väggarna.

D: Är det som en skärm på en vägg eller något sådant?

J: Inte som en skärm direkt. Det omger dig. Jag befinner mig i mitten av det och tittar på det. Och han säger att det lägre astrala är fruktansvärt. Han säger, "Vi ber för dessa lägre entiteter, men det är som om de är bundna till jorden. De har inte mänsklig form, men de befinner sig fortfarande på jorden." Och de är som…Åhh! (Ett ljud av avsky). Det här är äckligt!

D: *Vad är det du ser?*

J: Jag såg precis någon bli skjuten. (Obekvämt) Och det finns en hel grupp av andar som tittar på och skriker, "Åh, är det inte fantastiskt! Se på allt blod och alla inälvor!"

D: *Du menar att de stod och såg på när en fysisk person blev skjuten?*

J: De tittar på två personer. Det var en skottlossning mellan en svart man och en annan svart man på grund av en drogaffär. Och det är typ…åh! Omkring tusen andar som ser på. Det är nästan som, "Åh, där ryker en till. Var ska vi härnäst? Åh, titta på den här flickan. Hon blir våldtagen! Det tittar vi på". De bevittnar all denna brutalitet. Och väktaren berättar att, "De måste titta på det här för att förstå hur de har levt sina egna liv. De är såhär de har levt, på ett mycket nedbrytande sätt." Och han säger att de måste lära sig av det.

D: *Menar du att de helt enkelt stannade kvar där efter att de dog?*

J: Nej, de tvingades till det. De kunde inte gå högre. Du förstår, deras vibrationshastighet är andligt sett mycket låg. De har en tät vibration och kan inte gå högre. Alltså måste de titta på den fysiska världen. De interagerar med den här världen.

D: *Jag tänker att det påminner lite om vår bild av Helvetet.*

J: Det är en variant av det. Det är ett helvete. För innan de lär sig återfödas och utvecklas andligt, upprepar de ibland liknande situationer om och om igen. Och han säger att vissa av dem nästan är bestialiska. Det är ordet han använder, "bestialiska."

D: *Jag har aldrig trott på att Helvetet existerar som en verklig plats.*

J: Det är helvete för dem. För om de har använt droger eller alkohol i överflöd, eller om de har låtit lustar driva dem, är det just det som fortfarande har kontroll över dem. De har fortfarande kvar begäret efter att de gått över, men de kan inte manifestera det. Det är därför det är så viktigt att inte ha dessa…vad man kallar "laster," innan man lämnar, eftersom man bär dem med sig till nästa värld. Han säger, "Som exempel har vi människor här som vill röka, men som inte kan det då det inte finns några cigaretter här. De kommer därför att ägna sin tid åt att hålla sig nära fysiska människor som röker. Eller också har vi andar som tagit droger och som vill injicera och som har gjort det till ett mönster i sina liv. De kommer att hålla sig nära människor som injicerar sig."

D: Menar du att de försöker få samma förnimmelser genom osmos eller något sådant?

J: Ja, de försöker. Det är därför de håller sig nära dem. Människor som har drivits av sina lustar i livet kommer att finnas vid platser där mycket lusta äger rum i mänsklig form, som till exempel bordeller och liknande. Han säger att dessa är de lägre nivåerna i den astrala världen.

D: Det låter som en ond cirkel, som att de inte kommer någonstans. Hur kan de ta sig ur den situationen?

J: Han säger att detta är varför det är nödvändigt för människor att be för sina nära och kära. Det hjälper dem att finna ljuset. Det är som om de lever i sitt eget personliga helvete. Men han säger att skyddsandar kommer till dem när de känner att de har fått nog. När de till slut har lärt sig att säga, till exempel, "Jag är trött på att se alla dessa människor göra det jag inte kan göra." Då kommer det skyddsandar och tar hand om dem, och visar dem sätt att skapa förändring för sig själva. Han säger, "När det är dags för dem att reinkarnera igen, då bearbetar vi dem." Han säger att de alla då beger sig till datorrummet, ett område för dem att utvärderas på nytt. Datorrummet ställer in dem och matchar tiden för när en inkarnation kommer att äga rum, och vilka lärdomar inkarnationen kommer att innefatta. Man visar dem hur de kan använda det livet på bästa sätt. Han säger, "Det här kommer väldigt snart att förändras, eftersom jorden kommer att vara för högt utvecklad för dessa själar. Så vi kommer att skicka dessa själar till…" (John skrattade plötsligt.) Du vet, det är som, "Okej, du hade din chans här. Nästa båt går till Arturis." (Humoristiskt) Det är ganska roligt faktiskt. Den här andliga guiden har ett sinne för humor. (Skratt) Han är gladlynt, lite rund om magen och säger, "Japp. Du hade dina chanser här. Nu måste vi skeppa ut dig till de andra planeterna i närheten av Arturis."

D: Är det planeter med negativitet?

J: Ja, han säger att det är planeter som fortfarande håller på att utvecklas. Men dessa andar kommer inte att återvända hit, eftersom jorden förändras. De andar vi observerar har låga och täta vibrationer. Han säger, "Andar med högre vibration är annorlunda. När de går över kommer de vanligtvis till visdomens och kunskapens tempel, eftersom de varit där tidigare."

Detta kunde vara platsen där skolorna fanns.

D: De kringgår all denna negativitet.

J: Och han säger, "Sedan finns det andar på mellannivå. De tycker om att manifestera sig i lyckliga situationer tillsammans med sina familjemedlemmar som har gått bort. Det finns hus, sjöar och båtar för dem."

D: Ungefär så som de hade det på jorden menar du?

J: Det finns många olika slags hus byggda längs med en av stränderna vid sjön. På en av de branta sluttningarna finns alla dessa vackra hus. Det är här människor bor om de väljer att göra det, särskilt de som har svårt att anpassa sig till den astrala världen. De tillbringar mycket tid här.

D: Menar du att de vill bo i ett hus som känns bekant för dem?

J: Ja. De kan bo i ett hus som liknar det de hade i det fysiska livet.

D: Finns det möbler och andra människor och så i dessa hus?

J: Det finns andra människor där, och de kan manifestera vad de än önskar. Om de vill ha möbler i art deco-stil så har de möbler i art deco-stil. Om de vill ha möbler i rotting så har de möbler i rotting. Om de vill ha möbler från tiden då kung Louis XIV levde kan de ha det också. (Skratt) Du förstår, dessa människor är inga högt avancerade själar. De bara är där och väntar på sitt nästa liv. Det verkar som att det endast är de mer avancerade själarna som håller till i biblioteket och i de andra delarna av komplexet. Dessa andra själar är fortfarande bundna till jorden.

D: Kanske är det allt de kan förstå.

J: Det är mycket sant. Där har du en poäng.

D: Kanske tror de att det är allt som existerar på den sidan?

J: De befinner sig vanligtvis bland människor som tänker på samma sätt. Väktaren av Biblioteket säger, "Som det gamla ordspråket lyder, 'Lika barn, leka bäst.' Kom ihåg det. Det är ett uttryck ni använder på ert plan. De högre entiteterna med hög energi dras till varandra, precis som människor med lägre energi dras till de med låg energi." Människor på denna nivå vill ha en livsstil de är bekanta med. Men de använder det också till att reda ut saker med varandra. Det är varför mycket familjekarma äger rum under senare inkarnationer, eftersom de har haft starka band under denna mellannivå. Det finns en låg-astral, en mellan-astral och en övre-astral. Och det mellan-astrala är av denna typ. Det är lite som förorterna i Amerika. Det finns fina hus och människor pratar i huvudsak med sina vänner och släktingar, och man delar gamla goda minnen. Ibland kommer andliga guider för att prata med dem och för att berätta att de behöver börja förbereda sig inför sina kommande liv. De säger då, "Vi vill bara få njuta av våra familjer lite längre. Har vi tid? Är det verkligen nödvändigt för vår andliga utveckling?" Och de säger, "Ja, ni behöver ta er till templet. Och de är lite rädda. De har attityden av att, "Jag vet inte riktigt."

D: De vill stanna kvar vid det som är bekant för dem.

J: Ja, de vill inte gå längre. Men de har förmåga att manifestera bra saker och är ganska lyckliga. Sedan går vi in i den övre astralen. Han säger att det är som att man har olika sociala klasser. Det astrala på mellannivå är trevligt; det är som att befinna sig i en fin förort. Men den övre astralen är fullkomligt fantastisk, med sådan vacker natur. Det finns trädgårdar och prototyper av alla vackra berg, hav, floder, sjöar och vattenfall. Allt finns där, och det är bara så underbart. Det finns en vacker juvelliknande stad där visdomens tempel är beläget. Det finns berg runt omkring där några av de övre astrala entiteterna bor. Och de går in i templet. Det är själar som gillar den typen av hem och familjeliv. Han säger att många högt utvecklade själar tycker om den här typen av liv. Det är därför de har sina små villor på bergssluttningarna. Det är vackert.

D: Det låter som att andarna tar sig till det område de är mest bekanta med. Och de tar sig inte till nästa nivå såvida de inte är redo för det. Skulle det stämma?

J: Ja, precis. Han säger att man måste avancera till en viss nivå. Men han säger också att man vill till den övre astralen när man går över. Han säger, "Det här är platsen, den är bara så fantastisk. Det mellersta astrala är viktig. Det är dit majoriteten av alla själar kommer. De är varken goda eller onda, de är inte degenerativa, de vill bara träffa sin familj och sina vänner. Och de behöver tid. Men när det är dags för dem att bege sig till datorrummet, då är det dags för dem att lämna.

D: De har inget att säga om saken.

81

J: Nej, det kan de inte riktigt, och det är det som är sorgligt. Han säger, "Det är därför ni har så mycket mer valmöjligheter i den övre astralen. Kunskap är frihet."

D: *Går alla till datorrummet så småningom?*

J: Åh, ja. Det gör alla. Det är rummet för bearbetning. Han säger att de lägre entiteterna endast har ett fåtal år kvar att reinkarnera genom all denna negativitet. Han kan inte visa mig datorrummet. Det är ett rum för bearbetning, dit endast skyddsandar har tillträde. Det är en mycket viktig plats, och han säger att inte ens vi, i detta astrala tillstånd, kan bege oss dit just nu.

D: *Det är okej. Vi behöver inte se det. Vi vill bara lära oss om dessa saker.*

J: Det är rummet för bearbetning, där själar radas upp för att matchas med lämpliga kroppar att reinkarnera i. Han säger dock att det är annorlunda när en ande från den övre världen vill inkarnera. Det är som om de har bra dokumentation och därför ges företräde. (Skratt) Jag menar, några av dem bara skickas iväg. (Skratt) Det är vad jag får intrycket av. Och han säger att det är sant, att för vissa är det så. Han säger att mycket av smärtan och lidandet hos de människor som har dött av svält i Etiopien och sådana saker, orsakats av tidigare liv av fullständigt överflöd. Han säger att dessa liv bearbetas till en högre andlig energi för dem.

D: *Då får de alltså ett liv där de kanske inte lever särskilt länge. Bara tillräckligt länge för att betala tillbaka för en del av detta överflöd.*

J: För att lida. För att lära dem att växa andligt.

D: *Är det också i det här datorrummet som man reder ut de slutliga karmiska kopplingarna till familjer och liknande?*

J: Det är som ett enormt datacenter. Jag ser på ett ungefär hur det ser ut, men kan inte gå in i det. Jag ser en rad själar som ser ovårdade ut och som väntar på att få komma in. Men när en själ av högre nivå kommer, då är det som om han prioriteras. De vet redan att han ska hanteras skyndsamt. Han förs någon annanstans.

D: *Så många av dessa lägre själar är de som lever sådana fruktansvärda liv och dör i massor på grund av katastrofer och svält? Är det de som kommer tillbaka för att leva på sådana platser?*

J: Nej. Han säger att man inte ska se på det på det sättet. De betalar för liv där de har missbrukat sina kroppar. Han säger att du kan göra samma sak. Missbrukar du ditt tempel; då kan du få lida på grund av det.

D: Skulle den version människor har av Himlen likna något av de astrala planen?

J: Han säger att det övre planet skulle vara väldigt likt, eftersom det är så vackert där.

D: Det skulle likna den bild de har av Himlen?

J: Han säger, nej; de människor som tror på Himlen och Helvetet har fortfarande en intelligens på mellannivå. Nej, det är inte Himlen eller ett Helvetet de får. De får ett trevligt hus i ett område väldigt likt en förort. Det är vad de förväntar sig och alltså vad de får. Det finns inga änglar med harpor här uppe.

D: Det var faktiskt något jag undrade över; om det fanns någon som svävade omkring på ett moln spelandes på en harpa. (Skratt).

J: Det finns inga moln. Dock är den övre astralen otroligt vacker. Den är full av underbara juvelliknande blomfärger. Det skulle verkligen kunna vara en Himmel.

D: Det skulle på ett sätt stämma överens med den bild människor har av Himlen. Finns det andra högre plan som han kan berätta om, eller är det det högsta?

J: Han säger att dessa är de avancerade stadierna när man når den övre astralen. Ändå finns det mer avancerade stadier bortom denna. "Men du är fortfarande bunden till en kropp, så det finns andra saker att fokusera på." Han säger, "Gå inte längre än så. Utifrån din medvetandenivå, John, är det tillräckligt."

D: När man har nått dessa högre nivåer, kommer man någonsin tillbaka och inkarnerar igen?

J: Han säger att man har mycket viktigare uppdrag att arbeta med på det universella planet. Och att man normalt sett inte tar sig an en fysisk inkarnation igen, såvida det inte har att göra med ett mycket viktigt uppdrag. Han säger att stora män genom historien, såsom Jesus och Buddha, har varit högt stående astrala entiteter som återvänt.

D: De hade ett syfte med att återvända.

J: Precis, ett mycket viktigt syfte.

D: Jag undrar bara om målet med vår utveckling är att gå bortom den nivån.

J: Han säger att vi går bortom den övre astrala nivån och in i andlig förnyelse, och att vi lär oss att vara en universell ande. Vi är då

83

inte bara bundna till Jordens astrala områden. Jag kan inte riktigt förstå det. Han säger, "Det är inte för dig att förstå vid denna tidpunkt." (Skratt)

D: *Vad är vårt slutliga mål?*

J: Fulländning. Vi växer. Som du redan vet utifrån er lag om fysik så kan energi vare sig skapas eller förstöras. Den ändrar bara form på sin väg tillbaka till sin källa. Och när den når sin källa är den av samma energi. Han säger att samma princip gäller andlig fysik. Han säger, "Där är ledtråden. Du får fundera över det själv."

D: *Men i slutändan är målet fulländning. Och för att uppnå det måste man gå igenom flera liv på jorden, och sedan utvecklas bortom det?*

J: Han säger att varje livstid lär dig en ny egenskap som du behöver i din strävan efter fulländning. Man har inte bara flera liv. Vissa går igenom tre, fyra, fem, sex hundra.

D: *Ja, naturligtvis. Många behöver upprepa situationer om och om igen, inte sant?*

J: Precis. Han säger att vissa avancerade själar kan göra det på kanske tio liv. Men genomsnittet ligger på cirka 120. (Plötsligt) Han säger att vi har sett tillräckligt och att det nu är dags för oss att lämna detta område. Han leder mig ut till biblioteket och visar mig trapporna som leder bort från tempelområdet och ner till en underbar, hisnande vacker trädgård. Han säger, "Varför går du inte och ser efter vad som finns där ute." Jag får känslan av att vi kanske har ställt för många frågor. Jag promenerar i trädgården och det är bara så vackert. Det finns fontäner och vattenfåror. Fåglarna sjunger. Blommorna doftar underbart. Det finns en lysande ande här som säger, "Låt oss prata om trädgårdarna. Det här är prototyper för alla de blommor, träd, dammar, sjöar och fontäner som ni har på jorden, så de är mycket finare." Allting är ljuvligt. Blommorna är som handskurna ädelstenar. De doftar mirakulöst. Tänk dig den finaste, dyraste parfymen i hela världen och att den bara sprayats ut överallt. Det är den typen av underbar doft som ligger i luften. Det känns som om naturen bara sträcker ut handen för att älska dig. Och det finns vackra fjärilar. Åh, det är bara underbart. Det är så vackert här. Det är en prototyp av hur trädgårdarna ser ut i den materiella världen. Det här är världen, den riktiga världen. Den astrala världen är den riktiga världen och den här trädgården är prototypen för våra trädgårdar på jorden.

D: Jag tänker på de blommor vi har på jorden. De blommar, och sedan vissnar de.

J: Nej, dessa är eviga. De förändras aldrig. Det är därför de är av juvelliknande perfektion.

D: Som den mest perfekta ros eller något sådant?

J: Ja, varje kronblad är utsökt. Blommorna är som de mest perfekta juvelerna.

D: Är det samma för träden? Skulle de vara som de mest perfekta exemplen av dem också? är det vad du menar?

J: Han säger att träden i er värld, den materiella världen, bara är en reflektion av dessa.

D: Jag antar att jag tänkte tvärtom, att den astrala världen möjligtvis var en reflektion av den här världen.

J: Åh, nej, nej, nej. Han säger, "Denna värld är betydligt bättre. Alla de vackra ting som skapas i er fysiska värld har sin motsvarighet här i denna värld. Jorden är bara en reflektion av den andliga världen. Er värld är så grov och rå." Det var väktaren av denna underbara trädgård som sa det.

D: Då har varje plats en väktare.

J: Ja, varje plats inom detta komplex har en egen väktare. Det finns en sådan vacker sjö här.

D: Var är det?

J: I trädgårdarna. Det finns alla olika typer av hus byggda längs en av strandbankarna vid sjön. Och allting, fontänerna, templet, bergen och landskapen är fulländade och eviga. Intensiteten i färgerna är hisnande. Det är inte möjligt att beskriva den otroliga skönhet som finns på denna plats. Nu säger han att vi kanske borde återvända. Han säger, "Ni har fått er rundtur. Nu är det dags att återvända. John, återvänd!"

D: Okej. Så det finns inte något mer område där som jag behöver känna till?

J: Nej, inte just nu. Han säger att vissa områden är otillgängliga och att det skulle vara som att ta med sig ett litet barn eller en förskoleelev till ett universitet. Han säger att den informationen inte är nödvändig för dig just nu.

D: Okej. Men förklara för honom att jag försöker ta reda på dessa saker så att människor som är rädda för döden kan få veta hur det är där borta. Det är det viktigaste. Kanske kommer de inte att vara rädda om de vet.

J: Han förstår vad det är du gör. Han säger att det är fint, att det är fantastiskt. Men han säger också att det finns vissa saker som de håller dolda.

D: *Okej, jag respekterar det.*

J: Han säger, "Var rädd om dig nu. Var lycklig och upplyft i kärlek och ljus. Må du vara välsignad, och låt det vita ljuset omsluta dig och få dig att känna dig trygg och lycklig."

D: *Okej. Då tycker han att vi inte ska ställa några fler frågor idag eller försöka ta reda på mer information? Stämmer det?*

J: (Förvånat) Han är borta!

D: *Okej. Var befinner du dig? (Paus) Kan du se någonting?*

J: Jag är i det grå. Det är allt. Allt är grått. Någon form av moln.

D: *Okej. De vill tydligen att vi ska sluta ställa frågor. Är det okej för dig? Jag antar i och för sig att du inte har så mycket till val, eller hur? (Skratt)*

J: (Förvirrad) Jag är inte där längre.

D: *Det är okej. Vi fick ju reda på en hel del.*

Jag förde därefter tillbaka John till fullt medvetande. Jag var lite besviken över att vi inte kunde fortsätta längre med vår utforskning, men när de avbröt kommunikationen hade vi inget val. Det var som om vi fick tillträde till en viss punkt. Och när de bestämde att det var dags för oss att gå knuffade de helt enkelt ut oss genom dörren för att stänga den bakom oss. Scenen hade blivit helt avskuren. Detta var en mycket ovanlig händelse. Det visade att vi verkligen inte var de som styrde denna session.

Kapitel 6
Olika nivåer av existens

INFORMATION OM DE olika existensnivåerna började framträda när jag talade med en kvinna som befann sig mellan liv och som studerade på det andliga planet. Men den här gången lät det som en annan skola än den kunskapens skola jag tidigare hade fått information om, även om det fanns vissa likheter. Hon sa att den låg på den sjunde nivån.

S: Jag lär mig om hur jag kan ta mig an dagliga erfarenheter i livet, hur man gör dem meningsfulla och angenäma, och hur jag kan få ut så mycket som möjligt av dem. Vi lär oss om de olika stadier som jorden nu går igenom. Och vi försöker hjälpa olika personer att bli medvetna så att människan kan ta de nödvändiga stegen framåt.

D: *Menar du genom att vara en typ av guide?*

S: På sätt och vis, ja. Kanske genom att hjälpa människor att öppna upp för möjligheter.

D: *Har du möjlighet att göra det från där du är nu?*

S: Det görs mestadels härifrån. Vi försöker fånga uppmärksamheten hos människor som vi tror kan hantera den kunskap och information som vi har att ge. Det finns bara ett visst antal människor som är öppna för dem på den sjunde nivån. Fler är mottagliga för dem som befinner sig på den sjätte. Men vi försöker nå dem som är andliga ledare eller uppfinnare, till exempel. Även de som många människor inte skulle betrakta som viktiga, i den meningen att de inte kommer att bli ihågkomna under de kommande tvåhundra åren. Kanske är det en far till någon som kommer att bli känd, eller kanske någon som leder eller undervisar sådana barn.

D: *Försöker ni arbeta på den mentala nivån?*

S: Ja. Genom drömmar och liknande saker.

Det verkar som att det är från denna sjunde nivå som uppfinningarna, musiken och de kreativa influenserna kommer. Jag

87

har alltid känt att dessa saker sprids genom atmosfären när världen är redo för det, och att den som är öppen och kan ta till sig dessa idéer skulle vara de som krediteras för uppfinningen. Jag tror att de på den andra sidan inte bryr sig om vem som skapar, så länge det görs när tiden är mogen för det. Detta skulle förklara de fall där många människor över hela världen arbetat med samma sak under samma tid, och skyndat sig i att slutföra det. Många kända uppfinnare och kompositörer har hävdat att inspirationen kommit till dem under drömlika tillstånd då de naturligt skulle ha varit mer mentalt öppna för dessa hjälpsamma influenser.

D: *Skulle du kunna beskriva dessa andliga plan eller nivåer?*

S: Om du föreställer dig en omvänd pyramid skulle Gud vara högst upp eller vid den längsta kanten, och mänskligheten skulle vara längst ner eller vid dess spets. De olika planen finns där emellan, och ju högre nummer de har desto större andlighet. När man avancerar mellan dessa nivåer ökar man också sin medvetenhet och närmar sig på så vis också Gud. Denna analogi av en pyramid missar dock vissa aspekter, som till exempel att toppen eller den längsta kanten är oändlig. För att representera Gud måste den vara oändlig.

D: *Hur kan vi avancera från ett plan till ett annat?*

S: Du avancerar mellan dina plan just nu. Inkarnation är ett sätt.

D: *Handlar det enbart om andlig utveckling?*

S: Andlig utveckling, ja. Fysisk utveckling är någonting annat.

D: *Måste vi leva mer än ett liv för att kunna avancera andligt?*

S: Man behöver inte leva något liv alls om det inte är vad man önskar. Inkarnation är inte en nödvändighet; det är bara mer effektivt.

D: *Mer effektivt för vadå?*

S: För er. För er tid. För era erfarenheter av lärande. Lärandet blir mer fullständigt genom inkarnation än genom att förbli i det andliga. Dessa är genvägar, om du så vill, till den slutliga destinationen.

D: *Vad är det ultimata målet?*

S: Att vara ett med Gud. Att återförenas med Gud och att uppnå fulländning. Att därefter vara fri från att behöva återvända.

D: *Har många andar eller själar nått den högsta nivån av dessa plan?*

S: Många har redan återförenats med Gud och behöver därför aldrig mer återvända till de lägre planen igen.

D: *Hur många liv tar det generellt?*

S: Det varierar med olika individer. Om man kan förbli sitt mål och sin plan trogen och inte glömma varför man är dör och förblir i kontakt med sitt inre jag och noggrant följer vägen och inte avviker från den, tar det inte så många liv. Men alltför många fastnar i världens sätt att vara. Deras ego och fåfänga växer och de tappar kontakt med de andliga, djupare sanningarna bakom sin existens.

D: *Hur kan vi nå Gud om vi inte inkarnerar?*

S: Genom andra metoder. Genom att hjälpa och assistera inkarnerade varelser. Genom att vara en guide, en lärare, en hjälpare, en vän på de andliga planen. Det finns många olika metoder.

D: *Vad är syftet med att fysiskt arbeta sig upp genom dessa plan om det är något man kan göra från den andra sidan?*

S: Vi är uppstigande varelser. Vi formar en stege. Det finns andra vars enda syfte är att vara stationära. Det kan liknas vid människor i ett maraton. Det finns de som vid vissa punkter inte gör något annat än att hålla i vattnet för att ge det till de löpare som passerar. Dessa löpare är uppstigande varelser, från början till slut. Änglar är assistenter som tjänar istället för att klättra. Vårt syfte är att starta från början och att springa fram till målet. Det finns ingen första eller sista plats. Alla som tar sig över mållinjen är vinnare i loppet.

Jag var nyfiken på dessa nivåer. Vissa har kallat dem för dimensioner, och utifrån deras beskrivningar kan man förstå att de talar om samma sak. Jag har fått höra att det finns flera, från tio till tretton till ett oändligt antal, beroende på vem man talar med. Men alla är eniga om att ju högre man klättrar, desto närmare kommer man till att vara ett med Gud.

D: *Kan du berätta om de olika nivåerna?*

S: Jag kan inte förklara det på ett sätt som skulle få dig att förstå varje plan eller dimension, eftersom du saknar de erfarenheter som erfordras för att kunna förstå det. Men jag ska försöka ge dig lite information.

D: *Betraktar man jorden som den första nivån?*

S: Jorden anses vara en femte nivå. Det finns flera nivåer under den. Elementalerna, som är några av de lägsta, finns på den första nivån. Detta grundläggande plan består av ren känsla och energi. De är helt enkelt grundläggande energiformer från vilka man avancerar. De är livsformer som saknar individuella personligheter, som bara är kollektiva livsformer som väntar på sin tid. Precis som människorna väntade på sin. Elementaler har en framtid där de kommer att få en egen individuell personlighet. Men just nu befinner de sig i väntan. Underskatta inte deras potential, för de kan vara mycket kraftfulla. Man ska varken över- eller undervärdera dem, eftersom de har en ganska anmärkningsvärd framtid, precis som framtiden var för människan före nuet.

D: Har elementaler något att göra med vad vi kallar "besatthet"?

S: Inte i ordets vanliga bemärkelse. Besatthet är en realitet, och elementaler dras till något och är inte inkräktare som sådana. Elementaler kan kontrolleras och är därför vanligtvis lätta att påverka (Se kapitel 10 för mer information.)

D: Hur är det med de andra nivåerna?

S: Det finns en andra nivå som utgörs av beskyddare av träd och berg. Dessa skiljer sig från varandra. Elementaler har vanligtvis med platser att göra, medan var och en av dem som skyddar träd har ett eget träd eller sin egen typ av växt. Det kan liknas vid vad grekerna talade om som älvor och näckar och sådana saker. Det var mycket på den nivån av förståelse.

D: Har de någon intelligens?

S: Mer otyg än förstånd, även om de i grunden är mycket godhjärtade. Det är en fråga om utveckling. Din fysiska nivå är bara en annan energinivå. Det är helt enkelt en fråga om var man uppfattar att man är mest bekväm. Det avgör vilken inkarnationsnivå man går till. Vissa människor kommer tillbaka som älvor och pysslingar, eftersom det är vad de upplever sig som mest bekväma med.

D: Kan det göra det?

S: Ja. Vanligtvis inkarnerar de som vad man på ert språk kallar för "småfolk." De är mer i samklang med den andliga nivån eftersom de är mer medvetna om de energier som är inblandade och vet hur de ska hantera dem.

D: Sådana varelser existerar alltså?

S: Ja, de existerar, men i det andliga. De existerar inte som en fysisk manifestation. De kan däremot fysiskt framträda. Det är mycket viktigt. De kan framträda. Men de är mycket andliga. Deras själar, precis som din själ, strävar efter fulländning. De hör hemma bland alla växter och djur i skogen och bland hav och luft. Det är de som har kontrollen över dessa områden. Och när de väl manifesterar sig gör de det som människoliknande varelser, i gröna områden. Det är därför vi har dessa sagor om pysslingar, älvor och alver.

D: I sitt naturliga tillstånd är de andliga, men kan manifestera sig som små varelser? Varför väljer de att framträda i en sådan ovanlig form?

S: Det är en del av planen. De testas i att lära sig att ta hand om naturen. När de har lärt sig att göra det kan de gå vidare med att ta hand om sig själva.

D: Vad menar du med det?

S: Precis det jag sa.

D: Betyder det att de kan utvecklas för att så småningom inkarnera som människor?

S: Ni har varit älvor i tidigare liv, ja.

D: Oj? Vi alla?

S: Ja. Vi alla. Ni kan egentligen inte prata så mycket om själens utveckling i detta nuvarande skede av er utveckling. Det är svårt för er att förstå. Men de rör sig uppför stegen, precis som vi rör oss uppför stegen.

D: Är det därför vi människor fascineras så av dessa saker?

S: Förmodligen för att de själva har varit där. De har själva varit älvor, framförallt de som står i nära kontakt med jorden. De kan förnimma denna typ av andligt liv som de tidigare har haft på jorden.

D: Tja, enligt vår folktro ska de ha magiska krafter och liknande saker. Stämmer det? Har de de krafter som tillskrivs dem?

S: Det är bara folktro. Ändå har de anmärkningsvärda talanger. Men de människor som var omedvetna om den andliga världen när dessa manifesterade sig, såg dem som andar snarare än som fysiska livsformer. De har dock liv, i andlig mening.

D: Det är svårt för mig att föreställa mig dem som andar som sedan manifesterar sig.

S: De tillåts göra det när det är nödvändigt. Det är därför de inte så ofta visar sig för människor. Om man är klärvoajant förstår man att naturen har andar att ta hand om dess oändliga uppgifter.

D: Upplever de döden så som vi känner den?

S: Nej, de upplever inte döden. De individualiserar bara mer. De rör sig bort från gruppsjälen mot en mer framträdande individualism så att de att kan utarbeta sitt karmiska öde.

D: *Det har funnits en så lång och ännu levande folktro; det verkar som om det måste finnas någon slags grund för det. Finns det någon anledning till varför människor uppfattar dem på olika sätt, som älvor, alver och tomtar?*

S: Vissa av dem tar hand om varelser i sjöar och vattendrag. Andra tar hand om skogens varelser. Och det finns även de som tar hand om de varelser på jordens matta, gräset.

D: *Det är därför de ser så olika ut, har olika figurer, olika former, olika personligheter och så vidare? (Hon nickade.) Skapar dessa varelser någonsin något negativt?*

S: Nej, det är de inte programmerade för.

D: *Jag tänker på folktron just.*

S: Ja. Men det finns demoner där ute som maskerar sig som dessa varelser. De är ofta negativa astrala entiteter som tidigare levt på jorden och som är upprörda över att inte kunna reinkarnera igen. De kan orsaka problem. Det var något som oftare hände förr i tiden. Du förstår, till följd av tekniska framsteg har människor i princip ignorerat dessa andar. Demoner brukade plåga människor, precis som älvor och djur. Men nu när människor har gått från en jordbruksbaserad livsstil till en teknologisk livsstil, händer det inte lika ofta.

D: *Hur ska människor kunna skilja dem åt?*

S: Man ska inte oroa sig över det. Naturens andar manifesterar sig inte särskilt ofta för människor. Det är inte så vanligt. Och när de gör det är det av en viktig anledning. Vanligtvis har det med marken eller naturen i sig att göra. Det kan till exempel handla om människor som avser missbruka den mark som är helig för dessa andar. De kommer då att orsaka problem för dem. De kommer att försöka kontakta människorna i sömnen och under deras vakna timmar, för att säga, "Snälla, missbruka inte den här marken."

D: *Det påminner lite om vissa av indianernas sägner. Men de manifesterar sig inte lika ofta som de gjorde förr.*

S: Nej. Men de gör saker som är bra för växterna, och för de djur de tar hand om.

D: *Det finns en sak som jag undrar över. Har alla växter och djur en egen beskyddare?*

S: Nej. Alla växter och djur har alla en gruppsjäl. Och dessa gruppsjälar tas om hand av de andar som ni känner som pysslingar och älvor. De finns individuella själar som tar hand om

92

gruppsjälarna. Och de individuella själarna är alverna och älvorna, och så vidare.

D: Det här är så svårt att förstå. Jag tänkte att det kanske var en gruppsjäl som tog hand om alla växter, och som sedan individualiserades.

S: De är separata varelser. En gruppsjäl är inte lika utvecklad som en hjälpande själ.

D: Då är älvor och alver hjälpande själar, ungefär på samma sätt som våra guider och beskyddare hjälper oss?

S: Ja, de är som pysslingar. De är som guider och kanaliserare för växt- och djurriket. Dessa riken är medvetna om dem.

D: Det är ganska likt det sätt på vilket våra guider och beskyddare hjälper oss.

S: Ja. Bara det att de gör det för växt- och djurriket. Pysslingar eller älvor, eller vad ni än vill kalla dem, är en särskild typ av själ som utvecklas andligt mot mänsklig inkarnation. De kommer att få den möjligheten i framtiden. Faktum är att vi själva har varit denna typ av energi i tidigare liv, och som nu tagit mänsklig form. Dessa andar tjänar de djur och fåglar som har gruppsjälar. De finns där för att hjälpa dem, eftersom djuren inte har några individuella själar. Det sätt som djuren ser på livet är genom sin reproduktion. Det är så de lever vidare.

Mycket av detta lät som folktro och mytologi, vilket vi har avfärdat som vidskepelse och "rappakalja." Kanske förstod de forntida människorna mer om dessa grundläggande principer då de levde närmre naturen. Det var något uppenbart för dem, men också skrämmande. Av vördnad för naturen hittade de på berättelser och fyllde dem med olika typer av varelser, vilkas namn överlevt till vår tid genom folktro och myter. Detta verkar ha varit ett försök att förstå detta andliga rike som vi har valt att ignorera i vårt mekaniserade och komplicerade samhälle.

D: Men i sin utveckling blir dessa andar så småningom människor.

S: Ja. Jag borde egentligen inte prata så mycket om detta. Men ja, de lär sig att utvecklas till människor. De är unga själar. De är fulla av kärlek till mänskligheten och till naturen. Framförallt till naturen. De kommer att röra sig framåt i sin evolution efter jordskiftet, och då inkarnera i fysiska kroppar. De förbereder världen på detta jordskifte vid denna tid. Det är därför människor vägleds att leva i vissa områden. När dessa andar sedan inkarnerar kommer världen att ha förändrats från att vara ett lågt planetärt vibrationssystem till ett högt planetärt vibrationssystem. Och detta kommer att återspegla deras ljus och deras liv. Många av dem kommer att ha ett operativt uppdrag och inkarnera för att hjälpa att återuppbygga världen, och för att producera mat och leva i samklang med de djur som traumatiserats av detta jordskifte.

D: *Vad kommer att hända med vår typ av ande?*

S: När jordskiftet inträffar sker också olika förändringar för olika grupper av själar. Vi utvecklas mot en högre form av medvetande.

D: *Vi skulle inte vilja inkarnera på jorden vid den tidpunkten?*

S: Även vi skulle reinkarnera på jorden för att göra upp med våra karmiska behov. Men de flesta som återvänder kommer att vara mer andligt utvecklade. De mindre utvecklade kommer att skickas till ett annat universum för att påbörja en kosmisk resa på nytt.

D: *Det låter som att stora förändringar kommer att ske efter detta jordskifte.*

S: Dessa naturandar förbereder inför det. Jag borde verkligen inte prata mer om detta.

Jordens kommande axelförskjutning och dess mekanismer diskuteras mer i detalj i min bok, Samtal med Nostradamus (3 band).

D: *Hur är det med djuren? Du sa att de inte har några individuella själar?*

S: Nej, djurens andar skiljer sig från människornas. De skiljer sig så mycket åt från människan att det är svårt för mig att förklara det på ett bra sätt. De är gruppsjälar, och de hör samman med andra elementaler. Vissa djur, som kor och hästar, har ett flockbeteende som gör det lätt att identifiera dem som gruppsjälar. Men djurandar har inte en personlighet på samma sätt som en människa. De är dock livskrafter, och de lever i kroppar - djurkroppar.

D: *Inkarnerar de på samma sätt som människor?*

S: Det är en inkarnation, ja. Det handlar om att fylla en fysisk kropp med en livskraft, så ja, i den bemärkelsen skulle det vara en inkarnation.

D: *Kan en ande från ett djur inkarnera som människa?*

S: (Hon rynkade på pannan och verkade förbryllad.) Ja, det gör den - så småningom. Det är en del av dess andliga utveckling. Precis som du kommer att gå vidare till högre nivåer separerar sig djurets ande från gruppsjälen för att bli en individuell själ som påbörjar sin process att växa andligt. Många av människorna på jorden har varit djur i andra liv på andra planeter, för eoner av tid sedan.

D: Och det var en del av evolutionen? Jag är nyfiken på vårt ursprung. Vilken typ av energi var vi när vi först började?

S: Vi måste genomgå alla stadier av utveckling: gas, materia, växt, djur, människa, ande, gudomlighet.

D: Ett djur är en del av en gruppsjäl, och den kan individualisera och avskilja sig från gruppen?

S: Ja, genom kärlek. Människor som visar djur kärlek ger djuret en personlighet. Kärleken hjälper den att separera sig och gör den mer individualistisk. Det höjer deras medvetande. Det är därför man alltid bör vara kärleksfull mot alla varelser. Fast jag förstår ändå inte riktigt meningen med skadliga djur såsom myror, getingar och myggor. (Hon grimaserade förskräckt och jag skrattade.) De är en del av planen. De flesta insekter finns där av en anledning. Men jag känner att vissa inte behöver vara där eftersom de inte är särskilt produktiva. Efter jordskiftet kommer de inte längre att finnas kvar.

D: Skulle djurandarna befinna sig på en särskild nivå?

S: Vissa befinner sig på den andra; vissa på den tredje; och vissa någonstans däremellan. En myra skulle till exempel befinna sig på en annan nivå än en mycket älskad hund eller häst. Det finns inte alltid distinkta nivåer som säger att man befinner sig på den ena eller andra nivån. Det finns många aspekter till varje karaktär. Det finns även de i mänsklig form som befinner sig på dessa lägre nivåer. De tillåts göra detta i hopp om att de ska höja sig själva. Vissa människor befinner sig på den tredje nivån även efter att de har inkarnerat. Det är människor utan samvete. De lever bara en existens. De lever inte ett liv. De lever mindre än ett liv.

D: Hur menar du? Är de onda, eller saknar de bara intresse?

S: De har inte intelligens att vara vare sig onda eller goda. Det finns väldigt få av dem. Det finns fler inkarnerade på den fjärde nivån än vad det finns på den tredje. Det ni skulle kalla en sociopat skulle vara en person på fjärde nivån. Återigen, de har inget samvete, men de har intelligens nog för att använda det mot andra.

95

D: De som befinner sig på den tredje och fjärde nivån och som är antisociala; skulle dessa vara mördare och kriminella?

S: Ja, till stor del. De har antingen degraderat till den nivån eller ännu inte nått upp till de andra. Det finns inget samvete. Och sedan har vi den femte nivån, som utgör din dagliga tillvaro. Det finns även vissa som tar sig hit till det jordliga planet från den sjätte nivån.

D: Är den sjätte nivån ovanför jorden?

Jag försökte att fysiskt placera dessa nivåer som identifierbara platser med konkreta gränser. Något jag senare skulle inse vara omöjligt.

S: Den sjätte nivån är vad man betraktar som den andliga världen.

D: Skulle det vara andar som inte vill lämna jorden?

S: Det kan ibland vara de som av egna skäl håller sig bundna till det jordiska planet, eller som har familjer som håller dem kvar genom sorg och liknande.

D: Jorden är på den femte nivån. Efter det kommer den sjätte, sjunde och högre än så? Och det är där skolorna finns?

S: Skolorna, mästarna och annat, ja. Den åttonde och nionde nivån är förbehållna de stora mästarna. Når man den tionde återförenas man med Gud.

D: Är det möjligt för människor att röra sig i motsatt riktning? Jag tänker på teorin att människor reinkarnerar som djur.

S: Såvida du inte är extremt bestialisk, nej. Alltså, om man beter sig som ett djur och önskar att bli ett djur så kan det vara en möjlighet, ja. Men det är mycket ovanligt. Det är inget som vanligtvis tillåts. En gång i tiden var det möjligt, men inte längre. Det var något som gjordes under de tidiga dagarna av experimenterande, men inte längre. Det handlar inte om att det inte är möjligt, utan om att det inte är tillåtet. Om en person sjunker så lågt kommer han förmodligen att stanna på den här sidan till dess att han höjt sig, snarare än att ta sig nedåt på skalan. Det är möjligt för en person att mentalt sjunka till en djurisk nivå, men det är osannolikt att de skulle inträda kroppen av ett djur. När man väl uppnått mänskligt medvetande är det mycket sällsynt att man går tillbaka till en djurisk existens, eftersom det är något man utvecklats vidare från.

D: Skulle de människor som är inkarnerade befinna sig på en tredje, fjärde eller femte nivå?

S: Ibland sjätte.

Jag undrade hur det var möjligt om vi är inkarnerade och den sjätte nivån är den andliga världen.

S: Du har säkert hört talas om uttrycket att en person har en fot i en värld, och den andra i nästa. Det är människor som är mycket öppna för allt omkring sig.

D: Kan de växla nivå efter eget behag?

S: För det mesta, när de väl blivit medvetna om det och börjar förhålla sig till de båda världarna, ja. Det finns även en sjunde nivå, där många av kunskaps- och tankeskolorna finns. Det är från den sjätte och sjunde nivån som mycket av kunskapen kommer. Vissa människor befinner sig på två nivåer utan att själva inse det. Ett exempel på det är då en uppfinnare inte har någon aning om varifrån hans kunskap kommer.

Det slog mig att vi ofta hör människor tala om den sjunde himlen. Att det sägs vara en plats av fullkomlig lycka. Jag undrar om det ursprungliga konceptet grundar sig på denna teori om olika nivåer?

D: På vilken nivå finner man viloplatsen?

S: Den har ingen nivå. Den bara är. Den existerar utifrån ett behov av att finnas utan någon form av stimulans. Därför har den ingen nivå. Man går dit för att vara utan.

D: Är det en särskild plats bortom de andra planen?

S: Inte nödvändigtvis bortom. Den finns bland planen, men är ändå något eget i sig. Det är svårt att förklara. För att använda en analogi skulle det vara som att röra sig rakt upp från ytan av planeten och att luften blir allt tunnare. Till slut når man den nivå där det finns moln där man kan se ett som ser ut att vara mycket tjockt och kompakt. Molnet är något eget i sig, men det är fortfarande en del av luften. Sådan är viloplatsen.

D: När man tar sig från ett liv till ett annat, kommer man då till olika nivåer eller återvänder man till den man just lämnat?

S: Det beror ibland på vad man har uppnått i det livet. Om man, istället för att ha blivit upplyft, kanske blev nedgraderad i ett liv, då skulle man inte återvända till den nivå man lämnat. Vissa gånger går man direkt in i ett annat liv, och andra gånger in i en period av vila.

97

Ibland kan man behöva återvända till skolan, men inte nödvändigtvis samma skola som man lämnat. Kanske finns det andra lärdomar att lära till nästa gång. Kanske försöker man avgöra huruvida man önskar återvända, eller stanna och arbeta där under en längre tid.

D: Finns det en skola på varje nivå?

S: Ja, det finns många skolor på alla nivåer: skolor av ljus, skolor av tanke. De alla använder en del av vad som är den naturliga lagen och ordningen av saker. De försöker öppna upp individen för den delen av sanningen för att de ska kunna finna vägen.

D: Man tar sig till nästa nivå först när man är redo för det?

S: Det stämmer.

Det lät lite som att ta sig från en årskurs till en annan. Och kanske är det just så det är, med jorden som ett av klassrummen.

D: Menar du att det finns vissa krav som behöver uppfyllas innan man kan ta sig till nästa nivå? Att det man åstadkommit avgör huruvida man går bakåt eller avancerar till nästa nivå?

S: Ja. Och när man når en viss nivå, som den nionde, är det mycket, mycket sällsynt att reinkarnera, eftersom man övervunnit de stora behoven av sådana lärdomar. Om man inte, som jag sa, degraderas av en viss tillvaro där man blivit så överväldigad av frestelser att man istället för att höja sig över dem, låtit dem degradera en.

D: Det låter som att man inte påverkas av sådana frestelser när man når de högre nivåerna.

S: Om det har gått många eoner sedan man hade en jordlig existens skulle det vara som om man förnekats något. Om ett barn inte har fått godis på länge och sedan erbjuds godis, kommer de förmodligen att överkonsumera det. Det är något som ibland inträffar. Det är inte lika vanligt som på de lägre nivåerna, men det förekommer. Ja, även de största av avatarer [halvgudar] skulle möjligen kunna frestas.

En avatar är en halvgud som inkarnerar på jorden i fysisk form. Det finns många exempel på detta inom den hinduiska tron. Den nionde nivån skulle uppenbarligen ha varit varifrån läromästaren Jesus kom. Det skulle även förklara den bibliska berättelsen om hur han frestades av djävulen. Det var hans strid med sitt eget inre jag.

98

D: Det måste vara något med jorden som påverkar människan på det sättet.

S: På jorden är det som kallas ondska, den mörkare sidan av saker och ting, mer aktiv än vad den är här. Och dragningskraften är större, ja.

D: Det gör att det blir svårare att stå emot.

S: Å andra sidan blir man starkare av stå emot när man väl gör det. Här är tillvaron mycket enkel och det finns inget man behöver stå emot, och man utvecklas därför kanske inte lika snabbt.

D: Då verkar det vara så att man återvänder med de allra bästa planer och avsikter. Men jag antar att man inte alltid lyckas hålla sig till dem.

S: "De skönaste planer, antingen de är uppgjorda av möss eller människor, går ofta om intet." [Robert Burns] Man vet aldrig vad som kommer att hända förrän man är där. Ibland kan det vara nödvändigt att gå tillbaka för att hjälpa dem nedanför. Ofta återvänder de på de högre dimensionerna till den fysiska världen för att höja medvetandet hos människor.

Inom buddhismen kallas dessa för bodhisattvor, vilka beskrivs som personer som har uppnått upplysning och som väljer att återvända till den fysiska världen, av medkänsla för sina medvarelser. Utifrån denna buddhistiska tro skulle Jesus betraktas som en bodhisattva, eller som en upplyst varelse.

S: Det finns en dispensation som beviljas dem som vill göra detta. Det är tillåtet, kan man säga, och är något som sker.

D: Kommer en själ så småningom att få uppleva alla dessa olika dimensioner och plan?

S: Det är vad vi alla strävar efter. Det är det ultimata målet. Det ultimata syftet är att bli ett, att förenas med Gud.

Andra har med olika formuleringar gett liknande beskrivningar. Jag anser inte att de motsäger varandra. Allt vad de berättar görs beroende av den andliga utvecklingen hos den som berättar, precisionen av vad de har upplevt och hur väl de förmår att beskriva det de upplever med beaktande av våra språkliga begränsningar. Varje enskild entitet har sagt att vårt språk är alldeles för otillräckligt för att

99

kunna beskriva det man ser. Ofta försöker de kompensera för detta genom att använda sig av analogier, men även dessa är bedrövligt ineffektiva i att skildra hela bilden. Det som döljer sig bakom slöjan är så överväldigande; det är milt sagt svårt att kommunicera denna information till våra mänskliga sinnen. Vi kan bara göra vårt bästa i att försöka förstå dessa varelser med våra mänskliga begränsningar. Det är antingen det eller att inte söka kunskapen alls.

DETTA ÄR EN REDOGÖRELSE av de olika existensplanen från en annan entitet.

S: De olika planen upptar samma utrymme. Som exempel existerar du nu på det fysiska planet, medan de andliga aspekterna av dig återspeglas på de andliga planen. Detta beror på att de andliga planen också finns här, men vibrationerna involverade är av en annan frekvens. Ur andliga ögon sett kan det ofta te sig som en fysisk plats. Det finns här på samma plats som jorden; det är bara av en annan frekvens. Det är som med er radio. Det är samma radio, och de vibrationer som kommer genom den tar upp samma utrymme på samma gång, de har bara olika frekvenser. Man justerar frekvensmottagaren för att ta emot vissa vibrationer vid en viss given tidpunkt. Så är det med dessa olika plan. De existerar samtidigt men har olika frekvenser och kolliderar inte, så att säga. Jag är osäker på om jag har uttryckt mig tydligt.

D: Jag tror att jag förstår. Det är vad jag har hört, att man kan befinna sig på en nivå utan att vara medveten om de andra.

S: Ja. Och även om man blir medveten, genom till exempel meditation och liknande, så är man ändå bara vagt medveten, eftersom man har en annan frekvens. Man kan påverka sin frekvens tillräckligt mycket för att kunna interagera komplementärt med en annan frekvens och därmed förstå att den existerar, men det kommer att finnas en barriär. Därav beskrivningen att det är som att se genom ett mörkt glas, eller genom en slöja. Det finns olika plan, men det finns också mellanliggande plan där man kan interagera med andra från andra plan om det finns ett behov av det. Som exempel kan vissa av de man utarbetar karma med på det fysiska planet befinna sig på ett annat plan. De kanske ännu inte återfötts på det fysiska planet, och man kanske behöver konsultera dem för att se vad de har beslutat kring sin nästa inkarnation. Man kan behöva diskutera vad som vore det bästa för bådas karma, och var och när man ska inkarnera. Det är ett av syftena med karma och återfödelse. Man kan besöka dessa mellanliggande plan under ett sömntillstånd. Man kan också ha tillgång till de övre planen när man befinner sig mellan inkarnationer.

D: *Är det möjligt att ta sig till dessa andra plan även om man inte är så avancerad? Eller finns det någon slags barriär som endast tillåter dig att nå vissa nivåer?*

S: Du når så långt som din förståelse och uppfattning tillåter dig. Den enda barriären utgörs av ditt eget sinne. Det beror på hur långt man kommit i att vidga sitt sinne och sin förståelse. Det finns alltid de som är tillgängliga att hjälpa, om det är vad man önskar eller behöver för att vidga sitt sinne ytterligare.

D: *Jag har försökt förstå dessa nivåer. Jag fortsätter att föreställa mig dem med tydliga fysiska gränser, vilket jag börjar inse förmodligen inte är möjligt.*

S: Det är inte som om det finns några tydliga fysiska gränser. För att använda en analogi skulle marken ni står på, på ert plan, vara en nivå. Om man då tar sig rakt uppåt och bort från ytan av planeten rör man sig genom atmosfären, det som era forskare delat in i olika lager, stratosfären och liknande, beroende på hur tunn luften är. Men det sker inte på olika nivåer. Det är bara en gradvis övergång från en nivå till en annan. När man rör sig rakt upp från marken ser man inte atmosfärens olika lager. Man märker bara att saker och ting gradvis förändras och blir annorlunda ju högre upp man kommer. På samma sätt är det med de andliga planen.

D: *Vet du hur många plan det finns?*

S: Nej. Det finns otaliga plan, antar jag. Vissa plan har särskilda syften, och andra är mer generella.

D: *Vilken är den högsta nivå man kan nå om man utvecklas, som du sa, högre och högre?*

S: Tja, jag vet verkligen inte om jag kan säga dig något om det då jag är osäker på om det finns en gräns för hur långt man kan utvecklas. Jag är inte medveten om några gränser och min uppfattningsförmåga sträcker sig bara till en viss nivå. Men de som har avancerat mer än vad jag har gjort kan uppfatta mer, eftersom de är mer avancerade. Från den nivå jag befinner mig vet jag bara att man kan fortsätta att utvecklas. Och ju mer man utvecklas, desto mer positiv blir ens karma.

D: Jag antar att man inte vill stanna på samma nivå och fortsätta i samma spår. När man lämnar nivån för inkarnation, återvänder man då till samma andliga nivå som man lämnat?

S: Nej. Det har ofta att göra med saker som har hänt under inkarnationen och på hur man har hanterat det. Om man till exempel har börjat meditera regelbundet under sin inkarnering kommer det att vara en hjälp i att fortsätta utvecklas, även under den tid man befinner sig på det fysiska planet. När man sedan återvänder kan man ta sig till en högre nivå. Om man, så att säga, tillfälligt fastnar på en viss nivå, beror det vanligtvis på att det finns någonting man behöver lära sig, men som man har svårt att ta till sig.

Jag försökte få mer information från denna entitet om de nivåer som låg under den fysiska (mänskliga) nivån. Jag sa att jag hade hört att den lägsta nivån var energier av sådant som stenar, växter och träd.

S: Jag tror att du syftar på elementaler. Hela universum - inklusive alla plan i detta universum, och vissa i de andra för den delen, men just nu syftar jag bara på detta universum - allt som finns är energi av olika intensitet och olika nivå. Du uppfattar helt enkelt det fysiska planet som fast och fysiskt för att energin i din kropp är kompatibel med det på det sättet. Men det är också bara energi, precis som era atomforskare är medvetna om. Energier som finns på de olika nivåerna av skapelsen, såsom stenar, träd och liknande, finns inte nödvändigtvis på ett högre eller lägre plan. De är bara olika vibrationer av energi eller andar, om du föredrar att kalla dem det. De är levande krafter, med kraft och liv i sig själva. De följer bara andra regler. Jag nämnde tidigare för dig hur regler för energi ter sig annorlunda på den nivå jag befinner mig på just nu. På samma sätt är det med dessa andra nivåer av energi. Det är därför det inträffar saker som verkar oförklarliga på er jord, eftersom de ofta påverkas eller orsakas av entiteter på andra energinivåer. De kan interagera med er energinivå. Förstår du?

D: Jag försöker förstå hur de kan påverka oss, eller få oförklarliga saker att hända.

S: Alltså, ni har folktro om småfolk och liknande som ett sätt för er att hjälpa er att förstå dessa olika energinivåer. Konceptet med småfolk existerar verkligen. De är entiteter på en annan energinivå. Det är en annan typ av inkarnation som man kan inkarnera i. Som ett exempel kan dessa andra energinivåer påverka er genom att interagera med era mentala förmågor. Ett annat sätt de kan hjälpa er på är genom att göra er mer känsliga för väderförändringar och andra saker. Och kanske, i den händelse en märklig serie av vad man skulle kalla för "sammanträffanden" inträffade, skulle det bero på påverkan från dessa andra energinivåer. Det här kan bli förvirrande. Inte förvirrande för mig, men förvirrande för dig. Om man till exempel har en väldigt stark önskan, kommer styrkan av den önskan och de tankar man har om den att avge en viss form av energi. Det är något varelserna på dessa andra energinivåer kommer att vara medvetna om det. Och de kan subtilt påverka saker för att få det att inträffa.

D: *Påverkar dessa andra entiteter någonsin saker på ett negativt sätt? Eller skulle de tillåtas att göra det?*

S: Ja, det finns vissa som gör det. Det är som Yin och Yang, att hålla saker i balans. Vanligtvis är de som påverkar saker på ett så kallat "negativt" sätt antingen busiga, eller så var den person som sände ut energier om olika önskningar inte tydlig i vad de ville. Därför upplever de det som händer som negativt.

D: *Jag antar att jag tänkte på hur vi uppfattar onda andar och demoner.*

S: Nej, sådana är de inte.

Denna typ av frågor kommer att följas upp i kapitel 10 som handlar om Satan, besatthet och demoner.

D: *Hur är det med den plats som den katolska kyrkan refererar till som skärselden? Finns det någon sådan plats bland de olika nivåerna?*

S: Nej, det närmaste jag kan se som möjligen skulle kunna motsvara skärselden är platsen där de skadade själarna vilar. Men det är inte en plats för bestraffning, inte på det sätt som katolikerna antyder med termen skärseld. Det finns verkligen ingen sådan specifik plats som skärselden eller Helvetet. Alla sådana upplevelser skapas av ens egna sinne som ett resultat av de saker som har inträffat under tidigare inkarnationer.

D: Jag tänkte fråga om Helvetet. *Det finns människor som har beskrivit platser som man har upplevt som "dåliga" när man har haft nära döden-upplevelser. Skulle du kunna säga något om det?*

S: Det var vad de förväntade sig. Det är resultatet av att ha trott sig ha levt en typ av liv som skulle innebära att man "hamnade i helvetet". På grund av det liv de har levt har de dragit till sig negativa energier och influenser. När de går över till den andliga sidan är de fortfarande omgivna av dessa negativa influenser. Men de är då medvetna om dem och kan uppfatta dem, eftersom de själva befinner sig på det andliga planet. Dessa saker omger dem fullständigt, vilket påverkar deras sinnen och får dem att tro att de befinner sig på en plats som är mycket obehaglig. Det är i själva verket en sinnesstämning orsakad av de negativa energier de har dragit till sig under tidigare inkarnationer.

D: *Och det är inte en plats de måste stanna på?*

S: Nej. Upplevelsen av Helvetet är helt enkelt en fråga om vilket sinnestillstånd man befinner sig i under övergången. Idén om himlen och helvetet har, utifrån ert perspektiv, blivit något av en fabel eller legend. De som väljer att tro på detta skapar sin egen verklighet, så till den grad att de finner den elementära verklighet som de själva har bidragit till att skapa när de går över till den andliga sidan, varför det också blir verkligt. De beskrivningar som återfinns av himlen och helvetet i era heliga skrifter är ett resultat av de nära döden-upplevelser människor har haft. De har kommit tillbaka och beskrivit vad de har upplevt. Vad de såg var hur de uppfattade de andliga energierna omkring sig under övergången. Men de tog sig inte tillräckligt långt för att se vad som faktiskt försiggick. Om de återberättade något som var bra och trevligt, beskrev man det som himlen. Om de återberättade något som var hemskt och fruktansvärt, beskrev man det som helvetet.

D: *De pratar alltid om eld och sådana saker.*

S: De negativa energierna kan plåga sinnet på ett sådant sätt som får dig att känna det som att du brinner. Men eftersom man lämnat sin fysiska kropp bakom sig brinner man inte rent fysiskt.

D: *Hur kan jag hjälpa människor att förstå dessa saker när jag skriver om det? Kyrkan har under så lång tid lärt ut att det är så det är.*

S: Det är en bra fråga. Skriv ner den information du får av detta och andra subjekt, och sammanställ informationen. Uppmuntra människor att läsa böcker om nära döden-upplevelser så att de kan ta sig ur denna mentala inställning de har av att döden är någonting att frukta. Döden är inte mer att frukta än att andas.

D: Jag har hört att om vissa människor dör, och om de gör det i rädsla att hamna i helvetet, så är det vad de kommer att uppleva. De tänker att de har levt ett dåligt liv och att det är det enda de har att förvänta sig, vilket förbereder dem på en dålig upplevelse.

S: Ja, det gör det, eftersom det är en mentalitet som attraherar negativ energi. Om de förväntar sig en behaglig upplevelse är det också vad de kommer att ges, och det kommer att göra övergången lättare. De kommer att vara mindre benägna att behöva spendera tid på viloplatsen för att arbeta med sitt sätt att se på saker och liknande för att skingra de negativa energierna. Om de kan utveckla en positiv mental inställning i livet så kommer det i sig att hjälpa dem att skingra negativa energier. De som går över i detta negativa tillstånd förs ofta till viloplatsen, eftersom de behöver ta itu med dessa problem. Och för att ta itu med den mentalitet, eller vilken än orsaken var, som drog dessa negativa vibrationer till sig. De behöver förstå vad de gjorde för att attrahera dem, och hur de kan hjälpa sig själva att växa och att göra bättre ifrån sig för att inte längre attrahera dessa negativa influenser. När de arbetar med de olika aspekterna av sig själva, när de korrigerar eller helar en viss mentalitet eller vad det nu kan vara, försvinner den attraktionsenergin. De negativa influenserna skingras eller faller bort, eftersom det inte längre finns någon energi där som håller dem kvar. Det är en slags kombination av magnetism, elektricitet och gravitation, eller liknande.

D: Vad skulle hända om man reinkarnerade innan dessa influenser försvunnit?

S: Man försöker vanligtvis ge dem tid på viloplatsen för att de ska kunna börja göra positiva framsteg i att få dessa negativa energier att försvinna. Om man reinkarnerar innan de försvunnit... Jag är osäker på vad som skulle hända då. Jag tror att det blir en del av deras karma. Men jag kan ha fel. Jag tror att när man föds, när man är ung och oskyldig, att man under en viss tid är skyddad från dessa energier - till dess att man utvecklat förmågan att förstå ansvarsskyldighet och skillnaden mellan rätt och fel. När sinnet blivit moget nog för att kunna skilja mellan rätt och fel, då sinnestillståndet redan finns där, tenderar det oftast att välja det sinnestillstånd som drar dessa krafter till sig. Och man kommer vanligtvis att fortsätta dra fler krafter eller negativa energier till sig. Det handlar helt enkelt om att spendera tid på viloplatsen när man dör, för att där arbeta med det så att det försvinner.

D: *Jag undrade om de återvände med dessa krafter fortfarande hos sig, om det skulle innebära att de började på fel fot, så att säga.*

S: De får en slags nådens period, kan man säga, när de fortfarande är oskyldiga. Men när de når åldern för ansvarsskyldighet och börjar fatta egna beslut om vad de ska göra och inte, om det var rätt eller fel, och om de ville göra det oavsett om det var rätt eller fel. Det är då denna mentalitet återigen framträder och energierna återvänder.

D: *När når man åldern för ansvarsskyldighet?*

S: Det varierar från person till person beroende på hur de utvecklas. För vissa kan det vara så tidigt som vid fem år. För andra kan det vara så sent som tolv, eller däromkring. Det beror på den specifika individen.

D: *Det beror alltså på förmågan att kunna skilja rätt från fel?*

S: Ja, vissa individer förlorar aldrig sin oskuldsfullhet. De som har en intellektuell funktionsnedsättning eller liknande behåller sin oskuldsfullhet hela livet. När de dör är det på sätt och vis något tursamt för dem, eftersom de saknat förmåga att mentalt attrahera dessa negativa energier och därför inte behöver skingra några negativa energier. Dessutom kommer svårigheten av att leva ett sådant liv att hjälpa dem att arbeta bort mycket karma. Det skulle omvandla mycket av den dåliga karman till god karma.

D: *Jag undrar varför någon skulle vilja leva ett liv som intellektuellt funktionsnedsatt, eller som gravt handikappad.*

S: Det är ett sätt att undvika att ständigt behöva gå igenom cykeln av viloplatsen. Vissa kan lösa sina problem på viloplatsen innan de återföds. Andra är inte alltid lika framgångsrika.

D: *Det verkar som att ju mer kunskap människor har om vad som faktiskt händer, desto bättre blir det för alla, även om kyrkan inte håller med mig om vad jag anser vara det bästa för människor. (Skratt)*

S: Nej, och det har den aldrig gjort. För dem handlar det om makt. Religionen blev korrumperad till ett politiskt spel eller ett maktspel, där det andliga blev ett verktyg för att sublimera massorna och för att kontrollera beteenden. Det finns vissa aspekter i deras utbroderingar som kanske skulle vara sanna på en mycket grundläggande nivå. Men den övergripande bilden är kraftigt missförstådd vid denna tidpunkt av de flesta på det fysiska planet.

D: Kyrkan hotar människor med att om de inte gör som kyrkan säger så kommer de att hamna i Helvetet. Jag tror att det i sig skapar en generell rädsla. Om människor kan få en ungefärlig uppfattning om hur det är kommer de att vara bättre förberedda.

S: Det är svårt att exakt beskriva hur det är på grund av de språkliga begränsningarna. Men kanske kan detta ge dem en uppfattning.

Kapitel 7
Så kallade "dåliga" liv

S: Vår enda absolut sanna och kärleksfulla Gud, Han som är herre över alla universum, är inte en hämndlysten och hatfull Gud. Det finns ingen sådan Gud i något universum. Han har ingen nytta av vedergällning. I Hans livsplan finns inget behov av straff. Det finns tillräckligt med straff på er jord vid denna tid så det räcker. Vi skulle säga att karma som koncept är en effekt, inte en orsak. Konceptet har tillhandahållits efter noggrant övervägande som en förklaring till varför saker och ting sker.

D: *För oss är det svårt att förstå varför vissa människor verkar mer depraverade än andra. Ett enkelt svar skulle vara att acceptera det som karma från ett tidigare liv. Har du en förklaring till varför vissa människors liv verkar flyta på så smidigt, medan andra upplever så mycket oro och konflikt?*

S: Kanske är det för att du tittar på ett liv åt gången. Om du istället tittade på själens utveckling ur ett vidgat perspektiv; det vill säga, på kanske 100 liv istället för bara ett, skulle du möjligen se att alla liv inte är lätta för alla, precis som alla liv inte är svåra för alla. Med varje steg i utvecklingen ges de erfarenheter som är lämpliga för just det livet, vare sig de är lätta eller svåra. Den upplevelse som utgör livet är inte den sanna upplevelsen. Det är lärdomen av det livet som är det. Det är där sanningen finns. Lärdomen är själva frukten av det livet, och inte hur lätt eller svår den var. Återigen, om du hade ett vidgat perspektiv över många liv skulle du se att det i samtliga fall finns de som är lättare och de som är svårare. Genom att säga att någon lever ett mycket svårt liv under denna tidsperiod skulle endast innebära att det de behöver lära sig kräver ett liv som är jämförelsevis svårare än någon annans.

D: *Vad är då syftet med reinkarnation? Att rätta till något man gjort i det förflutna?*

S: Syftet är att lära sig mer. Att alltid lära sig mer. För du kan aldrig lära dig allt som finns att lära under ett enda liv. Syftet med att leva ännu en gång är inte att rätta till, utan att lägga till. Man kan inte uppnå fullständig kunskap under ett enda liv. Du måste leva många liv för att fullständigt kunna förstå de lärdomar du har åtagit dig att lära. Det finns ingen sträng straffmästare med piska och spade i hand som står redo att begrava dig och straffa dig på den andra sidan, för att sedan återföra dig till denna plats av missnöje. Man bör betrakta liv och återfödelse med en mer positiv inställning än så. Det vill säga, en av lärande och kärlek, och inte bestraffning och sorg. Det handlar om inställning. För det du skapar lever du, och det du lever skapar du.

D: Finns det bara goda andar där du är nu?

S: Andar i utveckling. Det finns vare sig gott eller ont.

D: Men människor har svåra liv. Hur ser du på det?

S: Människor har det svårt eftersom de inte tar itu med de problem som kommer deras väg, problem som de själva varit med i att välja. De tror att eftersom de inte har kontroll över vad som händer med dem, varför kämpa för det. Livet måste arbetas med; man kan inte bara glida genom det från dag till dag.

D: Det finns människor som gör väldigt dåliga saker i sina liv. Vilket syfte skulle det tjäna?

S: Ibland är det inte bara personen själv som gör det. Ibland finns det andra krafter med i bilden. Och det tjänar inget annat syfte än att visa andra hur lågt en person kan sjunka. På detta sätt tjänar det sitt syfte. Men oavsett hur lågt en person eller en själ sjunker, så finns det alltid möjlighet att ta sig ur det - genom arbete och förberedelse, och genom att ta itu med de problem man har. Detta är vad man behöver arbeta med.

D: I Bibeln står det att vi måste sträva efter fulländning.

S: Det förväntas inte av människor att bli fulländade, även om vissa har uppnått detta. Det är naturligtvis undantag snarare än regel. Att sträva efter fulländning är lärdomen.

D: Jag tänkte att det enda sättet att bli fulländad på var genom att ta till sig alla dessa lärdomar, vilket är mycket svårt att göra på det jordliga planet.

S: Man lär sig vad som är fulländat genom att erfara det som inte är det. Därför är det lika viktigt att lära sig det som inte är fulländat som det är att lära sig det som är fulländat. Det går inte att förstå det som ges förrän man har upplevt det som tas.

D: Innebär det att alla måste uppleva så kallade "svåra" liv i sin utveckling för att kunna förstå dessa saker?

S: Vi skulle inte säga att det är ett måste. Däremot är det något många väljer för att påskynda sin inlärningsprocess. Det finns ingen som önskar stanna i fysisk form längre än nödvändigt, för det är inte vårt naturliga tillstånd av varande. Alltså är de lärdomar, vilka snabbast påskyndar en persons inlärning till den punkt de inte behöver inkarnera mer, de som anses vara de mest värdefulla och eftertraktade.

D: *Jag förstod dig som att du menade att vi måste uppleva det dåliga för att förstå det goda.*

S: Det finns ingen regel som säger att man måste uppleva det dåliga. Det finns emellertid den insikt som kommer av att uppleva det ena för att fullt ut förstå det andra. Det är inte regel; det är ett faktum.

D: *Ja, jag har hört det sägas att man inte kan uppleva lycka om man inte har känt sorg. Att man känner motsatsen till allt.*

S: Det stämmer. Alltså skulle det vara lämpligt att betrakta de som befinner sig i sitt mest negativa tillstånd med medkänsla, eftersom de lär sig de saker som möjliggör för dem att bli mer positiva.

D: *Tror du att de väljer dessa negativa upplevelser för sin egen utvecklings skull?*

S: Många av dem gör det. Många finner sig i dessa situationer och det skulle kunna sägas att de ges en gåva för att uppleva lärdomarna mer fullständigt.

D: *Det verkar som att man inte skulle vilja ha negativa upplevelser om man hade ett val.*

S: Precis. Man bör se bortom upplevelsen i sig och istället på de lärdomar man tagit till sig för att förstå varför man skulle ha valt en sådan upplevelse. Personligheten hos den som åtnjöt den ena och andra "svåra" upplevelsen skulle inte vara sund. Disharmoni är i sig en lärdom för att mer fullständigt uppskatta och förstå det som är av harmonisk natur. Man tar ändock till sig lärdomar på detta sätt.

D: *Jag tänkte att en person som träder in i ett liv kanske väljer att ha vissa negativa upplevelser för att betala tillbaka för något de gjort tidigare.*

S: Vi skulle inte säga "betala tillbaka", för det är inte en korrekt uppfattning av universell lag. Det kan vara nödvändigt att förstå motivet bakom en viss handling, för att upplysa individen så att denna handling inte behöver upprepas och hemma deras utveckling. För att uppnå denna medvetenhet kan det alltså vara nödvändigt för personen att uppleva en komplementär verklighet, eller att befinna sig på andra sidan myntet, så att säga.

D: *Det var det jag menade; de väljer dessa upplevelser med avsikt. Men de bör ges en varning för att kanske överdriva det när de väl kommer till det fysiska.*

S: Sådana varningar skulle vara mer lämpliga för andra fysiska energier, inte nödvändigtvis relaterade till en specifik lärdom. Många upplevelser av fysisk natur är behagliga, men skadliga när de överdrivs. Att överdrivet hänge sig åt en särskild energi kan innebära att man förlorar sikte på sin väg.

D: *Precis; man kan överdriva de goda sakerna också. Jag antar att det skulle vara väldigt tråkigt om man hade ett bra liv utan något som hände och utan några problem att lösa. Tror du att det viktigaste är att man lär sig något av sina upplevelser?*

S: Det skulle vara hela anledningen till och rättfärdigandet av upplevelsen från början.

D: *Men vissa människor verkar inte lära sig någonting. De verkar bara fortsätta med att göra samma misstag om och om igen.*

S: Tills de slutligen lär sig. Och då skulle det inte vara nödvändigt att upprepa dessa misstag.

D: *Jag har hört att man inte straffas oavsett vad man gör.*

S: Det finns definitivt straff. Och det värsta straffet av alla är det straff vi utdelar oss själva. Vi är vår egen domare och jury. Vi avgör vilket beteende som är lämpligt och vilket som inte är det. Och därför måste vi själva besluta om botgöring när vi finner att vi har överträtt dessa lagar, vare sig de är universella eller personliga, som dikterar vad som är acceptabelt och vad som inte är det.

D: *Då är det någonting vi gör mot oss själva. Det finns inte någon Gud eller någon högre domare som dikterar straffet för oss. Skulle det vara korrekt?*

S: Det skulle vara ett ganska korrekt påstående. Det finns emellertid situationer där medvetenheten hos en person blir så grumlad av denna överdrivna njutning att insikten går förlorad och man saknar förmåga att göra en uppskattning av problemets omfattning. Då är det nödvändigt för en högre makt att vara personen behjälplig i att tillägna sig de upplevelser nödvändiga för att få deras medvetenhet att klarna.

D: *Det låter mer logiskt. Det finns de som säger att man sköter allt på egen hand. Men jag hade en klient som hade gjort många misstag i sina tidigare liv, och hon hade en guide som hela tiden sa åt henne vad hon skulle göra. Det verkade motsägelsefullt eftersom hon inte hade något val i frågan.*

S: Det uppstår alltid motsägelser när man upprättar en absolut lag. För absolut kommer det att finnas motsägelser.

D: *Någon annan sa att detta bevisade att hon inte kunde sköta sina egna affärer, så att säga.*

S: Det skulle i så fall vara ett korrekt påstående.

D: *Tror du att personligheten ibland fastnar i dessa negativa upplevelser och situationer, och att den inte försöker ändra på sig?*

S: Detta är riktigt. Många finner att de har gått vilse på vägen mot sina avsedda mål och fortsätter därför att ha dessa negativa upplevelser. Det är en verklig möjlighet under inkarnationen och en av de risker som finns. Denna medvetenhet om att förlora sin väg ur sikte genom överdriven njutning av de fysiska energierna är någonting man får information om inför varje inkarnation.

D: *Mästarna ger dem ett val genom att säga, "Du kan göra det på det här sättet men du kommer att riskera att dras med i det."*

S: De får en varning och inte så mycket ett val. Individen måste själv välja sin väg med den information de får från de Akashiska registren och de universella sanningarna. Utifrån denna information beslutar individen om vad som vore mest lämpligt för just den inkarnationen och de omständigheter som erfordras för att manifestera just den verkligheten.

D: *Hur är det med synd? Finns det något sådant?*

S: En synd är i grund och botten att göra det man vet är fel. Att göra det medvetet. Du kan inte synda om du inte vet att det du gör är fel. För att synda måste du ha moral. Det faktum att människan har ett samvete är vad som skiljer människan från djur. Om man dödar någon och vet att det är fel, då är det en synd. När ett djur gör det, så gör den det ovetandes, och därför är djuret utan synd. Den gör det främst för överlevnad eller för föda - aldrig meningslöst.

D: *Så om någon gör något utan att mena det eller om de inte inser att de gör något fel, är det då en synd?*

S: Det är en mindre synd. De har synden av att vara omedvetna, vilket är något som man måste lära sig. Man måste lära sig att vara medveten om sina medmänniskor; så till den grad att man inte vill skada dem, att deras smärta är ens egen.

D: Jag har alltid undrat om det finns något de på din sida betraktar som synd.

S: De betraktar det som stora orättvisor.

D: Tja, här på jorden har vi Bibeln som säger att det finns många synder.

S: Många av de saker som ni har fått höra är synder - som till exempel de "sju dödssynderna" katolikerna kom på - är något man la till senare efter eget begär. Det var en form av kontroll.

D: Man betraktar alltså inte dessa saker som dåliga på den andra sidan?

S: Vissa av dem är det, men varje person har sitt eget att handskas med. Det finns inget sådant straff som att säga att en person för evigt ska brinna i en grop av eld. Det finns inget sådant, såvida det inte är personen själv som väljer att straffa sig på det sättet. Det är inte "dem" som gör det.

D: Människor ser allt i svart och vitt och går efter vad Bibeln säger.

S: Men Bibeln har i sig ändrats genom århundradena till vad man ansett vara rätt och vad man ansett vara sanningen. Under århundraden har det varit den kontroll man har haft över folket, över massorna. Genom att säga, om du inte gör det som vi säger står här, då kommer du att brinna i - vad de kallade - helvetet.

D: Men de säger att det är Guds ord.

S: Det började på det sättet. Och till stor del är det fortfarande det. Men alla kan vrida och vända på det utifrån eget tycke för att säga vad de vill att det ska säga. Det är en mycket vördnadsvärd bok. Intentionen var oklanderlig, men transkriberingen var något bristfällig. Det finns felaktigheter. Dock är intentionen lika sann idag som den var under Kristi tid.

D: Uppstod dessa felaktigheter när den översattes?

S: Inte så mycket avsiktligt, utan snarare genom misstag oundvikliga i den mänskliga strävan. Men det finns andra stora böcker som är lika giltiga och som också lär ut om upplysning. Som till exempel Bhagavad Gita, Koranen och liknande.

När subjektet senare vaknade bad jag henne att uttala namnet på boken Bhagavad Gita, vilket hon inte kunde. Ingen av oss hade hört talas om den. Jag hittade en definition av Gita i Frank Gaynors The

113

Dictionary of Mysticism. "Bhagavad Gita: Sanskrit för Den Höges Sång. Titeln på ett berömt filosofiskt och poetisk diktverk vilken ingår i Mahabharata [hinduisk helig skrift] och som innehåller en dialog mellan krishna och Arjuna som tydligt anger förhållandet mellan moral och absoluta etiska värden inom hinduismens filosofi och om handling (karma, yoga). Den betraktas som en av de mest inflytelserika filosofiska dikterna inom sanskritlitteraturen. Exakt ursprungligt datum är okänt." Sanskrit är ett av de äldsta språken på jorden och betraktas som "modern" till de indoeuropeiska språken. Det finns många översättningar av Gita tillgängliga på engelska. Koranen är Islams heliga bok och många muslimer betraktar den som alltför helig för att överhuvudtaget översättas till något annat språk, även om det finns engelska översättningar tillgängliga.

S: Alla vägar leder i en och samma riktning. Vissa har några fler avstickare längs vägen, men alla kan dra lärdom av dessa saker och bli en mer mångsidig person genom att göra det. Genom att vara trångsynt går man miste om mycket av upplevelsen av livet. Man ska aldrig förlita sig på att en väg är den rätta, den ultimata. För alla vägar bär sanning, och alla vägar bär lögn. Du måste ägna ditt liv åt att sålla bland dem för att finna vad som är din sanning att upptäcka; det som du känner som sanning. Det måste inte nödvändigtvis vara vad som är sanningen för någon annan, och det måste du acceptera. Att vara annorlunda är inte en enkel väg att ta.

D: *Samhället uppmuntrar vanligtvis inte till sådant. Är det klokt att uppmuntra människor till att ifrågasätta?*

S: Ja. För i det ifrågasättandet kommer de att finna sanningen, och det kommer att bära dem.

MÖRDARE

D: *Vad är det som gör att en människa blir kriminell?*

S: Det finns många anledningar till det. Det kan vara ett inlärt beteende. Många kriminella har till exempel haft föräldrar som försummat dem eller som utövat någon form av våld. Begreppet kriminell handlar om att överträda sociala gränser, det vill säga att överträda de gränser som anses vara socialt accepterade. Och givetvis kan det med varierande sociala normer ses att vissa handlingar vid en given tidpunkt, och även i en och samma kultur, skulle vara kriminella, och ändå i samma kultur vid en annan tidpunkt inte vara det. Ur ett andligt perspektiv finns det inget sådant som kriminell, eftersom detta är ett socialt fenomen som handlar om att överträda sociala gränser. Vi skulle ansluta oss till filosofin som säger att man orsakar skada genom att hämma någon annans utveckling. Ur ett andligt perspektiv finns emellertid inget av det ni anser vara kriminella handlingar. Det skulle kunna vara en manifestation av andlig obalans. Det skulle dock inte vara något kriminellt andligt, det skulle vara kriminellt socialt. Handlingar som manifesteras på en fysisk nivå skulle överträda eller gå utanför de sociala gränser som då skulle färga eller fastställa att handlingen är, som ni skulle kalla det, "kriminell."

D: Du sa att det inte finns någon högre makt som utövar straff, att det är något man gör mot sig själv. Anta att någon varit en mördare. Hur skulle de straffa sig själva för det?

S: De skulle kunna välja att återvända och till exempel tvingas lämna sin tillvaro då de är som allra lyckligast. På så sätt straffar de sig själva, eftersom de då sätter sig själva i samma situation som den vars liv de tagit, vid vilken tidpunkt det än kan ha varit. De måste få veta hur det känns. De måste se det ur motsatt perspektiv.

Jag tror att vi alla känner till situationer som denna. Det är en av de svårare att förstå sig på. Varför till synes goda människor, som aldrig gjort någon något illa, dör mitt i livet. Eller då de mördas just när de börjat förverkliga en livslång dröm. Det har alltid känts så orättvist, men utifrån karmas ständigt balanserande vågskål verkar det fullkomligt logiskt.

D: Då är det alltså ett straff de själva har valt?

S: Det är deras egna val. Man tvingar aldrig någon att återinträda en kropp.

D: Jag har alltid tänkt att mördare betalar tillbaka genom att själva bli mördade av någon annan. Ett öga för ett öga, så att säga.

S: Det finns andra alternativ. För om det vore så att det enda sättet att lösa det på skulle vara genom att bli mördad själv, då skulle det flytta den negativa karman till någon annan. Det skulle bara vara att flytta runt på bördan istället för att få det utrett och mänskligheten förbi det.

D: Om de mördas av ett tidigare offer, vad skulle hända då?
S: Då skulle det tidigare offret lägga mordet till sin karma. Även om man har blivit mördad under en tidigare inkarnation innebär inte det att det finns en karmisk lösning där man vänder på det och själv mördar någon annan. Det är ett ganska drastiskt sätt att lösa det på. Det finns andra, mjukare sätt att göra det på, som vissa säger. Att lösa det mer varsamt är bättre långsiktigt.

I mitt regressionsarbete har jag haft flera fall med människor som vuxit upp i en familj med personer de mördat i ett tidigare liv. I de fallen försöker de reda ut karma genom kärlek. Det kanske är ett av de mer milda och varsamma sätten. Det verkar vara ett mycket bättre alternativ än, "Du dödade mig, så nu ska jag döda dig."

Som nämndes i ett tidigare kapitel så kan man också lösa det genom att återvända i syfte att tjäna eller skydda den man tidigare dödat, och på så sätt viga sitt liv åt den personen.

EN ANNAN VERSION

S: Något så brutalt som att ta en annan människas liv i affekt tar flera livstider att betala tillbaka för. Och sätten att betala tillbaka på är lika många som antalet gånger det behövt göras. Det beror på den individuella karman hos de inblandade. Det som generellt sett händer är att man i framtida liv återkommande har någon form av nära relation till den person man har mördat. Och det är vanligtvis, under de första livstiderna, en antagonistisk typ av relation. Det beror på att personen som mördats finner att de av någon anledning fruktar eller hatar denna person utan att förstå varför. Samtidigt känner denna person, den som mördat, ett behov av att känna och vara dem nära, eftersom man vill gottgöra för det man gjort i det föregående livet. Det är något som tar flera liv att reda ut. Den som utför något så brutalt som ett mord har i princip förlängt den tid de måste tillbringa i den fysiska delen av de karmiska cyklerna, innan de kan gå vidare till det andliga planet för att stanna kvar där och fullfölja sina karmiska cykler.
D: Då är mord något man inte kan lösa lika lätt på det andliga planet. Man måste hantera det på det fysiska?
S: Det är bäst att lösa de saker som involverar sådan våldsam karma på den fysiska nivån, eftersom den fysiska nivån har grund nog

116

för att hantera de våldsamma vibrationer det rör sig om. Att ta itu med det på den andliga nivån medför en risk att rubba karman hos andra då balansen är skör.

D: Finns det inte alltid en risk att personen dödar igen om det är något som är mycket starkt i deras karma?

S: Det är vad skolorna mellan liv är till för. Att hjälpa dem att reda ut det, så att de är mindre benägna att döda i framtida liv. Vi försöker förhindra att de fastnar i en ond cirkel.

D: Om de fortsätter med att göra sådana saker skulle det verka som att de inte spenderat tillräckligt med tid där för att bli av med dessa känslor.

S: De skulle gå till viloplatsen. Hur kan jag förklara detta? Om de befinner sig på viloplatsen, inte för att de är skadade, utan helt enkelt för att de inte är avancerade nog, och de bestämmer sig för att de vill återvända till den fysiska världen, då finns det inget man kan göra. Man tillåter dem att återvända till den fysiska världen eftersom de mår bra andligt, de är bara inte så avancerade. Men de andar som har tagit skada av något de gjort under tidigare inkarnationer, även då de kanske önskar återvända till den fysiska världen, skulle inte kunna göra det eftersom den skada de ådragit sig hindrar dem från det, även utan hjälp från en högre entitet. Ibland får den som är skadad hjälp med att reinkarnera i syfte att reda ut en särskild del av sin karma. Och andra gånger, även då en ande önskar återvända men det ännu inte är dags, säger de, "Nej, du har mer helande kvar att göra."

D: Jag undrade om det fanns något sätt att stoppa dem om de ville komma tillbaka.

S: Om de mår bra andligt får de lov att reinkarnera. De krafter som styr universum håller allt i ordning och ser till att de inte försöker sig på att reinkarnera i en kropp som redan har en ande.

D: Jag stöter ibland på fall där människor dör och direkt vill tillbaka. De spenderar ingen tid där alls.

S: Ja, det är något som oftast händer under övergångsperioden. Som jag sa, om de mår bra andligt och beslutar sig för att omedelbart återvända efter att de fullföljt övergången, då kan de göra det. De reder bara ut mer karma. Men de flesta väljer att stanna kvar på det här planet ett tag för att lära sig och utvecklas mer. Den inlärning och förberedelse man gör här följer det undermedvetna

117

och den syn man har på den visdom man kan få. På så sätt blir man mer framgångsrik i sin karma.

D: *Då är det egentligen inte bra för en ande att vända på klacken och komma tillbaka direkt?*

S: Egentligen inte. Det skulle kunna vara kontraproduktivt. Vissa andar är dock otåliga.

D: *Jag tror att en del av dem är så uppslukade av det fysiska att de tror att det är allt som finns. I de fall där de kommer tillbaka direkt skulle de inte ha haft möjlighet att arbeta med karmiska relationer eller fått se sina mönster, eller hur?*

S: Nej, det är sant. Det är oftast de som anser sitt liv vara fullständigt kaotiskt och förvirrande, och de klagar, "Varför blir aldrig någonting bra?" Det beror då på att de återvände oorganiserade.

D: *De hade ingen handlingsplan, så att säga*

S: Precis. Så allt rasar samman. De återvände för tidigt och var dåligt förberedda. Om de bara hade väntat lite och organiserat sig, då skulle saker och ting ha gått bättre. Det händer att andar, som verkar motvilliga att förändras, hålls kvar på en speciell plats mellan liv för att hjälpa dem att växa och utvecklas inför nästa inkarnation. Men det är en mycket skör balansgång och sker med stor varsamhet.

D: *Vad är det för en plats?*

S: Det är svårt att beskriva. Det finns ett annat plan för att lösa speciella problem som dessa. Det används inte för att långsiktigt lösa problem som man gör på de högre andliga planen. Det används främst mellan liv för att hjälpa någon att lösa ett specifikt problem, så att de är bättre förberedda inför nästa liv och kan göra framsteg med sin karma.

D: *Skulle denna speciella plats vara som en skola? Eller vad för typ av miljö skulle det vara?*

S: Det är som en reträtt.

D: *Håller man dem isolerade från andra?*

S: Nej, det är som att gå i kloster för att meditera och kontemplera. Där träffar de andra med liknande problem, och en andlig guide. De måste lösa dessa problem och förstå varför de gjorde som de gjorde och var de behöver utvecklas för att kunna övervinna dessa saker.

D: *Jag tänker på den bild människor har av Helvetet. Det är inte så det skulle vara?*

S: Nej, det är ett kristet påfund. Så är det verkligen inte. Det utvecklades främst som ett politiskt verktyg i syfte att stärka den ortodoxa kyrkans makt och för att övervinna gnostikernas inflytande. Det här är en plats dit man går för att lära sig och begrunda sina misstag och det man har gjort. Det finns avancerade själar som frivilligt finns där för att hjälpa dig utvecklas och förbereda dig inför nästa liv. För det är en utvecklande process. Det är som att uppfostra ett barn. När ett barn gör något fel skulle du inte kasta in honom i en ugn.

Vilket rent bildligt skulle gå i linje med den bild vi har av Helvetet. Att kasta syndaren i elden.

S: Du sätter barnet ner och pratar med det om vad det gjorde för fel, du hjälper det att inse varför det var fel och försöker finna ett bättre sätt att agera i en liknande situation i framtiden.

D: *Men vad händer om personen vägrar att lyssna och ändå vill återvända till det fysiska?*

S: Om de inte är redo att återvända till det fysiska planet så kan de heller inte det. Allt måste vara perfekt balanserat för att de ska kunna återvända. Om de inte har lärt sig något av att se ett stort misstag, då är saker och ting ännu inte i balans och de ges mer tid. Ibland, om man fortfarande inte har lärt sig något av ett specifikt misstag och vägrar lyssna, skickas man tillbaka till en liknande situation där man får ytterligare en chans att komma till insikt om alternativa sätt att agera på. Mästarna försöker göra detta på ett sätt som inte orsakar allvarliga konsekvenser för andens karma, så att det inte blir lika svårt för dem att fortsätta utvecklas.

D: *Men man hör ju om människor som helt tycks sakna moral.*

S: Det är sant. Det är inte alltid det fungerar. Det finns några få som är oförbätterliga. Men de flesta själar vill växa och bli bättre och avancera mer. Det handlar bara om att kommunicera med dem och få dem att öppna sig för den kunskap som finns tillgänglig för dem.

D: *Vad händer med någon som bara verkar omänsklig? Som helt tycks sakna moral och samvete och som fortsätter att upprepa samma misstag?*

S: Det kan ibland röra sig om andar som inte är så högt utvecklade. De har en hel del karma, men bryr sig egentligen inte om det. De

119

vill bara njuta av den fysiska känslan av att befinna sig på det fysiska planet. De bryr sig inte om den karma som läggs på hög, så att säga. Det finns en annan speciell plats bland dessa plan. Er fysiska motsvarighet skulle vara ett sjukhus. Det är till för de själar som är mycket skadade och som vi försöker hjälpa må bättre. Det är mycket likt psykoterapi och kan ibland ta en lång tid. De framsteg man gör är så små att det är svårt att riktigt hålla reda på dem, och det är en mycket långsam process. Då det kräver en oerhörd mängd tålamod och kunskap är det framförallt de mer avancerade själarna som hjälper dem.

D: För mig verkar det vara det mest humana sättet att göra det på. Men jag tänker hela tiden på vår bild av platser som Helvetet. Det händer aldrig att man tvår sina händer från de man anser vara alltför skadade, och kastar ut dem?

S: Nej. Det finns ingen plats att kasta ut dem till. Vi är alla här. Vi alla interagerar med varandra, och vi måste samarbeta. De som är särskilt svåra att arbeta med blir hjälpta av de själar med allra störst mängd tålamod och kunskap.

D: Det gynnar naturligtvis den personens karma också; att arbeta med en sådan person.

S: Åh ja, det är vanligtvis de själar som har nära till eller som har nått det ultimata.

D: De skulle ha oändligt med tålamod. Det finns inte en chans att de skulle säga "Åh, glöm det. Hoppet är ute för honom."

S: Nej. De fortsätter att arbeta med dem. Efter några inkarnationer kan ibland så kallade "mänskliga" känslor smyga sig in i deras hjärtan, sig själva till trots. Och de börjar komma till insikt med att det finns högre planer av liv och existens. Det är då de till sist och syvende aktivt börjar göra något för att ändra sin karma. För att ge ett exempel på hur skadade de själar är som kommer till "sjukhuset" så fanns det på ert plan en man som kallades för Adolf Hitler. Han skickades inte till sjukhuset då hans själ inte var särskilt skadad. Han skickades till den lärande delen av planen, reträtten. Han behövde en lugn tid av eftertanke, eftersom han hade - ja, med en annan metaforisk förklaring, oroliga nerver. Problemet i det livet var att han var en extremt kreativ person. Han kunde ha blivit ett kreativt geni, men eftersom den depressiva kultur han växte upp i inte tillät några kreativa uttryck fanns det heller inga sätt för honom att få utlopp för det. Som hos alla genier fanns det en oerhörd mängd energi bakom denna kreativitet. Det var tvunget att komma fram på ett annat sätt, vilket vrängde hans syn på livet och därmed hans tankar, vilket resulterade i detta slutliga utfall. Det som hände är något som främst reflekterar sig på hans fars karma snarare än hans egen.

D: *(Det här kom som en överraskning) Jag skulle inte kunna se på det på det sättet.*

S: Roten av problemet började ju med att hans far förvägrade honom att studera kreativa saker.

D: *Men ändå, det var ju Hitler som gjorde dessa fruktansvärda saker.*

S: Det är svårt att förklara. (Hon pausade medan hon försökte fundera ut ett sätt att formulera sig på.) Han hade till en början goda intentioner och önskade bli konstnär eller arkitekt eller liknande. Men han tilläts inte utvecklas i den riktningen, varför energin förvreds. Hans största misstag låg i att han saknade förmåga att hantera denna energi på ett mer konstruktivt sätt, på ett annat sätt utöver att vara kreativ. Så han vände det till destruktivitet. Det är vad han huvudsakligen varit tvungen att arbeta med.

D: *Det verkar som att han hade kunnat få utlopp för det på ett mer kreativt sätt, även om hans far inte hade tillåtit det.*

S: Ja, han hade till exempel kunnat bli ingenjör.

D: *Är det inte lite som att skylla ifrån sig. Att skylla på sin far.*

S: Nej, Hitler måste också bära sin del av skulden. Men det kan inte enbart åläggas honom, då problemet ju började med de inskränkta åsikter hans far utvecklat.

D: *Men man kan ju ändå tycka att han inte hade behövt bli så fanatisk i sina handlingar. Du vet ju vad som hände.*

S: Det orsakades av intensiteten hos de kreativa energierna. Hade han i stället haft möjlighet att utvecklas konstnärligt hade han blivit en galen konstnär och fanatisk i det. Men det är något man hade accepterat som bohemiskt.

D: *Då hade han åtminstone inte skadat någon.*

S: Sant, förutom möjligen sig själv.

D: *Men som det var så fick det en snöbollseffekt där miljoner, och åter miljoner av människor blev påverkade. Jag skulle ha trott att han skulle ha hamnat på "sjukhuset."*

S: Han var inte så skadad. Förvriden; ja; skadad, nej. Det han framför allt behövde var lugn och ro och tid att reda ut saker. De själar som befinner sig på sjukhuset är så skadade av att behöva gå igenom samma typ av karma om och om och om igen att de känner det som att de fastnat i den delen av sin karma. Medan det i fallet med Adolf Hitler var första gången det hände honom. Han hade i sina tidigare liv en stark kreativ impuls och han befann sig i situationer som tillät den att utvecklas. Men i det här livet blev det blockerat. Det han behövde lära sig var att hantera denna energi i de fall han inte kunde få saker på det sätt han önskade - att hantera det på ett sätt som skulle passa in i det mönster han tvingades leva i. Och det var en aspekt han inte klarade väl. Det var den huvudsakliga delen av hans karma, vilket han kommer att behöva hantera på nytt i ett framtida liv - att lära sig hantera oönskade situationer.

D: *Men skapade han inte mer karma för sig själv genom det han gjorde, och alla de liv han påverkade?*

S: Han skapade mer karma för sig själv, det är sant. Hur mycket är dock svårt att säga vid denna tidpunkt då det hände så nyligen.

D: *Du menar att man inte analyserat allt ännu?*

S: Precis. Det kommer att ta många liv, flera inkarnationer, för att precis kunna se hur det har påverkat balansen av saker och ting, och hur mycket han har kvar att reda ut.

D: *Jag tänker på alla de miljoner människor som dött som ett resultat av hans liv.*

S: Det är sant, det var han som gav order om att de skulle dödas, men han var delvis påverkad av de människor han hade omkring sig. Och han njöt inte fysiskt av det i samma utsträckning som bödlarna gjorde. Det jag säger är att han gav order om att dessa människor skulle dödas och att det reflekterar sig dåligt i hans karma, men männen som fick dessa order att bygga gaskamrarna och använda dem, vakterna och andra, tog direkt fysisk njutning av att se dessa människor dö.

D: *Nej, det var inte han som stod för själva dödandet, men samtidigt gjorde han inget för att förhindra det.*

S: Han gjorde det möjligt för dessa människor att dödas, och därför reflekterar det sig i hans karma, att han tillät det ske. Han uppmuntrade dem att göra det, men höll sina egna händer rena, så att säga. Genom att inte direkt göra det själv. Att han skapade ett politiskt system som tillät detta reflekterar sig dåligt i hans karma. Många av männen inom systemet gjorde det för att det var vad de ville. De var missanpassade i det normala samhället och tog direkt fysiskt nöje i att begå dessa grymheter.

D: *Men han hade också denna fanatiska besatthet av att utplåna en hel ras. Han inledde förintelsen av judarna, en hel folkgrupp, med sin fanatism och förföljelse.*

S: Ja. Han var emot alla raser som inte var av ren tysk härkomst; "ariska" som han kallade dem. Han ville att hans älskade Deutschland skulle befinna sig i samma typ av situation som de Förenta Staterna hade gjort 100 eller 150 år tidigare, med utrymme att växa och bli en stormakt, och med plats för en växande befolkning. Han ville ha en stor nation med många tyskar och använda deras kultur för att påverka hela världen, på samma sätt som amerikanerna gjorde. Han ville också utplåna alla folkgrupper som stod i vägen för detta mål. Det var en del av förvrängningsprocessen av den kreativa impulsen, då det var uppenbart att det skulle vara omöjligt att göra utan att skada många människor. Hade han i stället blivit ett kreativt geni hade han kunnat bidra till den mäktiga kulturen i detta Deutschland som han älskade så mycket.

D: *Jag tänkte att han kanske hade sådana fördomar att de i sig skulle ha en karmisk verkan.*

S: Det var bara en förvriden del av hans själ. Det var fördomar han kunde bearbeta genom att kontemplera och genom samtal med de andliga mästarna.

D: *Han utgör definitivt ett exempel som är mycket svårt att förstå.*

S: Ja, det är en väldigt komplex situation.

D: *Hur är det med någon som "Jack Uppskäraren"? Skulle det inte påverka honom alls i hans nästa liv?*

S: Självklart skulle det det. Och låt oss gå mycket försiktigt fram i detta, för vi önskar inte förolämpa din känsla av anständighet, och inte heller dina moraliska värderingar. Vi känner att din känsla för moral är mycket fin och därför inte något vi önskar påverka. Vi ber dig dock att ha överseende med att vi förser dig med en insikt du möjligen saknar. Kanske fanns det lärdomar från erfarenheten av att vara Jack Uppskäraren som var positiva för den personen. Naturligtvis orsakade det offren mycket skada, och utifrån era sociala normer var dessa brott fruktansvärda. Dessa handlingar var inte socialt accepterade beteenden. Trots det skulle man återigen kunna säga att denna individ lärde sig av att utföra dessa handlingar. Det kan ha varit en lärdom om vad ett överdrivet beteende är, vad det innebär att vara självupptagen och utan hänsyn till mänskligt liv. Kanske var det en viktig lärdom för den här individen. Vi skulle också säga att det kan ha funnits lärdomar, hur svåra de än var, för de ni skulle kalla "offren." Och kanske kan vi också föreslå en annan möjlighet här. Att de personer som deltog i denna episod, hemsk som den var, var frivilliga från de inre planen. Att de under stadiet av planering avtalat om att delta i dessa händelser. Och att de på så vis bidrog till att ge samhället en måttstock utifrån vilken er moraliska standard kan mätas. Ett exempel på vad man inte skulle anse vara ett socialt accepterat beteende. Ser du att det i alla handlingar, vare sig goda eller onda, finns lärdomar att dra? Inte bara för de som direkt deltar, utan även för de som är åskådare. Så om man skulle säga att detta var ett fruktansvärt brott, skulle det kunna accepteras. Och samtidigt skulle man också kunna acceptera, utan att förneka brottets grymhet, att många lärdomar lärdes av alla inblandade. Och låt mig tala om livskraften. Den medvetenhet som fanns i kroppen dödades inte. Den fortsatte bara vidare till ett annat existensplan. Livskraften, som även finns i varje cell av kroppen, överfördes och gick inte förlorad. Kroppens enkla fysiska sammansättning förändras från ett organiserat tillstånd till ett oorganiserat tillstånd. Rent tekniskt sett är döden inget annat än en omstrukturering av molekyler på en fysisk nivå, och en överföring av medvetandet från ett fysiskt fordon till något av friare natur. Livet har alltid varit och kommer alltid att vara. Det finns inget sådant som att ta ett liv, då det bara förändras från en form till en annan. Vi talar strikt ur ett tekniskt perspektiv, utan moraliska normer och känslomässiga värderingar.

D: *Hur är det med offret? Den person som så våldsamt blir dödad av någon annan? Är detta något traumatiskt för dem?*

S: Det beror till stor del på hur själarna förbereds. Många själar har kommit till den här sidan genom krig utan att vara traumatiserade. De visste att de skulle dö på det sättet och accepterade det. Andra har blivit oerhört traumatiserade, så till den grad att de varit tvungna att bege sig till viloplatsen. Situationen är inte alltid likvärdig. Två kan dö sida vid sida i samma ögonblick på ett sätt som ni skulle betrakta som likvärdigt traumatiskt. Det skulle kunna vara traumatiserande för den ena och inte för den andra.

D: *Har detta något att göra med själarnas ålder och vilka tidigare erfarenheter de har?*

S: Inte så mycket själens ålder som förståelsen av Kristi ande i allt som är. Ibland kan en ung själ förstå detta med större insikt än en själ som skulle betraktas som gammal.

D: *Du sa vid ett tillfälle att sättet någon dör på har betydelse, precis som det sätt man lever på.*

S: Det är också sant. I många fall kan vissa sätt att dö på innebära att man blir av med en stor mängd karma. En lång och utdragen död är menad att föra med sig lärdomar för just den individen. Och om de lär sig av det kommer de att uppbära mycket god karma.

SJÄLVMORD

D: *Hur är det med självmord?*

S: Ja, det är mycket tragiska fall, för det är verkligen en av de sorgligaste sanningar som existerar. Det finns helt enkelt inga ord för att beskriva en sådan situation i sin helhet. Den som begår självmord måste förstå allvaret i det han har gjort. Det handlar inte bara om att bryta ett kontrakt; själens energi kastas in i total disharmoni. Beroende på vilket skick de befinner sig i hamnar de ibland på sjukhuset, och ibland på området för kontemplation. Ofta tilldelas de en eller två andra entiteter i syfte att förklara för dem varför det är så extremt fel att ta ett liv. Att ta sitt eget liv är det enda som verkligen kan betraktas som en synd på denna sida, eftersom livet är så värdefullt. Dessa personer är så förvirrade och vilsna i vad livet egentligen handlar om och vad det är de behöver åstadkomma. De förmår inte se de lösningar de kan arbeta fram med den karma de har för handen. Och mellan liv lär de sig att se saker ur ett större perspektiv för att kunna lösa sina problem i stället för att ge upp på dem. De som begår självmord återvänder vanligtvis inte till en kropp direkt. Det är ofta alltför traumatiskt. De kan inte lösa det problem som fick dem att begå självmord tillräckligt snabbt för att kunna återvända så snart. Man pratar med dem och hjälper dem. De måste själva förstå varför de gjorde som de gjorde och vad det var som drev dem till den punkten. Det brukar ta en lång tid innan de är redo att ta itu med det. Om det vill sig extremt illa tar man dem till viloplatsen för att glömma traumat av vad som ledde dem till den punkt i livet där de övervägde tanken på att ta sitt liv. Självmord för med sig så mycket dålig karma för själen att det behöver utjämnas genom mycket gott av föregående och efterföljande liv.

D: *Om det är det värsta någon kan göra, straffar de då sig själva när de kommer tillbaka?*

S: Inte alltid i det liv de direkt träder in i. Det är inte alltid de direkt träder in i ett liv där de skulle behöva hantera de problem de hade i det föregående livet. Ibland tar det flera existenser för att komma till den punkt där man känner att man skulle kunna ställas inför dessa problem. Men alla problem hanteras förr eller senare. Det går inte att undvika. Det bästa sättet att hantera det på är genom att komma tillbaka till ett liv som kommer ha sin beskärda del av problem, i samma omfattning som i det föregående livet. Ett självmord betalas tillbaka genom att ta itu med dessa problem, genom att hålla ut och vara livskraftig, att leva till hög ålder och att ha ett bra och väl balanserat liv. Det kan ta flera liv som det för att betala tillbaka självmordet och för att balansera denna karma. Man kommer på rätt spår genom att ta itu med de problem man gav upp på tidigare. Den som begått självmord måste möta samma situation och problem igen, till dess att de lär sig ett acceptabelt sätt att lösa det på. De kan aldrig fly från det. Man bara förlänger sin egen process och skapar störningar.

D: *Jag vet att ni har svårt med vårt tidskoncept. Men hur lång tid skulle det ta för någon som begått självmord att bli fri från det?*

S: Det varierar från fall till fall. En själ lär sig inte i samma takt som en annan. Det beror främst på själens förvirring och känslor av värdelöshet och förlust, mer än något annat. Självmord förlåts inte så lätt, men det är något man kan lösa. Det är inte omöjligt, som vissa kanske vill låta er tro. Ingenting är omöjligt att lösa; det är bara så att en del saker tar längre tid än andra då vissa saker är mer komplicerade. Ja, att ta sitt eget liv är den största orätt man kan begå eftersom det får karman ur balans. Att ta livet av sig, att döda sig själv, är inte att lösa karma. Det skapar bara mer karma.

D: *Vissa begår självmord för att fly från problem.*

S: Att begå självmord för att fly från problem förstärker bara de svårigheter de kommer att behöva genomleva på nytt. De flyr inte från någonting; de gör det bara svårare för sig själva. De löser verkligen inte någonting; de skapar helt enkelt fler problem. Självmord är inte en lösning.

D: Skulle ett självmord kunna ha betydelse för andra människors liv?

S: Ja. Ofta när ett självmord sker blir det en möjlighet för övriga själar inom familjen att dra lärdom av upplevelsen. Tänk om en pojke tar sitt liv och modern i efterhand inser att hon varit alltför krävande, vilket får henne att bli mer förstående. Då kan hon verkligen ha lärt sig något av det, även om det var en svår lärdom.

D: Skulle inte detta i vissa fall vara karma för familjen eller vännerna som lämnades kvar?

S: (Med eftertryck) Självmord är aldrig en del av karma! Självmord är en aspekt av fri vilja.

D: Jag förstår. Då kan det aldrig anses vara bra för någonting?

S: Det stämmer. Det finns inga vinnare.

D: Men är det något som kan ske i syfte att direkt påverka någon annan karma?

S: Nej. Personen som begår självmord skulle korta ner deras karma, vilket inte skulle vara rättvist.

D: Jag har hört att man mer eller mindre har ett kontrakt när man träder in i ett liv, och att ett självmord skulle vara som att bryta mot det kontraktet. Att man inte fullföljer sitt åtagande.

S: Innan man träder in i ett liv träffar man sina andliga mästare för att generellt räkna på hur mycket karma man kan lösa i ett liv om man fattar sina beslut väl. Det är nästan som en skoluppgift. Personen säger: "Okej, detta är vad jag ska försöka uppnå i det här livet." Om de inte lyckas med allt så betyder inte det att de har misslyckats. Det faktum att de arbetar med det och försöker, det är vad som är viktigt. Och om man mitt i allt detta, då man knappt hunnit börja, avbryter det genom att ta sitt liv… ja, då har de inte bara misslyckats med att uppnå något av det de sa att det skulle försöka göra, vad de uppriktigt lovat att försöka uppnå, de har därtill skapat mer karma som de måste ta itu med. Så det är en negativ upplevelse överlag.

D: De måste fortfarande ta itu sina problem och sin karma. Att lämna innan man lyckats med det skulle motverka syftet.

S: Det är korrekt. Men om det finns en "X" mängd arbete att utföra under en livstid, och om denna "X" mängd arbete ska slutföras eller genomföras innan de har levt ett fullt liv, då behöver de inte fortsätta i det fysiska om de inte önskar det eller känner behov av det. Då kan utträdet ordnas på lämpligt sätt. Att lämna kroppen i förtid eller innan jobbet är gjort är vad som aldrig kan tolereras.

Kapitel 8
Guider

I NÄSTAN ALLA KULTURER finns föreställningar om skyddsänglar och skyddsandar. Finns de på riktigt?

S: Det finns skyddsandar. Vanligtvis är det någon som du har haft en nära relation till tidigare och som befinner sig på skolan eller vad det nu kan vara på den andliga sidan. De hjälper dig genom din period av lärande och skyddar dig. De tjänar sitt syfte på den andliga sidan.

D: *Är de tilldelade en viss person?*

S: De kan välja sina egna affiniteter. De är med dig från den dag du föds.

D: *Då är man inte ensam när man träder in i den fysiska kroppen?*

S: Ingen är någonsin ensam. Ensamhet är en mur du bygger mellan dig själv och andra. Det finns alltid andra där att dela erfarenheter med om du bara river muren och låter dem hjälpa dig.

D: *Om de inte är inkarnerade, hur kan de då hjälpa?*

S: Det är något som är svårt att förklara då det finns en bristande förståelse för den andliga nivån. Men det finns arbete att utföra på såväl den andliga nivån som på den fysiska nivån. Det finns de som efter en inkarnation måste gå i skolor på den andliga sidan, och vissa av dem kommer att vara lärare på dessa skolor. Det finns många andra sätt för dem att hjälpa, bland annat genom att guida de som befinner sig på det fysiska planet.

D: *Har de alltid ditt bästa för ögonen?*

S: De som omger dig har för det mesta det, ja. Du måste lära dig att skydda dig mot dem som kanske inte har det.

D: *Är din egen personliga guide tillräckligt stark för att hålla de andra influenserna borta?*

S: Ja. Så länge du också lär dig att omge dig med det som är bra. Det kommer att hålla bort allt som är negativt. Det finns inget bra eller dåligt; bara positivt och negativt. Den erfarenhet man lär sig av kan aldrig vara negativ.

129

D: *Men ibland är det svårt att veta om något är bra för dig eller inte. Hur kan man veta om det är andra influenser som försöker styra dig i fel riktning?*

S: Genom att vara öppen för att uppfatta vad det slutgiltiga utfallet av vad de rekommenderar kommer att bli. Alla, varenda en av er, har förmåga att se detta. Om du förutser att saker kommer att gå fel, då vet du att det är en entitet som inte vill dig väl.

D: *Men du vet hur människor är - de kan lätt luras.*

S: Vi är inte perfekta. Hade vi varit det hade vi inte längre behövt inkarnera.

D: *Hur kan vi veta om det är vår guide som försöker påverka oss och inte låta oss luras?*

S: Om man ser på sig själv och sin egen vardag så kan man se att man ofta står i konflikt med sig själv kring huruvida man ska göra det ena eller det andra. Det kan till exempel handla om att man går på diet och frestas till att äta chokladglass. Den del av dig som har ett sug efter chokladglass önskar tillfredsställelse. Ditt högre jag förstår å andra sidan behovet av en diet och säger, "Nej, det ska du inte göra." Du kan se att det finns en kluvenhet inom dig. Dina guider känner det som att de är en del av dig och en slags förlängning. På så sätt vet du att det är din andra själ som talar. Om någon bara ger dig råd och du känner dig tveksam till det, då måste du kanske se till källan från vilket det kom. Om det är från din guide så kommer det att kännas väldigt rätt. Han skulle aldrig tvinga dig till att göra något, endast ge förslag. Om tvång är inblandat så är det definitivt inte en positiv entitet, eftersom det skulle innebära att din fria vilja åsidosätts. Man fattar medvetna beslut utan att bli tillsagd att göra det ena eller det andra, för det har också att göra med mänskligt handlande. Det är inte guiderna som styr allt från sidan av, som vissa kanske tror. De har sin roll att spela, och du har din. Det är en ömsesidig överenskommelse, ett partnerskap mellan det andliga och det fysiska. De gör sitt och du gör ditt.

D: *Det finns många som tror att det är dem på din sida som styr allt.*

S: Ja, och de måste förstå att det i dessa avseenden helt enkelt handlar om ett delat ansvar. Många beslut är helt och hållet mänskliga och baseras på mänsklig tanke, mänsklig erfarenhet och mänskliga koncept. Guider försöker utifrån sin visdom och erfarenhet hjälpa er. Om man slits mellan sitt beslut och sin guides vägledning är det inte fel; det handlar helt enkelt om att göra ett val. De finns där enbart för att erbjuda hjälp och stöd. Det finns inget som säger att man strikt måste följa sina guider. De är bara medhjälpare. Du är själv herre över ditt eget öde.

D: Våra guider och andliga hjälpare försöker alltså påverka oss i att göra det rätta?

S: Detta behöver förtydligas. Påverka är inte korrekt term. Guiderna och medhjälparna försöker inte påverka. Assistera eller upplysa skulle vara mer korrekt. Skillnaden kan verka mycket subtil, men den är mycket viktig. Jorden är planet för val. Man har fullständig frihet att välja det som man önskar. Om man behöver hjälp med sitt val, då är det deras uppgift. De hjälper bara till och försöker visa eller förtydliga. Det är inte som om man vore marionetter som manipulerades från den andra sidan. Ert öde vilar tryggt i era egna händer. Ber man om hjälp så finns de där. De är åskådare som kan bistå med hjälp med ett ögonblicks varsel, och som väntar på att man ska be om deras hjälp. De knuffar dig inte mot något imaginärt öde; du skapar ditt eget öde. Samma sak kan sägas om er medan ni lever i det fysiska. Ni bör osjälviskt hjälpa varandra. Vissa känner att de måste hjälpa människor, oavsett om de vill det eller inte. Man ska inte känna det som att man måste hjälpa, oavsett vilket känslomässigt tillstånd man för tillfället befinner sig i. Man bör hjälpa när man själv vill; då kan man ge den bästa möjliga hjälpen. Det vi säger till er är detta: Känn inte att ni måste hjälpa alla hela tiden. Förstå att ni bör hjälpa när det är vad ni själva önskar att göra. Tvingad hjälp är värre än ingen hjälp alls.

D: Är det här den fria viljan kommer in?

S: Det är precis vad det är.

D: Du menar alltså att vi är fria att följa eller bortse från de råd vi får, eftersom vi har en fri vilja? Och det gäller för det andliga såväl som det fysiska?

S: Det stämmer, men föreställ dig gärna följande innan vi lämnar uttalandet som så. Om du såg ett barn leka med en flaska med gift skulle du naturligtvis springa fram och ta den från barnet, eller hur? Anta att barnet slog dig och knuffade tillbaka dig och fortsatte försöka öppna flaskan. Vad skulle du då göra?

D: Jag skulle fortsätta.

S: Anta att barnet var lika framgångsrik i det som du.

D: Då skulle jag säga att han fick vad han förtjänade.

131

S: Och det säger vi också.

D: *Är det då möjligt för en guide att hindra oss från att skada oss själva?*

S: Ja, det är det. De kommer att informera dig om en nära förestående händelse. Detta är enbart hjälp. Jag kan ge dig ett exempel på vad du kanske skulle tro är en guide som tar över. Om du är ute och kör och det kommer en bil nerför en gata i kollisionskurs med dig, utan att du är medveten om det, kan din ratt plötsligt börja styra mot vänster och ut ur farans väg. Det är naturligtvis inget som händer, men om de var tillåtna att ingripa så skulle det vara något liknande. Det är du som styr: de bara informerar.

D: *Skulle de någonsin göra något sådant i händelse av en nödsituation?*

S: Om nödvändigt, ja. Det har hänt tidigare, men endast under extremt krävande situationer. Det är inget jag får gå in på i detalj, då det skulle påverka din syn på saken. Men generellt sett måste man förstå att man skapar sitt eget öde. Och återigen är tvingad hjälp värre än ingen hjälp alls.

D: *Men det är skönt att veta att vi kan få hjälp om vi behöver det.*

S: Det stämmer. På den här sidan finner vi ofta nöje i människors impulsivitet och otålighet. Och det beror på skillnaden mellan den andliga och fysiska världen. I den andliga världen är en tanke detsamma som en handling. Själva tanken producerar den önskade effekten. I den fysiska världen är saker och ting inte lika enkla; människan måste lära sig att vara tålmodig.

Då en tanke på det andliga planet får saker att ske ögonblickligen är det av vikt att vi på jorden ges mycket mer tid mellan tanke och förverkligandet av den, så att vi har en chans att ångra oss. Om saker inträffade ögonblickligen här i vår fysiska värld skulle det kunna uppstå många problem. På grund av vår mänskliga natur, med dess många brister (själviskhet, avundsjuka, svartsjuka, etc.), skulle vi förmodligen skapa kaos. Vi är inte lika rena i våra avsikter, och de har tidigare sagt att avsikten är det viktigaste med det vi önskar förverkliga.

S: Relationen mellan att guida och att bli guidad är flytande och föränderlig och ändras från inkarnation till inkarnation och till och

132

med inom en enda inkarnation, efter behov. Det finns inga fasta regler. Medlen bestäms av behovet.

D: Hur väljs guider ut för personer?

S: De blir valda utifrån vad man behöver under en specifik period i livet. Vissa kan vara en guide under en hel inkarnation. Andra kan vara tillfälliga eller komma och gå efter behov. Vi kan ha flera olika guider under en och samma livstid. Deras funktion förändras när våra liv förändras.

D: Är det någon skillnad på en guide, en rådgivare och en ande? Jag har hört dessa termer användas vid olika tillfällen.

S: Guiderna är andar. En rådgivare har högre rang än en guide. En rådgivare har mycket mer kunskap och erfarenhet att dra nytta av. Fulltankad med erfarenheter, kan man säga. En guide är mycket mer intim och nära en faktisk inkarnation. Som till exempel någon som möjligtvis nyligen lämnat en inkarnation och därmed fortfarande är förtrogen med de intrikata detaljerna av det fysiska livet. En rådgivare har vanligtvis varit avskild från inkarnationer under en längre tid och kallas in för information. Medan guider mer nyligen inkarnerat har rådgivare utvecklats bortom behovet av en inkarnation. Således är var och en i sin egen rätt kapabel att göra det jobb som var och en tilldelats. En guide kan känna till mer om det fysiska. En rådgivare kan känna till mer detaljer.

Det här låter ungefär som en vanlig lärare som vänder sig till en professor eller rektor på en skola för professionellt råd angående en elev. Läraren skulle naturligtvis känna eleven på en mer personlig nivå eftersom de träffas dagligen. Professorn och rektorn kanske inte alls känner eleven, men kan ge råd eftersom de innehar mer kunskap och erfarenhet. Rektorn har inte heller interagerat med eleverna i klassrummet på en personlig nivå under en längre tid. De har mer distans till situationen och kan således ge uttryck för en mer opartisk åsikt. Jag frågade sedan om vi kunde ta reda på namnen på våra guider.

S: De kommer att tala med er när det är nödvändigt eller relevant. Man använder egentligen inga namn här på det andliga planet; det finns bara ljud, vibrationer och färger. Att namnge är en vana specifik för människan. Det möjliggör enkel identifiering. De namn ni tenderar att ge till guider är något nedsättande eller missvisande, för namn har en vibration och att fästa eller tilldela en guide ett

133

namn kan ge den fel vibration. Alltså är det bäst att känna en guide mer genom vibration än genom namn.

D: *Du sa att det var möjligt för vem som helst att bli en guide. Tar det en lång tid att komma till positionen att vara guide till någon annan?*

S: Det beror helt och hållet på hur din karma utvecklar sig. De som verkligen lyckas utveckla sin karma på ett positivt sätt kan bli en guide inom en eller två livscykler. Andra måste arbeta på det under en längre tid. Det beror helt och hållet på den individuella utvecklingen. Det är egentligen en fråga om att nå ett visst andligt plan. När man väl nått detta plan kan man antingen vara en guide eller sitta med i det allmänna rådet (se kapitel 13), beroende på det sätt man behöver utvecklas vid den tidpunkten. När man befinner sig på de andliga nivåerna under detta plan växer man fortfarande på olika sätt och man gör andra saker för att hjälpa. Bara inte lika direkt som om man hade varit en guide.

D: *Jag har hört att vissa människor frågar när de går över till andra sidan, "Kommer jag nu att få lov att guida andra?" Och svaret de får är, "Hur kan du vara en guide när du fortfarande behöver en guide själv?"*

S: Tja, det finns alltid någon som är mer avancerad för att hjälpa dig. Det är som en vuxen som vägleder en tonåring, som i sin tur vänder sig om och hjälper ett barn, som i sin tur vänder sig om och hjälper ett mindre barn att hålla sig undan trubbel.

D: *Jag trodde att man var tvungen att gå igenom ett visst antal erfarenheter eller krav innan man kunde bli en guide.*

S: Så är det. När man når den nivå varifrån man kan guida en person på det fysiska planet, då har man nått det stadiet av andlig utveckling där man kan hantera ansvaret på ett moget sätt, utan att göra bort sig. Men det betyder inte att man har slutat växa då det fortfarande finns någon mer avancerad som hjälper dig att växa, medan du i din tur hjälper andra mindre avancerade än dig. Och det är så hela systemet fungerar.

D: *Men man kan fortfarande göra misstag om man inte är uppgiften mogen, så att säga, i att guida någon annan?*

S: Om man ges uppgiften så är man den mogen. Det skulle i så fall vara ett misstag på… det sker inga sådana misstag. När man går över har man ett tydligt energimönster, och man kan direkt se var någon är kompatibel och var de passar in och vilken nivå de befinner sig på och vad de kan göra. Och det är vad de får. Man ger det till dem på ett sådant sätt att det hjälper dem att växa och utvecklas, så att de kan förvärva nya förmågor.

D: Då begår man inga misstag.

S: Precis. Det skulle i så fall vara ett misstag sett till själva placeringen, inte ett misstag sett till vad man kan eller inte kan göra. Om du ålägger en person att göra något som ligger bortom deras förmåga så är det inte deras misstag; det är ditt misstag.

D: Man säger ofta att det finns mycket att lära genom att lära andra. Vem är det som fattar dessa beslut? Du sa att det skulle vara ett misstag av den som sa åt dem att göra dessa saker.

S: Jag använde det som en metafor.

D: Jag tänkte att det kanske fanns någon där uppe som sa, "Okej, nu är det din tur att vara guide," eller något i den stilen.

S: Nej. Då allting är energi här sker saker i enlighet med hur väl man passar med den energin. När man ägnar sig åt att hjälpa andra bygger man samtidigt upp energi för sig själv. Och när man har byggt upp en viss mängd energi är det dags att återvända till det fysiska planet, eftersom det krävs energi för att ta sig genom barriären och fortsätta arbetet med sin karma på den nivån igen.

D: Då vet man det själv. Det finns ingen som säger, "Nu är det dags för dig att göra det här."

I vårt samhälle är vi vana vid att det finns någon som ansvarar för saker och ting. Så jag försökte få det att passa samma ramar.

S: Så är det. Allt står fullständigt klart för alla. Det är inte en fråga om att säga åt någon vad de ska göra. Det är uppenbart för dig och alla andra vilka behov du har och vad du kan och kommer att göra. Här ser man på allt som energi. Varje tanke och avsikt har en tydlig energi. Och när det är dags för dig att gå tillbaka och återinträda det fysiska planet träder det allmänna rådet in för att avgöra var du passar in i mönstret. Och de avgör när och var och till vem du föds på det fysiska planet.

D: Då har rådet mycket att säga till om.

S: Det handlar inte nödvändigtvis om att ha något att "säga" om det; det är helt enkelt en fråga om att hjälpa, att se till att energin fortsätter flöda på rätt sätt. När någon behöver återvända till det fysiska planet återinträder de den energinivån där de bör på ett sätt

135

som är förenligt med deras energi och den omgivande energin, för att se till att de återigen kommer i kontakt med personer som de har haft kontakt med i tidigare liv. Därav uppstår sammanlänkade karmor.

D: *Vad skulle hända om allt var förberett och noggrant planerat för var någon skulle återvända, men personen i sista minuten ångrar sig?*

S: Det gör de inte.

D: *Vad händer om de bestämmer sig för att vänta eller för att de inte vill träda in vid den tidpunkten?*

S: Tiden för att förhala är redan förbi när man startat processen att återinträda det fysiska planet. Innan man bestämmer sig för att återvända till det fysiska planet kan man spendera så mycket tid på det andliga planet som man önskar. När man nått den punkt där man bestämmer sig för att det är dags att återvända till det fysiska planet, när man fattat det beslutet, sätts det i rörelse. Man är då fast med sitt beslut, eftersom energin börjar flöda i den riktningen, för att omdirigeras tillbaka till det fysiska planet. Att fullfölja processen när man väl startat den är bara ett av universums principer.

D: *Jag funderade framförallt på de spädbarn som varit dödfödda; att anden kanske i sista minuten beslutat att inte träda in.*

S: Nej, vad det handlar om är att de föräldrar som är havande har ett behov av den erfarenheten i sina liv vid den tidpunkten för sin egen karmiska utveckling, av en eller annan anledning, beroende på individuella omständigheter.

D: *Tja, jag tänkte att det skulle vara rimligt att anta att anden kanske inte var helt redo och ville vänta eller ta sig ur "kontraktet", så att säga. Eller också i de fall de dör väldigt unga - bara ett par månader gamla.*

S: De som dör väldigt unga är vanligtvis andar tillräckligt avancerade för att emellanåt återinträda det fysiska planet, inte nödvändigtvis för att lösa en viss aspekt av sin karma, utan för att hjälpa någon annans karma. De gör det för att hjälpa dem när, av någon anledning, den andra personens karma gynnas av att ha en viss ande i sitt liv under en kort tid.

D: *I bara ett par månader?*

S: Eller i några få dagar. De återinträder sedan det andliga planet för att fortsätta med vad de gjorde innan. Om de sedan behöver återvända till det fysiska planet för att arbeta med en annan livstid av karma, då gör de det. Men ibland är det mer avancerade andar som frivilligt återinträder det fysiska planet en kort tid för att ge någon annans karma en liten knuff.

D: *Jag tänkte att de hade ett slags kontrakt som de var tvungna att fullfölja, och att de sedan tvekade eller ville dra sig ur det.*

S: Kontrakt är ett dåligt valt ord. Det är inte alls tillämpligt. När en ande fattar beslutet, "Jag vill återvända till den fysiska världen," då är det inte ett beslut de tar förrän de är redo att fullfölja det. Om de känner att de inte är redo att fullfölja vad de beslutat om, varför då fatta beslutet? När de väl bestämt sig börjar deras energi flöda i den riktningen. Och det inordnas i det övergripande mönstret av saker på ett sådant sätt att de fortsatt utvecklar sin karma och för att passa universums övergripande mönster.

D: *Det är det ord andra andar har använt sig av. Jag antar att vi försöker använda termer vi kan förstå utifrån vårt fysiska perspektiv. Det är därför dessa ord verkar tillämpliga. De såg det också ur olika perspektiv, antar jag. Och det kan vara så att jag kanske har pratat med andar som inte varit lika högt utvecklade.*

S: Det är en möjlighet. När det ibland är dags för andar på en lägre andlig nivå att återinträda det fysiska planet uppfattar de inte hur energin påverkar hela systemet. De inser inte att deras beslut är ett slags åtagande. Jag ska använda mig av en analogi. I er värld har ni en typ av underhållning som kallas vattenrutschkana. Det är som att hälla vatten högst upp på rutschkanan. Man kan inte återsamla vattnet förrän det nått botten av rutschkanan och runnit av kanten. På samma sätt är det med att återinträda det fysiska planet. Genom att fatta beslutet att återinträda det fysiska planet börjar energin att flöda, vilket kan liknas vid att hälla vatten från en behållare på rutschkanan. För att kunna återsamla vattnet i ursprunglig form, alltså återsamla sin energi på det andliga planet, måste man ta sig nerför rutschkanan. Man måste med andra ord fullfölja det hela.

D: *Man kan inte stanna halvvägs.*

S: Precis. Det är inte för att någon håller en pistol mot ditt huvud, så att säga, och tvingar dig att göra det. Det är helt enkelt en av universums lagar om hur energi rör sig. När energin börjar gå igenom det här mönstret måste energin slutföra mönstret innan den kan omvandlas till andra saker. Andarna på lägre utvecklingsnivåer har inte fått grepp om detta helhetsperspektiv, så om de fattar beslutet att de är redo att återvända och sedan kommer på andra tankar kan de känna att de är tvungna att återvända. Det är inte för att någon tvingar dem att återvända; det är helt enkelt för att de redan är i process av att hällas på rutschkanan. De måste så att säga åka nerför den innan de kan återsamlas vid den nedre kanten.

D: *Saker och ting är redan satt i rörelse.*

S: Exakt.

D: *Då kan dessa svar komma från någon som befinner sig på en lägre nivå i sin utveckling.*

S: Ja. Eller så känner de möjligtvis att du inte har förmåga att förstå svaren du skulle ha fått från de högre nivåerna.

Självklart är det så att jag talar med andar som befinner sig på många olika nivåer av utveckling. Så svaren de ger behöver inte verka motsägande. Det är helt enkelt vad som är sant utifrån deras perspektiv.

D: *Men det finns människor på det fysiska planet som inte tycks vilja vara här. De är väldigt arga.*

S: Ja, det är andar som har problem med negativ karma och som är något motsträviga. Och de andar som attraheras av negativ karma är ofta lite arga över att befinna sig på det fysiska planet igen eftersom de är övertygade om att de kommer att göra bort sig ännu mer.

D: *Det är därför jag får känslan att de blev tvingade tillbaka och inte vill vara här i sin kropp.*

S: Det är som om de är fast i den där onda cirkeln som jag nämnde tidigare.

Kapitel 9
Gud och Jesus

NÄR MAN BER NÅGON att beskriva sin syn på Gud ställer man en mycket komplex fråga, då det förmodligen finns lika många definitioner av Gud som det finns människor. Vår inre bild av Gud präglas av vår religiösa uppfostran, och det är något som vi ofta håller fast vid. Det skulle vara väldigt svårt att ändra vår uppfattning om inte bara detta, utan också om de alla andra kittlande ämnen som tas upp i denna bok. Det kräver ett öppet sinne – ett sinne som åtminstone är villigt att lyssna till andra idéer, även om de till en början kan verka löjliga och absurda. Jag tror att den tidigare kyrkan var tvungen att framställa Gud så enkelt som möjligt för att människorna på den tiden över huvud taget skulle kunna föreställa sig Honom. Jag tror att människor genom tiderna helt enkelt accepterade dessa tidiga framställningar av Honom, och att de inte brydde sig om att ifrågasätta dem. De trodde på den bild som kyrkan försåg dem med. Det kan ha funnits några även på den tiden som tillät sig en bredare uppfattning av Honom. När vi bortser från hjärntvättandet och villkorandet och i stället betraktar detta framställande med ett öppet sinne, är det fantastiskt att se att det inte alls verkar motsägande. Det är helt enkelt olika sätt att beskriva samma sak på.

Först och främst måste vi komma bort från föreställningen av Gud som en gammal man. Om något skulle han vara en kvinna, då kvinnor representerar den kreativa kraften. Han är dock varken man eller kvinna. Han har inget kön. Han är en enorm energi, bortom vår förståelse vad gäller styrka och omfattning.

Följande är hur två olika personer i djup trans svarade på frågan om hur de uppfattade Gud i det andliga tillståndet mellan liv.

S: Vi skulle vilja be dig att visualisera följande scen. I hela skapelsen, från de allra yttersta kanterna av varje universum till dess centrum och tillbaka, finns en kraft, osynlig men ändå närvarande, som utgör en osynlig struktur vilken håller allting samman. I betong finns armeringsjärn (armeringsstänger) osynliga för blotta ögat, men som ändå håller betongen samman. Är du bekant med detta?

D: *Ja, jag förstår vad du menar.*
S: Det är då Gudsbegreppet. Det är universums armeringsjärn som håller allting samman, osynliga men ändå närvarande. Om detta ens för en bråkdel av en sekund skulle försvinna skulle det innebära total, fullständig och komplett förstörelse. Detta är Gudsbegreppet som har fått personlighetsstatus i er värld.

S: Jag betraktar strukturen av detta universum.
D: *Kan du beskriva det du ser?*
S: Jag är inte säker på om detta språk är tillräckligt.

Det här är något jag har fått höra från alla entiteter jag någonsin talat med. Vårt engelska språk, och förmodligen vart och ett av alla de språk vi har på jorden, är oförmöget att fånga den verkliga bild av vad entiteten ser. Jag sa till henne att jag förstod detta och bad henne att ändå försöka.

S: Just nu kan jag se in i delarna av det spektrum man inte kan se med sina ögon. Jag kan se färgerna och utseendet på de kosmiska strålar man inte kan se. Jag kan se in i själva hjärtat av planeterna och se det gnistrande nätverket, gallerstrukturen hos de atomer som håller dem samman. Det är otroligt vackert och mäktigt. De smala våglängder man kan se med sina ögon har olika färger, och de bredare, vilka man inte kan se, har också olika färger, tills det kommer till de våglängder man förnimmer genom hörsel. Jag kan dock fortfarande se dem och deras färger. De är en del av samma elektromagnetiska spektrum.
D: *Dessa våglängder är så höga att vi endast kan höra dem. Betyder det att även ljud har färg?*
S: Ja. Ljud är mycket, mycket långsammare än det ni kallar för "ljus". Men allt är vibrationer och energi, och jag kan se alltihop; de band som du uppfattar som ljus, och sedan bortom det du ser som ljus. Jag kan observera allt. Det är omöjligt att beskriva det för jag kan också se etern. Det är mycket vackert. Det skulle kunna liknas vid norrsken. Föreställ dig rymden som fylld av norrsken som binds samman, och att alla dessa olika färger blandas med varandra. Det finns olika fält och områden av energier och färger som samspelar och påverkar varandra och skapar förändringar. Det är väldigt komplext.

D: Vi föreställer oss rymden som svart och tom. Du menar att den faktiskt är full av alla dessa färger och vibrationer?

S: Exakt! Vibrationer, färger, energi, och de tränger dessutom igenom allt. Bara för att det finns en planet som snurrar runt en sol betyder inte det att den blockerar eller draperar energin. Energin går bara rakt igenom. All energi som finns där för att påverkas blir också påverkad. Hela universum. Och vårt universum har i sin tur en koppling till andra universum.

D: Vad är källan till all denna energi?

S: Energin har alltid funnits där. Jag vet inte riktigt vad källan är. Kanske fanns det en källa vid någon tidpunkt. Men denna energi är vad alla universum är uppbyggda av. När ett universum når sitt slut bryts det ner, tillbaka till denna energi. Och då återuppbyggs ett nytt universum av samma energi igen.

Detta låter som en massiv och enorm form av reinkarnation. En oändlig och ständigt upprepande cykel som påverkar det allra största, och möjligen det allra minsta, av skapelsen.

D: Vi är vana vid att tänka på ljus som något som kommer från solen och liknande. Jag tänkte att denna energi kanske kom från någonstans.

S: Nej. Energi är allt som existerar, och den fyller upp allt som finns. Allt är energi, och energin, i sin process att vara allt som existerar, omvandlar sig till olika strukturer, som slutligen blir till planeter och solar och energi och tankar och olika universum och allt annat möjligt.

D: Vad för typ av uppfattning har du av "allt som existerar"?

S: (Suck) Det är för stort även för mig att föreställa bara sådär. Det enda sättet jag kan förklara det med ord på är: allt som existerar, någonsin, för evigt och alltid. Allt som existerar är energi. Och när energin fluktuerar - såsom energi gör - uppstår olika universum genom fluktuationer av denna energi.

D: Jag funderade på om det skulle passa med vår uppfattning av Gud.

S: Det är faktiskt en ganska snäv uppfattning. Men med tanke på era begränsade perspektiv gör ni så gott ni förmår. Jag menar inte att kritisera er. Jag konstaterar bara ett faktum. Den bredaste uppfattning ni skulle kunna ha om Gud skulle fortfarande vara lika tunn som en tråd jämfört med detta "allt som existerar." Och då måste ni ha i åtanke att många av era medmänniskor har en snäv uppfattning om Gud, vilket är beklagligt, men så är det. De är alltför rädda för att öppna upp sig för sin fulla potential.

D: *Jag undrade bara om det var något som styrde detta, skapandet av universum, skapandet av människorna och allt det där. Det leder tillbaka till vår uppfattning om Gud.*

S: Energi är organiserat. Energi har alltid varit organiserat. Det är en del av dess grundläggande struktur. Det är denna grundläggande struktur, vilken sträcker sig ned till de allra, allra minsta gränserna av denna struktur, som får saker att framstå som ordnade och organiserade.

D: *Det är alltså denna ordning som får människan att tro att det måste finnas något som styr det?*

S: Nej, det utvecklas på det sätt det borde utifrån hur det är organiserat som regelbundna fluktuationer i energin. Det finns regelbundna fluktuationer fram och tillbaka från det ena området till det andra, vilka påverkar detta och andra universum på särskilda sätt. Fluktuationerna varierar från extremt stora och gigantiska till den allra minsta tänkbara fluktuationen, vilka era vetenskapsmän aldrig kommer att upptäcka gränserna för. De fortsätter att upptäcka mindre former av energi, men det verkar inte som att de kommer att komma ner till den mest grundläggande strukturen.

D: *Jag tror att det kommer att bli mycket svårt för människor att frångå idén om en Gud som styr. De gillar att tro att saker ligger utanför deras kontroll och att ansvaret ligger hos en övergripande makt.*

S: Ja. En av de viktigaste sakerna i nästa fas av mänsklig utveckling är att inse att alla bär ansvar för sitt eget öde. Det som de önskar att ske är vad som kommer att ske. Saker som verkar ske från ingenstans är ett resultat av tidigare händelser, tidigare tankar eller vad än man låtit sända ut.

En annan entitet uttryckte detta på ett sätt som jag kunde förstå bättre. Han talade om andar som kom ner till oss från en högre nivå, för att hjälpa oss här på jorden.

S: Ibland kan det vara givande att färdas bakåt och hjälpa de som befinner sig under. Andar från högre dimensioner återvänder då och då till er dimension för att hjälpa de i den fysiska världen att höja sin medvetenhet. Det finns en dispensation som ges dem som gör detta. Man kan säga att det är tillåtet, och något som sker. Detta är inte en fysisk typ av upplevelse.

D: *Vem eller vad tillåter eller godkänner detta?*

S: Det gör de råd som styr alla universum. Varje universum har ett centralt råd, och sedan finns det lokala råd.

D: *Det här är något nytt för mig. Jag har alltid föreställt mig ett universum. Skulle du kunna utveckla detta?*

S: Det finns många universum, många, många universum. Vårt är ett specifikt universum, eller det universum vi befinner oss i här och nu är bara ett av många. Det finns många, många olika universum.

D: *Det här är lite svårt för mig att förstå. Finns de utanför vårt universum, eller hur då?*

S: De finns i det fysiska rummet. Det skulle krävas en mycket bred fantasi för att föreställa sig avstånden. Det finns politiska - politiska är inte en helt korrekt term, men det är en term som man kan förstå här. Det finns regeringar på andliga nivåer. Varje universum har styrande nivåer som reglerar de individuella och samlade universumen.

D: *Skulle det motsvara vad människor kallar Gud eller en allomfattande varelse?*

S: Självklart! Det är samma Gud för alla. Min Gud är din Gud, det är allas Gud.

D: *Är Han den som skapar dessa råd?*

S: Det finns utsedda råd. Han själv besväras inte med detta. Han har andra under sig som utför arbetet, så att säga. Det finns en hierarki. Vi ber er ha ett mer öppet sinne och betrakta Gud som enbart en iakttagare av sina barn i deras uppgifter. Det är barnen som utför uppgifterna. Gud bara är. Gud är, punkt. Barnen utför; Gud är. Konceptet av Gud är summan av allt, av allting. Vi är Gud. Vi är tillsammans Gud. Vi är individuella delar av Gud. Gud är inte en, Gud är allt.

D: *Dessa råd inrättas alltså i olika delar av universum, i olika områden?*

S: Ja, lokala styren skulle man kunna säga.

D: *Gäller det även för vår planet jorden? Finns det ett råd som styr över oss, så att säga?*

S: Det stämmer.

D: Jag försöker förstå. Med många universum, menar du då att alla universum har sin egen Gud?

S: Alla universum tillsammans utgör Gud. Varje universum har en medvetenhet om Gud, även om denna medvetenhet kan skilja sig åt mellan olika universum såväl som mellan olika områden i ett och samma universum. Deras uppfattning av Gud skulle vara olika. Guds sanna natur är oföränderlig i alla universum, i all skapelse. Gud är; vi är individuella delar av Gud. Men vi är alla som helhet vad som utgör Gud.

D: Är detta den kraft som skapade allt?

S: Det stämmer. Det här är bara en manifestation av Gud.

D: Hur är det med oss som individuella själar? Har du någon information om hur vi först skapades?

S: Vi har endast blivit personifierade. Vi är enbart delar av Gud, till vilka Han har givit personifiering.

D: Varför separerade vi oss från Gud, om man kan uttrycka det så?

S: Det är helt enkelt en del av den övergripande planen - den storslagna, gudomliga planen som endast Gud själv känner till fullständigt. Många känner till små detaljer, men ingen utom Gud själv känner till allt fullständigt.

D: Du sa att vi alla är Gud. Ändå har vi alla här på jorden brister, vi är inte perfekta. Om vi är en del av Gud, skulle det inte göra Honom ofullkomlig?

S: Det är bara en missuppfattning av ordet "ofullkomlig." Allt som är, är Gud. Och Gud är fulländad. Därför är också allt fulländat. Vad vi ser som brister är endast våra uppfattningar. Våra uppfattningar är inte nödvändigtvis desamma även på andra delar av planeten, alltså kan inte det som vi uppfattar hållas som absolut sanning. Det vi uppfattar som brister betraktas nödvändigtvis inte som så på den gudomliga nivån. Brister är mänskliga, men Gud älskar brister lika mycket som Han älskar det som är fulländat. Det är att förstå Gud. Att känna Honom är att älska Honom mer, vetskapen om att Han älskar oss för våra brister lika mycket som på de sätt vi är fulländade. Brister är bara brister för oss, inte för Gud. Vi kan kalla dem vad vi vill.

D: Du talar om Gud som om Han vore skild från oss och och ändå att vi alla tillsammans utgör Gud. Kan du förklara? Du sa att Han älskar oss. Hur kan detta vara om Han inte är en entitet skild från oss?

S: För det första så är Gud inte åtskild från oss. Han är intimt förenad med oss. Det kanske kan tydliggöras genom att förstå det mänskliga blodsystemet, vilket består av individuella celler eller delar. Systemet i sig skulle inte vara komplett utan de individuella hemoglobinerna och så vidare. Och varje hemoglobin är inte komplett utan att vara en del av systemet. Så allt är ett och ett är allt. Den ena kan inte existera utan den andra.

JESUS

D: Ska vi förstå det som att Jesus är Guds son?

S: Det är att göra en mycket grov förenkling, för Gud är inte mänsklig. Hur skulle Han kunna ha en son? Det formulerades med dessa termer för att människan skulle förstå det på en mycket grundläggande nivå. Termen "son" var inte avsedd att tas bokstavligt. Om du önskar en förklaring så var Jesus ett sändebud från en annan nivå av andlig verklighet som är betydligt närmare Gud än vad vi är. Hans nivå var inte direkt under Gud. Det finns med andra ord nivåer mer fulländade än Jesus. Däremot kom Han från en nivå som ingen människa tidigare kommit från. Det mänskliga sinnet har svårt att förstå många av dessa begrepp. Därför måste de formuleras och uttryckas i termer som den mänskliga förståelsen kan acceptera.

D: Det Bibeln lär oss är att Jesus var med Gud och en del av Gud innan han kom till jorden. Är detta på samma sätt som att våra andar också är en del av Gud?

S: Det stämmer.

D: Men var inte Han mer lik Gud?

S: Han befann sig på ett högre plan, om man så vill.

D: Finns det andra som har inkarnerat och som skulle kunna klassificeras på samma; jag vet inte om jag ska säga "roll", men andra som har kommit till jorden som hjälpare som skulle betraktas som lika stora som vi anser Jesus vara? Andra som vi kanske inte ens känner till som inkarnerar i samma syfte?

S: Om du talar om nu, då har jag inte tillåtelse att svara på det.

D: Har det funnits andra sändebud som Jesus i det förflutna?

S: Absolut. De är väldokumenterade. Namnen är inte viktiga eftersom man tenderar förlora fokus på avsikten för att i stället rikta den mot individen. Det fanns de som var vad ni skulle kalla för vanliga människor, som inte var lika kända, men som kom från samma plan. De tjänade sitt syfte beundransvärt. De var bara inte lika kända som Jesus var.

D: Vad var syftet med Jesus död?

S: Hans död var helt och hållet Hans eget val. Bibeln skulle säga något annat, och det är helt okej om man önskar tro på det. Han dödades dock av mänskliga händer och mänsklig vilja, och genom något gudomligt öde. Det var hans eget val att placera sig i människans öde.

D: Du har rätt. Bibeln säger att han själv sa att ingen människa tog hans liv; han gav det av egen fri vilja.

S: Detta är sant.

D: Men vad var syftet med det?

S: Om du önskar ett objekt, se då till de som utförde dådet, människorna eller bödlarna i detta fall. Detta var endast för att understryka den nivå mänsklig interaktion var, och fortfarande är.

D: Dog han för att bevisa för människor att de kunde leva på nytt?

S: Om det är vad de behöver för att tro. Bokstavligt talat, nej. Bildligt talat, ja.

D: Vad betydde det bokstavligen?

S: Det fanns ingen bokstavlig mening kring behovet av Hans död. Han lade sitt liv i människans händer och tillät dem att göra vad de ville. Hur det slutade är väl omskrivet.

D: Varför valde han ett sådant fruktansvärt sätt att dö på?

S: Han valde det inte. Det var seden på den tiden. Han godtog det helt enkelt. Han hade makten att undkomma sin död om Han om han så hade velat. Han valde att uppleva den.

D: Jag tror att vi försöker förstå vad det var han försökte bevisa genom att dö på ett sådant sätt.

S: Hans motiv är Hans egna och jag kommer inte att försöka gissa vilka de var. Om Han vore vid liv idag skulle en liknande situation kunna inträffa, där Han felaktigt anklagas och tvingas genomgå det kriminella rättssystemet för att avrättas genom injektion, elektriska stolen, en avrättningspluton eller hängning. Korsfästelsen var helt enkelt det sätt som var "inne" på den tiden.

D: Det verkar ganska meningslöst om vi inte förstår anledningen till det.

S: Se inte till Jesus; se till din medmänniska. Svaret ligger i det faktum att Han avrättades. Poängen här är att det finns orättvisor.

D: Människans orättvisa mot människa? Är det vad du menar?
S: Det stämmer.
D: Man har sagt oss att han dog för våra synders skull. Förstår du vad jag menar med det?
S: Det är bara rationaliseringar som man har lagt till i Bibeln för att försöka förklara det på en mycket grundläggande nivå. Det krävs en mycket bredare förståelse för att förstå hela livet och Jesu upplevelse. Många vanliga och accepterade övertygelser är skadliga för den sanna förståelsen. Att hålla fast vid dem hämmar en växande medvetenhet om den verkligen funktionen eller filosofin.
D: Bibeln talar ofta om Helige Ande. Detta sägs vara Guds ande som finns tillgänglig att hjälpa människor. Jag skulle vilja veta mer om det och hur det fungerar.
S: Man kan säga att det är ett sätt för er att förstå en viss aspekt av Guds sanna natur. Det finns en viss medvetenhet om de olika delarna av vad ni kallar "Gud". Och dessa delar har fått de tre beteckningarna: Fadern, Sonen och den Helige Ande. Förståelsen av vad som är Helige Ande skulle dock, utifrån er medvetenhet, vara lika svår för er att förstå som Gud Fadern. Det räcker dock med att säga att denna ande är mer av energi - något mer av en livskraft än en livsform. Man kanske kan säga mer av det som upprätthåller liv. Det vill säga själva essensen av livet i sig i förhållande till personligheten som uppfylls av detta liv.
D: Är det möjligt att leva utan denna ande?
S: Nej. Hur skulle personligheten kunna leva utan liv? Liv uttrycks på flera plan, inte bara fysiskt liv, utan även andligt liv. Det är det bärande elementet av personlig medvetenhet, eller personlighet på er nivå.
D: Du menar att det är själva anden av livet i sig. Att det är så vi ska se det.
S: För att uttrycka det i termer som ni skulle kunna förstå skulle det möjligtvis vara korrekt.

När kyrkorna talar om triaden eller treenigheten, de stora tre i ett, verkar det alltså som om de faktiskt är närmare det verkliga konceptet än de inser. Dessa är var för dig separata, precis som också vi är separata från Gud, och ändå är de alla Ett. De är alla delar av samma sak, men beskrivs i sådana förenklade termer som våra mänskliga

147

sinnen kan förstå. Det är svårare för oss att föreställa oss Gud som en energikraft. Det är mycket lättare för oss att ge Honom personifiering. Utifrån den information jag har fått verkar det som att den Helige Anden och Gud i grund och botten är samma sak, en livskraft som genomsyrar allt. Utan den ena av dem kan det inte finnas något liv då det är den drivande energin bakom det. Det skulle sålunda vara motsägelsefullt av kyrkan att säga att vi bör låta den Helige Ande träda in i oss, eftersom den redan finns där. Frånvaron av denna ande skulle innebära en frånvaro av liv.

Kapitel 10
Djävulen, besatthet och demoner

D: Vi frågade dig om idén om Gud. Hur är det med Djävulen eller Satan?

S: Det är bara en idé, en analogi, en rationalisering man använder för att förstå.

D: Då existerar det ingen sådan entitet?

S: Det finns ingen sådan verklig entitet, nej. Det finns ingen personifiering.

D: Men människor säger att Djävulen är en varelse, en person. Finns det något sådant som det?

S: Inte en varelse, eller en ond entitet som man betraktar som Djävulen. De flesta som talar om djävulen syftar till en varelse känd som Lucifer, en som fanns med i skapelsen och som genom sitt maktbegär förlorade allt.

D: De associerar honom med ondska?

S: Det beror på att de flesta av de elementaler man associerar med ondska samlas runt honom.

D: Tror du att detta missförstånd, om man uttrycka det så, ger denna typ av kraft mer makt?

S: Ja, de använder missförstånd till sin fördel.

D: Så man ger dem mer makt genom att tänka på dem?

S: De ges inte makt bara genom tankar. Den ges genom mänsklig handling. Det är också varför man ger dem mer energi varje gång man säger något som, "Djävulen fick mig att göra det," när man har gjort någonting man vet är fel.

D: Jag har hört det sägas att det måste finnas en Djävul eftersom det måste finnas balans. Om du har det goda, måste du ha det onda.

S: Detta är en rationalisering, eller ett försök att förstå. Människor behöver något för att kunna säga, "Åh, det där förstår jag." Om vi inte förstod det skulle vi inte känna oss bekväma med det. Dessa är rationaliseringar för att göra oss mer bekväma i att känna att vi förstår det. Vi har gjort många rationaliseringar för att förklara det vi ser och känner och observerar omkring oss, så till den punkt att

149

dessa rationaliseringar tagit sig ett eget liv. De bör nu endast ses som rationaliseringar och inte som egna entiteter.

D: *Är det bra eller dåligt att människor rationaliserar på det här sättet?*

S: Det har tjänat sitt syfte. Det skapar en känsla av trygghet. Det hämmar dock tillväxt då det finns ett motstånd mot att släppa rationaliseringen för att förstå något mer komplext. Det är varken bra eller dåligt, bara likgiltigt när det gäller vad som är rätt eller fel.

D: *Hur är det med predikandet om synd och att man kommer att hamna i Helvetet och brinna i eld, och så vidare? Skulle du beskriva det som en feltolkning?*

S: När du var ett barn hotade dina föräldrar dig ständigt med bältet om du inte åt din middag, och många andra saker. Rädslan för dessa straff är vad som riktar din uppmärksamhet eller dina handlingar bort från det som orsakade konflikten från första början. Det är bara hot vuxna tar till för att få dig att göra det man uppfattar som bra.

D: *Finns det då någon sådan fysisk plats som Helvetet?*

S: Inte fysiskt. Sinnet kommer vid tidpunkten för döden att skapa sitt eget Helvete om det är vad det förväntar sig. Anta att en person lever ett ont liv och att de vet att de kommer att hamna i Helvetet för det de gör. Om personen är fast övertygad om det, då är det vad som väntar när de dör.

Jag tror inte att människor nödvändigtvis behöver leva ett ont liv. De kan leva ett helt normalt, gudfruktigt liv och gå i kyrkan, men att kyrkan planterat detta frö av rädsla hos dem. Och eftersom de är normala vet de att de inte är perfekta, och de förväntar sig därför att hamna i Helvetet för någon liten obetydlig synd, eftersom det är vad kyrkan har lovat. De känner att de är så ovärdiga att det inte kan finnas något annat efterliv för dem än ett i Helvetet. Denna typ av hjärntvätt orsakar extrem skada om det förbereder människor på att förvänta sig Helvetet istället för Himlen. Jag tror att det är här som kyrkan har fel och kan göra mer skada än nytta. Genom att få människor att så intensivt frukta Helvetet lyckas kyrkan i stället skapa det för dem.

S: De förblir där i sin version av Helvetet tills de inser att det är något de själva konstruerar. Det kan ta ett år eller hundratals år. Det skulle dock inte vara längre än ett ögonblick då tid saknar betydelse på den här sidan. När de inser att de inte behöver stanna där har det inte längre makt att hålla dem kvar och de släpps fria för att ta sig dit de verkligen hör hemma.

D: *Men det finns mycket av det vi kallar "ondska" i världen.*

S: Ondska är inte en korrekt term. Det kommer tillbaka till vad som är gott och vad som är ont. Det är helt enkelt misslett, det skulle vara en mer lämplig term. Ur vårt perspektiv är det ni kallar "ondska" bara missledda eller missriktade energier. Dessa energier är bara inte utvecklade. De är inga personifieringar av ondska. De är inga entiteter, så att säga. Det finns ingen sådan Djävul som sitter på människors axlar och talar om för dem vad de ska göra. På den här sidan ser man inte på något som ont, för ondska är bara en disharmoni mellan de två krafterna, vilket fått benämningen "ondska" för att ert mänskliga sinne ska kunna förstå denna disharmoni. Vänligen förstå att det inte finns någon ondska inkarnerad. Det finns inget sådant som en Satan som vandrar på jorden och som tar människors själar från dem. Det är en villfarelse och berättelse som skapats i ett försök att förstå disharmoni. Låt mig använda en analogi. Det finns positivt och negativt på ett batteri. Om man ska använda startkablar på en bil finns det två kablar att koppla samman, en positiv och en negativ. Om man glömmer den ena, ja då kommer man att sitta där ett tag, eller hur? Man kan alltså konstatera att de båda är nödvändiga. Den ena är inte mer viktig, hjälpsam eller användbar än den andra, för de är likvärdiga i betydelse och nytta. Så släpp denna fascination av ondska och godhet, för det är en felaktig föreställning som verkar hämmande för er uppfattning och förståelse.

D: *Kom dessa energier från någon annanstans?*

S: Det är energier som lever på denna planet. Vi är alla energier. Du är en energi; din själ är en energi. Det är dessa energier jag talar om. Vi skulle kunna säga själar.

D: *Skulle det stämma överens med tanken att tankar är ting?*

S: Precis. Tankar är energi. tankar är verkliga manifestationer. Tankar är, punkt.

D: *Du menar att människor, genom att tänka på de dåliga saker som händer i världen, faktiskt skapar dessa saker?*

S: Så är det. Att tänka på ett Helvete på jorden kommer också att leda till det, lika säkert som om man själv byggde det i sitt anletes svett. Det kanske inte sker på samma sätt, men kommer lika säkert att ske.

D: *Genom att tänka på sådana saker, och frukta dem, skapar människor en tankeenergi kraftfull nog att orsaka dem? Är det korrekt?*

S: Precis. En tanke är energi. Själen manipulerar energi. Att tänka är att manipulera energi. En tanke är en viljeyttring. Syftet med det hela är att motverka denna disharmoni genom att ta in ny energi, nya idéer, hopp, nya riktningar. Det är själva avsikten med en tanke som räknas. Om du sänder någon kärlek, då är det avsikten. Om du önskar något i gengäld för det kan du fortfarande sända dem kärlek, men då är det inte själva avsikten. Det beror helt och hållet på vilka förväntningar man har.

D: *Och det är något man inte kan dölja. Den sanna avsikten lyser igenom - är det vad du menar?*

S: Avsändaren vet vilka avsikterna är. Mottagaren kanske inte vet det.

D: *Om det nu stämmer att det inte finns någon ondska eller någon Djävul, var kommer då vår uppfattning om ondska från?*

S: Vill du verkligen veta? Det finns ett ord som ganska enkelt sammanfattar det hela. [Han bokstaverade det] U-R-S-Ä-K-T-E-R. Man brister i sitt ansvar genom att skylla olycka och rädsla på andra. Det är mycket lättare att lägga skulden utåt i stället för inåt. Och plötsligt står Djävulen där och sticker med sin treuddiga stav och uppmanar människor att göra de saker de normalt inte skulle göra. "Vem, jag? Nej, det var Djävulen som fick mig till det." Det har man hört genom århundradena. Detta är vad som menas med ursäkter. Detta är "ondska".

D: *Vi tänkte att ondska utan tvekan var en kraft och undrade var den kom ifrån.*

S: Den kom från fantasin. Den blev frammanad och vandrar därför runt i världen och slukar barn, förnedrar, våldtar, plundrar. Detta är ondska förkroppsligad. Ursäkten ligger i att undfly sitt ansvar.

D: *Då är det något som skapas av det mänskliga sinnet?*

S: Det stämmer. Det kommer från människans inre begär och inte från någon yttre kraft, för det finns ingen sådan varelse som vandrar runt i universum. Det handlar helt enkelt om bristande ansvar hos de som önskar ge Djävulen skulden.

D: Tja, med så många som tror på att det finns ondska och att det finns en Djävul...

S: Då finns också Djävulen.

D: Är det möjligt att människor genom att tro på det kan skapa det som en slags tankeform?

S: De kan inte skapa en entitet. Det är det endast Gud som kan. De kan skapa situationer som skenbart bevisar deras existens. De skapar de händelser som bevisar för dem själva giltigheten av det de vill tro på. Detta gäller inte bara "onda" upplevelser, utan även goda och "heliga" upplevelser - det du tror på förprogrammerar din upplevelse. Det du tror är vad du finner.

D: Vi har hört att man kan skapa tankeformer med sinnet.

S: Det stämmer inte, för ingen vanlig dödlig besitter skapelsekraft. Endast Gud har den rätten, den makten. Det människor skapar är de situationer eller omständigheter som förefaller bevisa Djävulens existens. Kan du ge mig ett specifikt exempel på vad det är du efterfrågar?

D: Jo, jag har hört att om tillräckligt många människor koncentrerar sig på det kan de skapa en tankeform.

S: Det stämmer inte. De kan skapa energi, vilket bara är en samling av de energier man matar in i det. Det handlar bara om att samla energier. Det kan göras i både gott och ont syfte. Men det skapar inte en entitet.

D: Så den skulle försvinna när man frigör energin?

S: Det skapades ingenting, och därför skulle energin skingras för att återvända till elementen. Återigen, det finns inget skapande av liv av någon entitet, vare sig astral eller annat. Det finns bara energi skapad av Gud, och det är allt.

D: Då är det inget vi behöver vara rädda för?

S: Det stämmer. Rädslan har länge haft mänskligheten fast i sitt grepp, och tiden är inne för människor att frigöra sig och acceptera sitt ansvar. Det finns entiteter som kan betraktas som demoniska. Det finns entiteter som bara är elementaler som förvrängts av mänsklig kontakt. Det finns också entiteter som är elementaler vilka lyfts av mänsklig kontakt. Det handlar om exponering. Kraften är densamma. Det handlar om hur den används. Det finns inga svarta eller vita områden.

Vid den här tiden hade jag svårt att förstå begreppet "elementaler."
(Se även kapitel 6.)

D: Med elementaler, menar du då att de bara är väldigt enkla - att de inte har lärt sig något ännu?

S: De är jordandar, ja.

D: Jordbundna andar?

S: Jordens andar. Det är skillnad.

D: Tillåts de också att inkarnera?

S: Nej. De är vad vissa människor har kommit att känna som när de talar om besittning. De talar då vanligtvis då om en elemental som tagit över.

D: Kan de utvecklas till att bli en ande liksom du?

S: De kan utvecklas till en högre form, men de skulle aldrig tillåtas att inkarnera.

D: När urbefolkningen i Amerika talade om att träd och djur hade andar, skulle det vara samma sak?

S: Ja. De har beskyddare, så att säga, som tar hand om dem. De är mer av en kännande och förnimmande ande än en tänkande sådan.

D: Hur ska man då hantera dem om de orsakar problem? Kan man resonera med dem?

S: Man kan resonera med dem genom att låta dem veta att man tänker konfrontera dem och be dem att ge sig av. Och genom att på rätt sätt tala om för dem att de måste ge sig av.

D: Då kan man inte resonera på samma sätt som man kan med en annan person. Dessa är de som bara orsakar problem?

S: Inte alltid. Det finns goda exempel på elementalers nytta. Det har förekommit experiment i korrekt användning av elementaler, genom vilka kunskap erhållits.

D: Om de saknar förmåga att resonera, förstår de då heller inte om det de gör är "rätt" eller "fel."

S: Det stämmer. Elementaler lever av att känna energier. Det finns de som lever i kyrkor. De känner den upplyftande bönen och lyckan som finns på den platsen, och de livnär sig på dessa känslor. Sedan finns det de som livnär sig på hat och lust och liknande saker. Och de samlas på de platser som genererar sådana känslor.

D: Finns det något sätt som människor kan skydda sig från påverkan av dessa illmariga elementaler?

S: Man kan alltid be en skyddsbön över sig själv och sin omgivning.

D: Är det något speciellt sätt man behöver göra det på?

S: Tja, det beror på vilken syn man har på den Eviga Varelsen och universum. Man kan vända sig till den ultimata kraften av det som är gott och be den om skydd.

D: Då är det inga specifika ord man måste uttala på ett visst sätt?

S: Nej, det måste komma direkt inifrån och man måste mena det. Personer som antas vara "besatta" är faktiskt exempel på de andar som har dragit till sig en särskilt dålig dos av negativa energier. Det har blivit tillräckligt starkt för att börja påverka dem på det fysiska planet. När de går över kommer de att behöva tillbringa en lång tid på viloplatsen för att bli av med det.

D: Jag försöker förstå dessa negativa andar de drar till sig.

S: Inte andar; energier.

D: Negativa energier. Jag tror att människor ofta tänker på dessa negativa energier som något som liknar Djävulen eller demoner.

EN ANNAN VERSION:

D: I det fall någon är besatt, är det av en riktig ande?

S: Det är en förvriden ande. Mer på samma nivå som de ni kallar "demoner." De är lägre än mänskliga själar och har förvrängts genom beröring eller kontakt med vissa entiteter, eller till och med människor, till att bli vridna eller onda.

D: Men om de nu inte har levt ett liv, var kommer de ifrån?

S: De fanns med vid skapelsen. Fall av så kallad "besatthet" orsakas vanligtvis av att man tillåtit sin karma att bli allvarligt obalanserad, vilket lämnat ett vakuum i en del av ens karmiska energi, där andra energier kan komma in. Dessa är vanligtvis oorganiserade energier, då de energier som utgör själ och kropp inte är de enda som finns. Vissa av de vidskepliga termer som tidigare varit vanliga i ert språk: jordväsen, vattenväsen, elementaler och liknande hänvisade till samlingar av löst organiserad energi vanligtvis kopplade till vissa fysiska egenskaper på jorden. De dras till vissa fysiska situationer på grund av sin typ av energi.

D: Då är det normalt inte av en ande som gått över?

S: Nej. Ofta är det en av de elementala andar som alltid finns närvarande på jorden då de är en del av jorden.

D: Menar de verkligen något illa när de gör sådana saker?

S: Nej. Anledningen till att de kommer in är för att det finns en kraftig obalans och ett vakuum där, och vakuumet behöver fyllas. Det är som en magnet för dem, och de dras dit utan att egentligen vilja det. De gör det inte avsiktligt; det sker som av en olyckshändelse. Och det våld som uppstår beror på att de inte är lika organiserade, i termer av energi, som den mänskliga själen är. De är mer löst sammansatta och kan därför inte utföra organiserade handlingar, vilket resulterar i våldsamma handlingar.

D: *Jag tänkte att de var mer som illmariga andar.*

S: Nej. Vissa saker de gör för att vara elaka, men saker som detta sker generellt på grund av en obalans i energierna. Det är återigen lagen om orsak och verkan. Dessa energier dras till denna obalans på grund av interaktionen mellan den energin och deras egen energi. Det handlar helt enkelt om energier som dränerar snarare än stärker. Att vara besatt är en realitet, men elementaler blir dragna och inga inkräktare i sig.

D: *Finns det något man kan göra för att bli av med dem och driva ut dem om de kommit in på det sättet?*

S: Det är svårt att säga. Det handlar i grund och botten om att inse att det orsakades av en inre obalans. Det enda som jag kan se som finns tillgängligt på er kunskapsnivå skulle vara att meditera och få saker och ting i balans igen. När saker och ting kommer i balans igen måste elementalerna lämna, som en del av ett naturligt händelseförlopp. Polariteten hos de energier som berörs skulle förändras, vilket innebär att de inte skulle kunna vara kvar då energin inte längre interagerar på samma sätt.

D: *Vi hör talas om exorcism som utövas av kyrkan.*

S: Det är främst till hjälp för subjektets sinne; för att hjälpa dem att inse att något är ur balans och att hjälpa dem att återställa balansen. Men ofta är det som att sätta ett plåster på ett djupt sår. Det hjälper inte riktigt såret, och det fortsätter att blöda igenom plåstret. Den person som berörs måste aktivt arbeta med sig själv för att kunna balansera denna obalans. Att stänka lite vatten och uttala några ord över någon skulle inte rädda situationen.

D: *Jag har hört att vitt ljus skulle vara väldigt effektivt i att driva ut dessa elementaler.*

S: Ja. Det är ett effektivt skydd, särskilt mot - eller inte "mot", det är ett dåligt ord. Det kan användas för skydd när man har att göra med människor vars auror tycks kollidera med ens egen.

D: *Jag har hört om vad man kallar för "psykiska vampyrer," vilket skulle vara någon som absorberar din energi och får dig att känna dig väldigt svag eller dränerad. Det är inte ett särskilt bra val av ord, men förstår du vad jag menar?*

S: Ja. Det är en bra beskrivning utifrån ert språk. Dessa psykiska vampyrer är själva obalanserade och de behöver arbeta med det.

D: *Det sker inte alltid avsiktligt.*

S: Det är sant. Ibland sker det spontant. Det är inte så vanligt, men man gör ändå klokt i att skydda sig.

D: *Du sa väl att en person inte kunde bli besatt utan att medverka till det? Eller förstod jag dig jag rätt?*

S: Det enda sättet för en demon att ta sig in är genom att göra det oförmärkt. De måste därför vara mycket diskreta för att ens kunna få ett fäste på en annan person.

D: *Kan de fästa sig själva genom att hitta svaga punkter i auran? Skulle inte det vara samma sak som den andra entiteten sa om att hitta en svag punkt av obalans - ett vakuum eller tomrum att fylla?*

S: De skulle fästa sig på något sätt. Det skulle vara en metod, ja.

D: *Är det möjligt för de människor som kan avläsa auror att upptäcka detta hos andra?*

S: Ja. Om en person är medveten om att han har blivit besatt behöver han bara säga: "Jag befaller dig att lämna i Kristi namn," och då måste den lämna. Den måste lyda detta namn; de har inget val.

D: *Vem är det som behöver uttala den befallningen? Är det den person som demonen besitter, eller kan någon annan göra det?*

S: Om någon annan gör det skulle det vara vad ni kallar för exorcism. Och om personen som är besatt blir medveten om det kan den också beordra den att lämna. Det måste dock finnas en styrka i denna befallning.

D: *Vad händer om de inte tror på att de är besatta? Behöver man säga åt dem vad de ska säga eller göra?*

S: Om de inte tror att de är besatta kan någon annan utföra en exorcism å deras vägnar genom att befalla den att lämna. Säg mig, vilken skada tror du att det skulle göra att befalla något att lämna i Kristi namn? Om det inte finns något där så har det heller inte varit till någon skada. Men om det finns något där så har det varit till stor nytta för personen.

D: *Vet du om det någonsin händer att någon lämnar sin kropp och en annan ande träder in och använder den?*

S: Åh, ja. Kanske har själen blivit missnöjd med situationen och bestämt sig för att den inte kan hantera det den trodde att den ville. Men kroppen måste fortsätta av andra skäl, eftersom denna person, som andra känner den, behöver fortsätta att existera. Därför skulle någon annan välja att träda in i den kroppen och leva det livet.

Detta är en typisk beskrivning av en "walk-in," inte av att vara besatt. Walk-ins diskuteras i Kapitel 15.

D: Händer det någon gång att en ande tvingas ut ur en kropp?

S: Nej, det är ens eget beslut.

D: Det pratas mycket om sådana saker som skrämmer människor. De säger att en ond ande kan komma och tvinga ut dig ur din kropp och ta över den. Skulle det vara möjligt?

S: Om det fanns en önskan om att lämna; då kanske en högt sinnad ande skulle kunna…ta över. Men jag har aldrig hört talas om något sådant att inträffa. Jag tror att du talar om då andra lever i samma kropp på samma gång, snarare än att den ena lämnar.

D: Två andar samtidigt? Varför skulle det vara tillåtet?

S: Dessa är rastlösa andar av mer elemental typ.

D: Jag har för mig att du sa att en elemental mer eller mindre saknade förmåga att förstå. Att det bara var en enkel…

S: (Avbruten) Det är mycket grundläggande energi. Den drivs mer av begär än av förståelse av varför.

D: Men hur kan en person låta något sådant komma in?

S: Genom att inte skydda sig själv. Det finns olika sätt. Men det är alltid möjligt att avhysa den när helst kroppens ägare så önskar.

D: Då är de inte starkare än kroppens faktiska ägare. Om man dricker mycket eller tar droger, skulle det göra kroppen mer mottaglig för en elemental?

S: Det finns de som på grund av dessa faktorer blir mycket mottagliga. Och det finns vissa elementaler som samlas runt den typen av människor, men det är sällsynt. Det är inget som händer varje dag, om man säger så.

D: Då påverkar inte alkohol eller andra droger förmågan att…

S: Att skydda sig själv? Nej, inte alls.

D: Okej. Jag trodde att det gjorde dem mer mottagliga för dem.

S: Bara om det är något de tillåter själva.

D: De behöver alltså inte oroa sig för det så länge de skyddar sig.

S: Be helt enkelt om Guds beskydd, i Guds namn eller Jesus namn. Blotta yttrandet ger ett omedelbart skydd.

D: Kan det vita ljuset användas på samma sätt?

S: Det stämmer - ljuset för beskydd. Att bara uttala Jesus eller Guds namn och be om deras beskydd är samma sak, för omedelbart omges man av ljus.

Det spelar tydligen ingen roll vad ens religiösa övertygelse är. Alla entiteter är överens om att det räcker med att be en högre makt om skydd för att hålla elementaler borta. De är dessutom alla överens om kraften av det vita ljuset. Det är personifieringen av skydd. Det är mycket effektivt när du visualiserar detta vackra ljus som omger dig, din bil, ditt hem, eller vad det nu kan vara.

Följande är en mycket effektiv visualisering för skydd som jag fick av ett subjekt i trans.

S: Ordens kraft är stark, men du bör inkludera mer av det visuella. Se mer fullständigt och förlita dig inte så mycket på bara det talade ordet. För även om det talade ordet i sanning är en skapelse av energi, är det mycket mer effektivt för dig att verkligen visualisera det och med ditt inre öga se precis det som du önskar. För det är, i själva verket, att skapa. Se dig själv omsluten av en pyramid av vit energi, vilken kan omge hela den byggnad du befinner dig i, eller vad du nu känner dig mest bekväm med. På så sätt kommer alla inom dess utrymme att omslutas av denna vita energi. Uppmuntra alla som deltar att skapa tillsammans, för att på så vis stärka energierna. Det skulle vara mycket enkelt att beskriva en pyramid som omger de närvarande, och att be var och en att helt enkelt visualisera denna pyramid av skimrande vit energi, så att inga diskreativa energier kan ta sig in från utsidan. Be att alla diskreativa energier innanför omvandlas och förenas med universums kreativa energier. Det skulle också vid denna tidpunkt vara lämpligt att be om all den healing som skulle vara nödvändig för dem i gruppen. Be att de diskreativa energierna inom gruppen, vilka orsakar fysiska manifestationer av sjukdom, upptas av det vita ljuset, och att de vänds tillbaka till universum på ett kreativt sätt. På så sätt kommer de närvarande att hjälpa med att hela den som önskar det. Energi kan inte förstöras, men den kan omvandlas från negativ till positiv. Alla har förmåga att skapa denna pyramid av vitt ljus och låta det omsluta en. Genom att skapa detta kommer alla de diskreativa energier i närheten av pyramiden återföras till universum för att omvandlas till kreativa och konstruktiva energier. Alla de diskreativa energier som finns inom pyramiden kommer att bada i detta vita ljus och automatiskt omvandlas till harmoniska, konstruktiva och kreativa energier. Visualisera denna pyramid som helt omsluten och uppfylld av detta vita ljus och alla diskreativa energier inom den som mörker i ljuset. Föreställ dig hur ljuset förändrar mörkret, hur det höjer det i ljus, eller att det omvandlar mörkret till ljus. Mörkret blir således till ljus utan att längre vara diskreativt. Det blir återigen till konstruktiv energi vilket återförs till universum för konstruktiva och kreativa ändamål. Alla har förmåga att skapa denna vita energi av ljus omkring sig. De behöver bara själva komma till insikt om att det är vad de önskar. De måste verkligen vilja det för att kunna tro på det. För om personen inte är fast övertygad om vad de önskar, då kommer framgången i det också att vara begränsad.

D: *Jag har hört sägas att man bör be om skydd i Jesu namn. Skulle det vara lika effektivt?*

S: Det stämmer. Det är samma princip; bara olika sätt att uttrycka den på. Det finns många sätt man kan rikta denna energi på i enlighet med ens religiösa övertygelse. Många är dock mer benägna att använda ett visst sätt över ett annat. Det är helt enkelt en fråga om lämplighet och personlig referens. Det är helt upp till individen att avgöra hur effektivt ett visst sätt skulle vara.

S: Vi vill återigen säga att det är ni själva som är skaparna. Ni finner det omkring er som har skapats av er. Och därför är det ni finner verkligt, även det ni anser vara fantasi. Ty fantasin är i sanning paletten för era skapelser; varför det ni kan fantisera i sanning är verkligt. Vare sig det är av fysisk eller mental natur, så är det i sanning verkligt. Dessa onda varelser, som ni kallar dem, är i sanning verkliga för dem som i sinnet skapat dem. Det finns de som inte tror på sådana saker, och därför existerar de heller inte. Det skulle dock vara fel att säga att de inte är verkliga för de som tror på dem, för de är i sanning verkliga. Det är er förmåga att skapa som är än mer viktig nu än den har varit tidigare. Det är väsentligt att vara medveten om denna kraft, denna förmåga att skapa det man önskar. Genom att göra detta har man en verklig möjlighet att skapa det som skulle vara gott eller det som skulle vara ont. Den verklighet man skapar är helt och hållet upp till den enskilda individen. Vi uppskattar dessa möjligheter till kommunikation. Det var såhär det var en gång tidigare på er planet då alla kunde samtala lika fritt som vi gör nu. Sedan kom dock Fallet. Ingen förskonades från det. Vi, liksom ni själva, är offer för detta Fall. (Dyster och allvarlig) Och vi känner att ni vet vad vi talar om.

I den kristna tron har man alltid förknippat "Fallet" med ängeln Lucifer, som av Gud kastades ut ur Himlen. Detta ska ha givit honom herravälde över jorden och skapade tron på Satan och ondska.

S: Det var tiden då kunskap gick förlorad, och medvetandet så att säga vändes nedåt mot jorden, och man ignorerade och förkastade den högre dimensionen av energi. Ur ett rent analogiskt perspektiv kan man se ett tydligt fall av medvetande från det högre planet till det lägre planet. Det fanns inte en utspridd ondska, som man tidigare trott, vid tiden för detta Fall. Det var helt enkelt så att uppmärksamheten flyttades från de högre till de till de lägre planen. Det är vad som avses med Fallet. Det är inte en bedömning av vad som är gott eller ont. Det är helt enkelt ett faktum inom sanningens gränser. När man förlorar förståelsen för vem och vad man är så tenderar man att gå vilse, liksom mänskligheten på den här planeten har gjort i många årtusenden nu. Man glömde helt enkelt vad ens sanna identitet var. En sänkning av medvetandet och en glömska av att var och en är en del av helheten.

D: *Jag tror att det viktigaste är att få bilden av Himlen och Helvetet att klarna för människor.*

S: Det skulle vara en mycket svår uppgift. Människan har blivit ganska hjärntvättad.

D: *Fanns dessa begrepp ursprungligen med i Bibeln?*

S: Nej. En referens man använder är den beskrivning som Jesus gav av Gehenna [judiskt namn för Helvetet] och den brinnande sjön. Han försökte beskriva det tillstånd man befinner sig i när man går över till den andliga sidan och omges av negativa influenser. Men de människor som lyssnade på honom tog det bokstavligt och trodde att han talade om en verklig plats. Vid ett annat tillfälle sa

Jesus," I dag skall du vara med mig i paradiset," då han skulle avrättas. Han syftade på det faktum att de skulle gå över till ett liv på den andliga sidan när de dog, och att det skulle vara det plan som kallas "paradiset."

D: Jag tänkte på ett annat stycke i Bibeln där det talas om någon som befinner sig i Helvetet. Och de bad någon att ta honom därifrån. (Jag hade svårt att minnas textstycket för stunden.) Anden sa: "Om du bara kunde låta en droppe vatten röra vid mina läppar..."

S: Ja, han led av mental plåga, vilket skulle orsaka ett tillstånd som man på det fysiska planet skulle kunna likna vid feber. Det betyder också att negativa energier fanns runt denna ande. När han bad om blott en droppe vatten att röra vid hans läppar bad han egentligen om lite visdom för att hjälpa honom skingra dessa negativa energier. Visdomen skulle vara som ett lindrande balsam.

D: Så han kunde förstå och fly från det tillståndet. Jag vet att kyrkorna vid flera tillfällen talat om detta och att de säger att det är ett permanent tillstånd man inte kan ta sig ur. De använder det som ett exempel på att brinna i Helvetet.

S: Ja, men det var inte ett permanent tillstånd. Han vandrade runt i en mental cirkel och kunde inte bryta sig loss från denna händelsekedja och skingra de negativa energierna. Han bad därför om lite visdom som skulle hjälpa honom se hur han kunde ta sig ur det.

D: Jag försöker minnas om Jesus talar om himlen någon annanstans i Bibeln. Jag vet att det finns ett stycke som säger att "himmel och jord skall förgå, men mina ord skall aldrig förgå." Det är det enda jag kan komma på just nu.

S: Han talade helt enkelt om det fysiska universumet. Han sa att budskapet av Hans ord hade att göra med de högre nivåer som fortsätter att existera, även i det fall det här specifika universumet går under. För det finns även andra universum, och de högre nivåerna kommer alltid att existera.

D: Jag tror att det är väldigt viktigt för människor att förstå att det inte är några fysiska platser de måste hamna på. Det konceptet verkar så begränsande att det är deprimerande.

S: Ja, det är sant. De behöver förstå att reinkarnation inte strider mot deras kristna tro.

162

D: Jag försöker förklara för dem att det egentligen bara är en filosofi. Det är vad jag har fått höra. Att det är ett sätt att se på saker och inte en religion i sig.

S: Ja. Människor som är dogmatiska i sin filosofi eller religion förlorar synen på hur saker och ting verkligen är.

Kapitel 11
Spöken och poltergeists

D: Vi hör mycket om spöken och poltergeists. Skulle du ha en förklaring till vad de är?

S: Absolut, för även vi skulle kunna betraktas som sådana om vi fick möbler att sväva och strömbrytare att slå av och på. Termerna används helt enkelt för de andliga entiteter som har sin medvetenhet fokuserad till en sådan grad att de kan orsaka manifestationer på den fysiska nivån. Det är något många kan uppnå skulle man fokusera i sådan grad. Intensiva känslor som ilska, vrede och svartsjuka tenderar att fokusera hela medvetandet till en sådan grad att det är vad som inträffar.

D: Försöker de förmedla ett budskap eller något annat när de gör dessa saker?

S: Inte nödvändigtvis. Vissa njuter bara av nöjet och underhåller således både sig själva samt de som är måltavlorna för deras bus. Detta är inte alltid fallet, då är du väl medveten om de mindre upplysta individerna.

D: Jag tänkte att det inte skulle vara en särskilt upplyst ande som skulle vilja leka på det sättet.

S: Det finns alltid lek, såväl på denna sida som på din. Det här är bara en annan form av det.

D: Så även mer upplysta andar kan göra sådana saker?

S: Det stämmer. Man kan ibland väcka medvetande genom sådan aktivitet. Termen "poltergeist" är löst tillskriven de andar som manipulerar fysiska objekt. Det finns dock ingen avgränsning vad gäller avsikt. För ofta finns det ett syfte med detta som är positivt, hjälpsamt och gott, då det upplyser de som uppfattar denna energi om det faktum att det finns saker de inte kan se, som är verkliga. Lika verkliga som det fysiska.

D: Men ibland skrämmer dessa saker människor.

S: Människor skrämmer dem ibland också. (Skratt) För vi vet aldrig vad människor tänker göra.

D: Spöken då?

S: Många av de spöken som manifesteras är inget annat än projektioner av energierna hos den individ som ser dessa uppenbarelser. Det är individerna själva som projicerar dessa energier, vilka möjligen är reflektioner av deras egna tidigare liv, eller deras medvetenhet om andra andliga plan, vilken de projicerar ned till en fysisk nivå. Vi skulle inte säga att alla spöken utgörs av sådana projiceringar. Man bör dock vara medveten om att det är en möjlighet. Att inte alla är på riktigt, utan ibland bara projiceringar av de individer som uppfattar denna verklighet.

D: *Är det på samma sätt som vi uppfattar älvor och nymfer och liknande?*

S: Det finns verkligen de energier som uppfattas som älvor och nymfer; de är emellertid inte identiska med den energi vi talar om här. De är separata energier som individen uppfattar och inte vad individen själv projicerar. De projicerande energierna är inneboende och integrerade delar av den individ som uppfattar dem. Det finns många andra möjligheter för projektion och uppfattning. Vi talar emellertid här endast om denna specifika form av manifestation, vilket är en slags projicerande eller uppfattande upplevelse.

D: *Vissa har sett vad de tror är spöken som återupplever tidigare händelser på olika platser. De förefaller som fastfrusna i tiden.*

S: Det är en utmärkt analogi. De är frusna i tiden. De är jordbundna entiteter fångade i sina egna handlingar, kan man säga, och som inte finner frigörelse. Deras energi är så starkt styrd att de inte kan uppfatta något annat omkring sig förutom det som de fokuserar på. Alltså befinner de sig i en slags ond cirkel, dömda att upprepa samma typ av omständigheter som orsakade situationen, fram till ett uppvaknande sker. Människor i fysisk form kan lättare bistå dem med hjälp än vad vi som befinner oss i de andliga kan. Även om dessa spöken är andliga, är deras medvetande och medvetenhet låsta i det fysiska, vilket är allt de kan uppfatta. De kan alltså inte se de andar som finns runt omkring dem, vilka försöker leda dem till sin sanning, upplysa och befria dem från sitt elände. Det här är ett exempel på då det fysiska är kapabelt att hjälpa det andliga.

D: *De verkar inte alltid vara medvetna om de fysiska människor som observerar dem.*

S: Det stämmer; för ofta är de så låsta i sin egen energi att de inte kan se något annat omkring sig än sin egen energi, inte ens det fysiska.

D: *Skulle det även gälla poltergeists?*

S: Nej, det stämmer inte. Poltergeists flyttar fysiska objekt och är medvetna om konsekvenserna av det. De är medvetna om den fysiska omgivningen. Det stämmer att en poltergeist kan vara låst till den jordliga energin, men inte att de som är låsta till den jordliga energin alltid är poltergeists.

D: *Jag tänkte att de kanske försökte få uppmärksamhet från människor omkring sig genom att skapa den typen av störning.*

S: Det stämmer. Det är ofta fallet. Det handlar bara om uppmärksamhet från de omkring sig, oavsett om det är för att roa eller för att tillfredsställa sitt eget ego.

D: *Men ibland kan poltergeists skada människor genom sina handlingar. Jag har hört att de har startat bränder.*

S: Det stämmer. Vi skulle inte säga att avsikterna är hedervärda hos alla poltergeists, för så är inte fallet. Det kan vara mer än uppmärksamhet de söker. Det kan till exempel handla om hämnd.

D: *Ofta finns det ett litet barn eller någon i pubertetsåldern i hemmet, och det finns en teori som säger att dessa entiteter på något sätt använder den energin. Det är inget man helt förklarat; det är bara en teori.*

S: Vi skulle säga att de individer som når puberteten agerar som sina egna poltergeists. För de använder energier de inte är medvetna om. De skapar aktiviteten själva, vilket ofta, men inte alltid, är fallet.

D: *Och de är inte medvetna om att de gör det?*

S: Det stämmer. Det är helt enkelt en manifestation av deras egna psykiska talanger och förmågor, vilket föranleds av själva upplevelsen att gå igenom puberteten och som manifesteras genom denna poltergeistaktivitet. När en person går igenom puberteten fokuseras mycket energi. Kroppen genomgår många förändringar som sedan överförs till de mentala och emotionella planen samt det andliga.

D: *Då är det inget de gör för att hämnas på sin familj eller liknande.*

S: Det stämmer. Det är bara ett sätt för energin att frigöras på. Uppdämda känslor blir fokuserade och energin frigörs genom poltergeistaktivitet.

D: Det skulle vara bra att få det förklarat då det finns människor som är rädda för det.

S: Det är förståeligt att de är rädda för det. För det skulle indikera på att det finns andar nära dem som vill dem illa. Som vi sa tidigare; så är ibland fallet. Men inte alltid.

D: Om man konfronterades med skadlig poltergeistaktivitet, hur skulle man få det att upphöra?

S: Som tidigare nämndes; utmana de entiteter som ger upphov till denna aktivitet i Guds namn. Förpassa dem som vid besatthet i Guds eller Jesu namn. Om entiteten är skadlig är skyddet av Jesu namn tillräckligt. Om de endast önskar upplysa, vänligen acceptera det som så och förhåll dig upplyst.

D: Finns det något sådant som en jordbunden ande?

S: Kanske i en djupare mening än vad man generellt tänker. En jordbunden ande är någon som har haft många problem och som inte kan släppa taget.

D: Menar du att de älskar livet så mycket att de inte vill lämna jorden?

S: Antingen är det så, eller så är det någon här på jorden som håller fast vid dem så hårt att de inte kan lämna jorden. Närhelst man sörjer för någon som är borta drar man den personen närmre till att vara jordbunden. Sorg har sitt syfte, men att överdrivet sörja är dåligt för såväl den som sörjer som för den de sörjer över. Det finns ingen anledning till att sörja för den personen. De flesta är mycket glada över vad de har fått se på den andra sidan.

D: Så genom att sörja och hålla fast vid dem binder man dem till jorden, och det är inte bra. De flesta människor skulle inte inse det.

EN ANNAN VERSION:

D: Jag har hört att det finns jordbundna andar. Vad är det som händer i ett sådant fall?

S: Det är en förvirrande situation. Det som vanligtvis händer är att de andligt går i sömnen. De är fortfarande medvetna om det fysiska planet och märker att någonting är annorlunda, men kan inte riktigt förstå vad. Ur ett andligt perspektiv är det som att de går i sömnen. De kan gå i sömnen under vad ni skulle anse vara en mycket lång tid, i egenskap av en jordbunden ande eller ett spöke eller något annat. Men de vaknar efter en tid och inser att de befinner sig på det andliga planet och att de har andra saker att gå vidare till.

D: *Varför är de förvirrade? Är det en plötslig död eller något sådant som gör att detta händer?*

S: Vanligtvis beror det på att det undermedvetna missbedömt den återstående tiden för att lösa en särskild aspekt av karma. Det undermedvetna kanske hade förväntat sig mer tid, och när den blir förkortad tar det längre tid för sinnet att omorientera sig.

D: *Stannar dessa jordbundna andar kvar där de brukade bo, eller skulle de mestadels resa runt på det jordiska planet?*

S: De tenderar att förbli på de platser de varit bekanta med. Förmodligen för att de försöker förstå vad det är som pågår. Eftersom de går i sömnen är det främst deras andliga undermedvetna som försöker reda ut saker så att det andliga medvetandet kan slås på, så att säga.

D: *Händer det att de försöker ta sig tillbaka in i en kropp när de befinner sig i ett sådant tillstånd?*

S: Inte ofta. De försöker ibland, men den ande som finns där blockerar dem och de inser då att det inte går. Det skulle vara som att stöta in i någon på en trottoar. När det har hänt ett par gånger börjar de att vakna och slutar att gå i sömnen.

D: *Kan de inte få hjälp med att inse vad det är som pågår när de befinner sig i ett sådant tillstånd?*

S: Det är väldigt svårt att nå dem när de befinner sig så djupt i denna andliga sömngång. Ibland måste man helt enkelt ge dem tid innan det går att nå dem och hjälpa dem att vakna snabbare.

D: *Jag har hört historier om andar som håller till vid krogar och runt människor som dricker och använder droger och liknande saker. Jag antar att de vill få samma sinnesförnimmelser. Har du hört talas om sådana fall?*

S: Jag nämnde tidigare övergångsperioden. Vissa andar, särskilt de som har dragit mycket negativa influenser till sig, genomgår generellt en svår övergångsperiod då de inte vill ge upp de fysiska förnimmelserna av saker och ting. Vanligtvis de starka och exotiska känslor som kommer av till exempel de droger som brukas i ert samhälle: alkohol, nikotin, heroin, eller vad det nu kan vara. De andar som befinner sig i övergångsfasen stannar därför kvar hos de människor som regelbundet upplever dessa saker, för att kunna absorbera de känslor och fysiska sinnesförnimmelser de får utav det. De försöker njuta av det med andra som ställföreträdare.

Ställföreträdare är ett intressant ord och passar särskilt bra i det här fallet. Ordboken definierar det som: "Att ta någon annans plats. Upplevd eller utförd av en person å någon annans vägnar. Upplevd genom att inbilla sig att man deltar i en annans upplevelse: som en ställföreträdande förnimmelse. Han kunde inte ha valt ett mer passande ord för att förmedla sitt budskap.

D: Tror du att dessa andar inser att de har dött?
S: Ibland och ibland inte. Ofta inser de att de har dött, men hoppas på att omedelbart kunna återvända till det fysiska planet. De befinner sig fortfarande i övergångsperioden och inser ännu inte hur saker och ting behöver balanseras. Andra förstår verkligen inte att de har dött och försöker därför delta i de fysiska aktiviteter de gjorde när de levde. De inser inte att andra människor inte uppfattar dem. Det går till slut upp för dem att de har dött. När de inser det blir de medvetna om den andliga världen och fullbordar sin övergångsprocess.

D: De kanske tror att det som finns här på jorden är allt som finns?
S: Ja, det är vad de till en början tror, men ju längre de är döda desto mer medvetna blir de om den andliga världen, vilket helt enkelt handlar om vibrationell attraktion. Det är inte alltid de omedelbart uppfattar den som kommit för att hjälpa dem under övergångsperioden. De kan inte omedelbart se eller känna av dem eftersom de fortfarande upplever en så stark koppling till den fysiska världen.

D: Vad händer med de andar som tycks vilja stanna kvar på jorden?
S: I de fallen är det som om andarna dras tillbaka till jorden. Det är dem som tar längre tid på sig att anpassa sig till det andliga planet. De har mentala konstruktioner av sådant de är bekanta med. Det växer inte bortom det och de använder det som en slags krycka. Så det gör att de tenderar att hålla sig nära det fysiska planet. Dessa själar behöver ibland hjälp. Många gånger har de oavsiktligt gjort något negativt för sin karma, vilket är något de inte vill ta itu med. De är rädda för vad de kommer att se om de släpper denna krycka av mentala konstruktioner.

D: De vill hålla sig till det som är bekant?

169

S: Precis. Av rädsla. Om de fortsätter att hålla sig nära det fysiska planet förblir deras vibrationer tillräckligt sympatiska med det fysiska planet för att det ibland ska finnas ekon av dem på det fysiska planet. Som ekon av ljud, fast ekon av energi. Det skulle förklara vissa av de ektoplasmiska framträdanden som ni har dokumenterat - vad ni kallar "spöken" och sådana fenomen.

D: *Så det är inte den faktiska anden? Det är bara ett eko av den ande som skulle dröja sig kvar i huset?*

S: Ja. Det kan röra sig om en ande som mentalt försöker konstruera ett hus på den andra sidan. När de går över kan de till exempel mentalt föreställa sig vad som är "hemma," för att lättare anpassa sig till denna nya fas av livet. Varje gång de föreställer sig ett särskilt hus som deras hem, är det just också vad de ser och var de ser sig vara. Men de inser - eller kanske inte inser - att de är rädda för att fortsätta vidare. De fortsätter därför att klamra sig fast vid denna bild som en slags krycka, då det är något bekant för dem. De är rädda för att lämna och stannar därför i detta hus. Det är därför dessa andliga ekon, som ni kallar spöken, vanligtvis ses i ett begränsat område. De använder denna enda mentala bild att klamra sig fast vid, likt ett spädbarn till sin napp. Då det är en individuell upplevelse att ta sig över barriären har de stängt sig för sin omgivning, eftersom de använder denna mentala konstruktion som en krycka. De är på sätt och vis ensamma i den meningen att de har låst sig i en illusion av vad som är "hemma." De uppfattar inte att det finns andar där som väntar på att få hjälpa dem med att ställa om helt och hållet. Det är som om de blundar, sätter bomull i öronen och bara fokuserar på sitt hem. Så i själva verket är de ensamma, och ekot återspeglar denna omedvetenhet om en närvaro av andra människor. De som lever i detta hus på den fysiska jorden kan uppfatta spöket, men spöket i sig tycks inte ta någon notis om dem.

D: *Betyder det att de mentalt fortsätter att uppleva detta, eller hur menar du?*

S: Ja. De håller fast vid en mental bild som av någon anledning betyder mycket för dem. De koncentrerar sig på denna bild. Vanligtvis sker detta i fall där anden är mycket rädd och inte vant sig vid det faktum att den har gått över. Alltså håller de sig fast vid detta minne, detta enda ögonblick i tiden från sitt föregående liv. De är mentalt fixerade på det och visualiserar det framför sig, varför det andliga ekot upprepar samma handling om och om igen, som ett resultat av att de upprepar samma tankar. På ert plan skulle det vara som att ha en överdriven rädsla för något, och att man har ett turord som man anser vara lyckobringande. De använder sig av det om och om igen för att skydda sig mot denna rädsla. Det är den typen av situation.

D: *Ibland handlar det om ett mord eller något annat våldsamt som har inträffat, vilket människor ser som spöken som upprepar samma händelse om och om igen.*

S: Precis. Det kan vara så att anden visualiserar en specifik byggnad som sin mentala konstruktion och håller sig fast vid den. Han kan också visualisera en särskild handling som ägt rum under det föregående livet. Ibland kan det vara en handling som involverar någon annan, vem han då också visualiserar. Det skulle förklara varför människor på ert plan ibland kan se två spöken som interagerar med varandra i en och samma händelse, om och om igen. Själen använder en del av händelsen som sin krycka.

D: *Om det är negativt, gör det det mer kraftfullt då?*

S: Detta inträffar vanligtvis när själen inte hanterar övergången på ett bra sätt och uppfattar den som en negativ upplevelse. Det är rädslans kraft som får dem att göra detta. Vanligtvis, när de går över och inser att deras karma denna gång rört sig i en negativ riktning, vill de inte fullfölja övergången eftersom de är rädda för vad de kommer att se. Samtidigt låser de sig mentalt fast vid källan till denna ångest, vilken kan vara den händelse i livet som gjorde att deras karma rörde sig i negativ riktning. Det är allt de kan fokusera på. De inser inte att saker och ting balanseras på det andliga planet. Även om de kommer till ett lägre plan än tidigare så är det inte till för att orsaka smärta och plåga. Det är helt enkelt var de är mest kompatibla för att kunna fortsätta utvecklas.

D: *Människor har upplevelser av "spöken" och "andar" som har gått bort. De kommer för att prata med dem och ge dem meddelanden. Skulle det vara samma sak?*

S: Nej. När människor interagerar med en ande som kommer tillbaka med ett budskap är det vanligtvis deras guide som försöker få kontakt med dem. När människor är tillräckligt utvecklade för att kunna hantera den aspekten av livet, kommer deras guider att kontakta dem på ett liknande sätt för att mer direkt kunna hjälpa och ge råd.

171

D: Du menar att det egentligen inte är anden av en närstående, eller vem det nu kan vara?

S: Ibland är det så, om den närstående finns till hands för att hjälpa. Och de vill vanligtvis vara till hjälp eftersom människor förblir karmiskt länkade till varandra över flera livstider. Även om den närstående gått över till den andra sidan för en kort tid, är de fortfarande karmisk länkade till den här personen då de onekligen kommer att interagera i ett framtida liv, och därför är de villiga att hjälpa. Många gånger kommer deras guide att kontakta en närstående i andra änden. De försöker då gemensamt att låta ett eko av den närstående ta sig genom barriären för att lämna ett meddelande.

D: Då är det egentligen inte de själva som reser tillbaka; de sänder bara tillbaka ett eko?

S: Precis. Det är en liknande process som dessa andra andar använder sig av efter att ha gått över, men den här processen är kontrollerad och sker medvetet. De stillar sitt sinne för att försätta sig själva i rätt mentalt tillstånd, men det är en positiv upplevelse och de sänder ett andligt eko av sig själva till det fysiska planet. Det är något man kan behöva göra flera gånger innan personen på det fysiska planet uppfattar det. Det är därför det ibland inträffar andra konstiga saker innan en person uppfattar vad de ser som ett "spöke" eller en "ande." De projicerar det redan; de försöker bara få personen att rikta sin uppmärksamhet mot den aspekten av saker och ting för att vara mer benägna att uppfatta det andliga ekot.

D: Ibland säger människor att andar kommer tillbaka för att ge dem råd eller för att be dem att inte sörja över dem - olika sådana saker.

S: Ja. Att överdrivet sörja kan hämma dig i din karmiska utveckling. Man måste inse att man kommer att återse den person man saknar så djupt och sörjer så mycket för. Man är inte åtskilda för alltid. Det är bara en tillfällig separation, och man måste lägga det bakom sig för att fortsätta växa så att man kan bli redo för sitt nästa liv.

D: Så om personen vill ge dem några råd, då kan de projicera sig själva för att säga dem dessa saker.

S: Precis. De samarbetar med guiderna för att ge dem de råd de behöver vid en viss tidpunkt i sina liv.

D: *Menar du att deras guide också kan framställa sig som deras närstående?*

S: Nej. Han låter ekot av den närstående komma igenom. Det brukar åtminstone finnas en av dem på den andra sidan. Ofta fler än så.

D: *Guiden tar alltså aldrig den formen för att leverera ett meddelande?*

S: Nej. Ibland levererar guiden själv ett meddelande. Personen i fråga skulle då säga sig ha sett en ängel eller något annat himmelskt väsen.

Kapitel 12
Planering och Förberedelser

ETT REGRESSERAT SUBJEKT som upplevde befinna sig i ett andligt tillstånd mellan liv gav följande beskrivning av en aktivitet på en av skolorna.

S: Den närmaste liknelsen skulle vara att närvara vid en föreläsning. Det är en situation av lärande, där en av oss som har upplevt något berättar för de andra så att vi alla kan lära oss av det. Jag antar att man skulle kunna säga att det är som att jag deltar i en föreläsning.

D: *Vad föreläser de om?*

S: Jag är inte säker på om jag kan förklara det eftersom det är en föreläsning som ges i form av mentala koncept snarare än ord. Vissa av juxtapositionerna skulle inte vara begripliga om man satte ord på dem. Det är ganska märkligt. Jag tror att det bästa sättet att uttrycka det på är att han föreläser om sinnenas föränderlighet och hur de kan luras. Att visa för oss att vi inte kan förlita oss på våra sinnen. Du måste gå på dina intuitiva känslor, eftersom dina instinkter är i samklang med universums grundläggande hjärtslag och de kommer att vägleda dig. I denna del av föreläsningen är de bevis han presenterar demonstrationer på hur sinnena kan bedras. Han visar oss till exempel olika naturliga föremål som har fel färg och struktur för att visa hur ögonen kan bli lurade. Det skulle till exempel kunna vara något blått, glittrigt okra. (Skratt) Du vet, saker som är väldigt bisarra. Men han presenterar dessa visuella bilder bredvid andra bilder för att visa hur näsa och öron kan bedras, varför det är en mycket intressant föreläsning. De uppmanar oss till att använda våra intuitiva och psykiska förmågor, då vi mycket enklare förmår utveckla dem på den här sidan. Ju mer man utvecklar dem här, desto lättare är det för dem att bryta igenom när man befinner sig på det fysiska planet, så att man kan använda dem där. Det fysiska planet har en slags barriär som gör det svårt för oss att komma i kontakt med dem. Men om man har dem högt utvecklade innan man återvänder kan man ta sig förbi det.

D: *Gör du de saker på den sidan som du känner att du behöver?*

S: Det handlar i grund och botten om vilket stadie man befinner sig på. För mig verkar det som att man drar det man behöver till sig, och det är så det fungerar. Det dras till dig så att du lär dig det du behöver lära dig, eller så att du upplever det du behöver uppleva, och det fyller det behovet av utveckling.

D: *Då kommer de som vill lära sig de mer komplicerade sakerna naturligt att söka sig till dessa?*

S: Ja. Kunskapen finns där för de som söker att lära sig. Det kommer till dem i den ordning de behöver för att kunna använda sig av det på bästa sätt. Det finns de som...även om de kanske tror att de vill lära sig, inte gör det, utan vandrar omkring och undrar varför de inte gör några framsteg. De kommer alltid på olika anledningar att förklara det med.

D: *Många vill ju såklart återvända till ett liv direkt och vill inte lära sig någonting.*

S: Det är sant. Det finns vissa otursamma själar som insisterar på att hålla sig fast vid den karmiska cykeln. Men ju mer man utvecklas på den här sidan, desto mer kan man frigöra sig från tidigare händelser. Man kan då ta sig an större och bättre saker vad gäller ens karma. Låter det här logiskt?

D: *Förmodligen inte för andra, men ja, logiskt för mig. Jag försöker alltid att lära mig saker i alla fall.*

S: Ja, du är som oss. Även du är en elev.

EN HÄNDELSE som beskriver förberedelserna inför ett återvändande till jorden.

D: *Vad gör du?*

S: Jag är med andra andliga entiteter. Vi har samlats i en grupp. Man skulle kunna kalla det en slags diskussions- och planeringsgrupp. De flesta av oss här har varit karmiskt sammanlänkade i tidigare liv. Huvudguiden för hela gruppen är närvarande, och våra individuella guider är där. Vi diskuterar och planerar vilka karmiska problem vi ska arbeta med i det kommande livet, det liv som detta subjekt för närvarande lever. Och vi diskuterar och planerar hur våra liv och vår karma kommer att sammanflätas och vad vi hoppas kunna lösa karmiskt.

D: *Så det är andar du kommer att ha en koppling till när du återvänder till jorden?*

S: Ja. Det är en av de saker som påverkar vilka man har karmiska band med. En annan faktor som kan påverka det är när det visar sig att två personer utvecklas geometriskt snarare än aritmetiskt när de är tillsammans. När de är åtskilda gör de framsteg i en viss takt, men när de är tillsammans mångdubblas hastigheten på grund av hur de interagerar med varandra. Det uppmuntras naturligtvis att deras vägar fortsätter att korsas i framtida liv så att de kan fortsätta att göra framsteg tillsammans. Min personliga guide kommer att vara med mig under hela min nästa inkarnation för att hjälpa vägleda och skydda mig. Som en extra försäkring, antar jag att man kan kalla det, och som en vän som hjälper mig att få kontakt med den andliga sidan av livet när jag befinner mig på det fysiska planet.

D: *Finns det något sätt för dig att veta när han är där?*

S: Guiden? Ett sätt att veta - åtminstone för detta subjekt när jag är inkarnerad - är att min visuella uppfattning av saker kommer att förändras, så till den grad att allt förefaller lysa. Även saker som är enfärgade kommer att förefalla skina med intensiva blixtar av den specifika färgen, som om det är den sanna färgen på det andliga planet som lyser igenom. Under dessa stunder kommer min andliga guide att vara särskilt nära mig och vi kommer att vara i harmoni med varandra, så till den grad att jag börjar se saker genom hans ögon. Och jag kommer att uppleva en känsla av fridfullhet.

D: *Har han ett namn du kan kalla honom vid?*

S: Jag är inte säker. Man har känt honom vid många namn. Jag kan kontakta honom genom att mentalt kalla på honom, ett kall på min andliga vän. Han säger att det räcker med det. Han har ett namn, men säger att det inte är nödvändigt. Att det kan vara svårt för mig att komma ihåg.

D: *Så när du än behöver hjälp i livet kan du bara fråga efter din andliga vän, som då kommer att kunna ge dig råd?*

S: Ja. Antingen genom att direkt tala till mig mentalt, eller genom att ge mig känslor att gå på, intuitioner att vägleda mig med. Han kan även få saker att hända genom att ge dem en knuff i en viss riktning.

176

D: Vissa undrar hur man kan veta att det verkligen är ens guide som talar, och inte någon som vill en illa. Vet du hur man kan avgöra skillnaden?

S: Det är svårt att beskriva med det här språket. När det är din guide upplever du en speciell, varm och pirrande känsla i ditt hjärta, i ditt bröst, och du ser att det även har effekt på allt du gör. Det är en speciell kombination som inte går att efterlikna. De känslor du upplever i samband med detta är oftast känslor av tröst, tillit och trygghet. Om det däremot är en entitet som söker skada dig, skulle känslorna vara osäkerhet, rädsla och kanske även ilska. Om du funderar på att göra något som känns rätt, gör det. Om du funderar på att göra något du är osäker på är rätt eller om du börjar skaka eller känna rädsla när du väl gör det, vänta en stund och se om andra känslor dyker upp. Om du väntar kommer du att börja känna något annat, och du kommer att säga, "Ja, det är vad jag borde göra." Ibland kommer det att vara något helt annat än vad du först hade tänkt dig, och ibland blir det bara lite annorlunda. Men det kommer att vara en bättre riktning.

D: Jag har också fått höra att din riktiga guide aldrig försöker tvinga dig att göra någonting.

S: Nej, aldrig. De säger bara: "Du har bett om mitt råd, och det här är vad som är bäst för dig. Men valet är ditt. Om du föredrar att göra något annat, då kommer vi att arbeta med det valet av handling i stället."

D: Jag har fått höra att om det finns någon form av tvång eller om någon försöker få dig att göra något, då är det inte för ditt eget bästa.

S: Det stämmer. Dessa principer utgör en av universums grundläggande strukturer.

D: Har du andra guider som kommer för att hjälpa dig?

S: Ja. Han är den som främst kommer att stå i särskilt nära kontakt med mig. Det finns andra som är intresserade av mina framsteg, liksom de är intresserade av andras framsteg. Och det finns en grupp guider som är intresserade av vår utveckling som grupp. Vi har varit karmiskt förbundna många gånger tidigare, och man kan säga att vi utvecklas tillsammans som grupp medan var och en av oss individuellt vänjer sig vid saker som vi behöver utveckla.

D: Är det en särskild plats du befinner dig på just nu?

S: Nej, det är inte en särskild plats. Vi är bara...här, samlade tillsammans. Eftersom vi alla befinner oss i andlig form kan man säga att vi svävar. Det är på ett annat plan, men jag är inte riktigt säker på vilket plan det är. Allt är mycket fridfullt här och verkar främjande för att tänka och planera. Den som ska ta rollen som min mamma på det fysiska planet är här. Dessa planeringskonferenser är ganska ovanliga, men vi har dem när det är möjligt. Det är ofta så att den ena eller andra befinner sig på det jordiska planet. Men ibland överlappar det så att alla befinner sig på det andliga planet samtidigt, och då träffas vi för att samordna kring saker och ting, så att säga.

D: *Ja, jag antar att det gör det svårare om någon redan har återvänt.*

S: Precis. Vi kan dock kommunicera med deras undermedvetna vid behov, men det är inte en lika klar kommunikation.

D: *Finns det någon annan där som kommer att vara viktig för dig när du återvänder till jorden?*

S: Ja. Det finns en som är karmiskt bunden till mig som själsfrände. Han är här. Han kommer att återvända till jorden strax före mig. Och det finns en här som kommer att lämna ganska tidigt. Han kommer att vara min farfar och måste återvända innan min mor kan göra det. Hans vistelse på det jordiska planet kommer bara knappt att överlappa min, men det kommer att vara tillräckligt för att göra ett djupt intryck på mitt liv. Och detta intryck kommer att påverka mig under resten av min jordiska vistelse. Han är en mycket karmiskt avancerad ande. Framtiden är höljd i dimma, men om saker och ting går som vi har planerat dem här och nu, då är det också så det kommer att bli. Jag kommer att behöva tänka på att vara tålmodig och gå på känsla och inte efter vad jag kommer att lära mig som barn. Jag kan se mycket tydligt att det jag lär mig som barn inte kommer att gälla när jag är vuxen.

D: *Det är där din fria vilja kommer in i bilden. Det är meningen att du ska tänka för dig själv.*

S: Ja, jag kommer att behöva gå igenom några faser som kommer att vara svåra för mig. Min guide kommer att hjälpa mig.

D: *Reder ni även ut småsaker innan du återvänder?*

S: Vi försöker att göra det. Vi diskuterar hur vi ska interagera med varandra. Ur ett fysiskt perspektiv har vi har vår fria vilja när det kommer till sådana saker. Men om vi i förväg reder ut dessa saker tenderar vi att vara mer öppna för hjälp från våra andliga guider.

Det är ett sätt att inte vara så slumpmässig när det gäller att lösa karma.

D: Annars blir det bara en fråga om tillfälligheter, så att säga.

S: Precis. Allt blir dock balanserat så småningom.

EN ANNAN HÄNDELSE:

S: Jag talar med min andliga vän. Han som kommer att bli min andliga guide när jag inkarnerar igen.

D: Kan du se honom?

S: Ja. Han ser ut att vara en mogen man i slutet av fyrtioårsåldern. Hans ålderstecken har inte att göra med hans tillstånd, utan är snarare ett individuellt val han gjort utifrån de mentala reaktioner han önskar från andra. Han har svart hår som grånar vid tinningarna, och en vältrimmad mustasch och skägg. Han ser ut som en brittisk läkare från sekelskiftet. Och han är klädd i en gammaldags tredelad kostym, mycket förnämlig och med svarta polerade skor. Det är bara den bild han förmedlar just idag. Vi befinner oss på en plats som ser ut som ett arbetsrum. Det finns ett trägolv med en orientalisk matta, ett läderklätt skrivbord, läderklädda stolar och hyllor med böcker som går ända upp i taket. Och en öppen spis. Han har på sig pincenéglasögon med trådbågar, och han är mycket klok.

D: Jag antar att jag alltid föreställt mig guiderna bärandes vita kläder

S: Nej, inte alltid. Det är en fråga om personligt val. Och han önskar projicera denna bild av sig själv till mig. Känslan av att vara som en pappa som skyddar, eller en farbror, eller någon som har mitt bästa i åtanke och önskar att hjälpa och skydda mig. Han vet att jag känner mig mer bekväm med någon som ser ut som en vanlig människa än någon insvept i vita böljande kläder. Det gör att jag är mer benägen att känna samhörighet med honom. Han har varma bruna ögon och är mycket vänlig.

D: Är det bara du som uppfattar det på det sättet, eller ser även andra det så?

S: Det är bara han och jag i detta rum. Det här är inte en del av ett hus. Det är bara en bild som omger oss i syfte att skapa en viss atmosfär. Skulle man se det från utsidan skulle man bara se en stor bit ektoplasma. Det skulle mer se ut som en dimklump. Men de skulle veta av den psykiska känslan som emanerar från den att det var en ektoplasmisk konstruktion som användes för ett specifikt ändamål. Och de skulle förstå att vi fanns där - i denna konstruktion av ektoplasma.

D: *Vad talar du och din guide om?*

S: Under detta samtal med dig har han hjälpt mig att organisera information på ett sätt som du kan förstå genom det här språket. Innan detta talade vi - eller kommunicerade skulle jag säga - om hur jag kan hjälpa mig själv på inkarnationsplanet.

D: *När du kommer tillbaka nästa gång?*

S: Ja. Det är svårt att med ditt språk beskriva vad han säger för att du ska förstå vad han menar. Men jag förstår vad han menar.

D: *Skulle ni befinna er i andra omgivningar, eller skulle han se annorlunda ut när ni träffas vid något annat tillfälle?*

S: Nej. Det är såhär han brukar se ut när vi träffas, eller åtminstone hans ansikte. Ibland klär han sig annorlunda. Och håret är ibland mer eller mindre grått. Jag identifierar honom dock mer genom mental känsla än hur han visuellt framträder.

D: *Ibland hjälper det att ha en mental bild av hur han ser ut.*

S: Ja, det kommer att vara en hjälp när jag befinner mig på inkarnationsplanet. Men det hjälper också att vara bekant med den mentala känslan, så att jag kan vara medveten om när han är nära och hjälper mig, även om jag inte har visualiserat honom vid den specifika tidpunkten.

När subjektet vaknade och jag berättade för henne om sessionen sa hon att beskrivningen av rummet och mannen påminde henne om drömmar hon återkommande haft i sitt liv. Jag föreslog att det kunde vara bra för henne att försöka visualisera mannen och rummet när hon ville kommunicera med sin guide och be honom om råd.

KARMA

S: Jag tittar på karmiska förbindelser.

D: *Kan du förklara vad du menar med det?*

S: Under livscyklerna återkommer vissa förbindelser mellan vissa grupper av människor i olika konstellationer. En person kan till exempel vara din partner i ett liv, och i ett annat vara en av dina föräldrar, och i ett tredje ett barn eller en god vän. Dessa förbindelser återkommer i olika liv och blir ibland starkare och ibland svagare, men de växer alltid. När vi alla så småningom når det yttersta (källan), har förbindelserna utvecklats till den punkt att vi, om viljan finns, kan bilda en entitet större än vi själva och som vi alla är en del av.

D: Jag har hört en hel del om karma. Skulle du kunna ge en definition av det ur ditt perspektiv?

S: Det är så allomfattande och så komplext att jag inte skulle kunna göra det rättvisa. Jag tvivlar på att jag skulle kunna förse dig med en bra definition utifrån såväl ditt som mitt språk. Karma - jag har tidigare talat om de olika universumen och hur de sammanflätas och påverkar varandra. Energin från varje individuellt liv är som ett universum i sig, och det sätt som det flätas samman och reagerar på all annan energi i ditt universum - särskilt energierna som andra livsformer sänder ut - utgör denna komplexa väv vi kallar karma.

D: Jag kan ge exempel på definitioner jag har hört, så kan du berätta för mig om du anser att de passar eller inte. Jag har hört att karma är lagen om balans, lagen om orsak och verkan. Om man gör något dåligt, eller om man skadar någon i ett annat liv, är man tvungen att någon gång betala tillbaka för det. Men jag har även hört att det kan handla om bra saker.

S: Ja, så är det. Lagen om orsak och verkan är en av de grundläggande lagar som gäller överallt, oavsett vilket universum man befinner sig i. Denna lag utgör en av grundprinciperna för karma, vilken upprätthåller hela strukturen. Karma handlar om hur de olika energierna interagerar med varandra, ibland som orsak och ibland som verkan, i en komplex kombination av rörelser. Det här är vad karma bygger på. Och allting, varje initierad handling, kan klassificeras som "orsak," medan allt vad det resulterar i kan kallas för "verkan." Den handling som det resulterar i kan också ses som en orsak till andra verkningar. Allt hänger samman. Det är som en kedja av länkar där varje kedjelänk är sammanlänkad med varje annan kedjelänk. Du kan använda denna analogi för att förstå orsak och verkan och hur det hela hör samman. Det är på detta sätt som karma är kopplad till alla livsenergier.

D: Jag har hört att man kallar det för en av de universella lagarna eftersom man inte kan fly från karma - man måste betala tillbaka den.

181

S: Det är något som ständigt bearbetas. Bara genom att andas bearbetar man karma. Oavsett vad man gör så bearbetar man alltid tidigare karma och skapar framtida karma. Detta är livets cykel.

D: *Finns det inget sätt att komma ifrån att skapa framtida karma?*

S: Genom att skapa framtida karma upprätthålls också universum. Din framtida karma behöver inte nödvändigtvis vara dålig. När du bearbetar tidigare karma och gör ditt bästa i ditt nuvarande liv, så kommer den karma du skapar för framtiden att vara god karma, och den kommer att ha goda effekter på ditt framtida liv. Och du kommer att kunna fortsätta med att förbättra framtida liv, till dess att du når det ultimata.

D: *Det finns många som bara vill få det överstökat. De vill betala av alla sina skulder och inte skapa några fler.*

S: När man når de högre nivåerna av karma behöver man inte längre leva fysiska liv för att få det löst. Det kan man göra på det andliga planet samtidigt som man strävar efter att nå det ultimata. Även när man når det ultimata kommer ens karma att påverka och inkludera andra universum och utvecklingen av de komplexa mönstren i universum. Det ska inte betraktas som ett fängelse. Det är bara en naturlig cykel som man kan växa och utvecklas genom för att bli sitt ultimata jag.

D: *Många säger att de bara inte vill behöva komma tillbaka och göra om allt igen.*

S: Det är fortfarande omogna. De har fortfarande mycket kvar att utveckla i sin stora cykel.

D: *Jag tror att människor för det mesta tänker på karma som: om de skadat någon i det förflutna så är det något de måste betala tillbaka för nu.*

S: Det är ett omoget sätt att se det på. Det är bara en aspekt av det. För att koppla det till er livscykel: som barn ser du på straff som något dåligt eftersom du gjorde något du inte fick göra. Du inser senare att det var för att lära dig vad du borde göra för att överleva och ha ett gott liv. Senare, när bra och dåliga saker händer dig, inser du att det var på grund av misstag du gjort tidigare och att du nu får leva med konsekvenserna av detta misstag - eller för ett misstag någon annan begått. När du sedan fortsätter leva och gör färre misstag kommer livet att stabiliseras utifrån ett mer bekvämt mönster. De som talar om karma som något dåligt de har gjort i det förflutna befinner sig på en nivå där de betraktar det som straff.

De borde se det som ett verktyg för lärande som hjälper dem att lära sig att växa och bli bättre. De är fortfarande unga i sina livscykler.

D: Ibland ser det komplicerat ut. Som till exempel i det fall någon har levt ett gott liv och dör på ett mycket våldsamt sätt. Man förstår inte varför en så god människa skulle dö på ett sådant sätt. Sådana saker verkar så orättvisa.

S: Ibland erbjuder sig någon när de kommer ner för en livscykel att frivilligt uppleva något som verkar oproportionerligt i förhållande till det liv de kommer att leva. Eftersom de gör det frivilligt hjälper det att lösa en stor del av deras karma som annars skulle ta många livstider att lösa. Det är inte för att de straffas för något specifikt de har gjort. De kände helt enkelt att de var redo att bearbeta en stor del i komprimerad form.

D: Men när något sådant inträffar påverkar det livet för de personer som de hade en relation med.

S: Det är sant. Och de kan använda det som en utvecklande erfarenhet, något att dra lärdom av.

D: Det är vad jag har hört. Att om man lär sig något av en erfarenhet så är det värt det.

S: Det stämmer.

D: Du sa att du tittade på karmiska cykler. Är det relaterat till ditt liv?

S: Ja, jag tittar på de förbindelser som tycks vara konsekventa i mina livscykler. Och det förefaller som om de är återkommande även i framtida livscykler. Fram till vad man skulle kalla nutid och framtid.

D: Menar du personer som du har haft relationer till och som du kommer att fortsätta ha relationer till i framtiden?

S: Ja. De kommer att sammanföras i hennes nuvarande liv för att arbeta med vissa karmiska saker. De bad om att få vara tillsammans igen i detta liv, vilket de beviljades.

D: Då tittar du bara på dessa mönster i syfte att observera dem. Det finns inget du faktiskt kan göra för att påverka dem?

S: Att påverka dem i positiv riktning menar du?

D: Förhoppningsvis i en positiv riktning, ja. Vi vill gärna inte påverka det negativt om vi kan hjälpa det.

S: Jag kan inte påverka karma från ett tidigare liv eftersom det är något som redan inträffat. I det nuvarande livet kan jag kanske ge det en knuff hit eller dit. Jag vet inte om det skulle ha någon avgörande

183

effekt, men det skulle inte skada. Jag skulle kanske kunna så några tankefrön i hennes undermedvetna för att påverka hennes framtida liv. De skulle kunna blomma upp i framtiden. Varje liv påverkar alla andra liv.

Kapitel 13
Det allmänna rådet

JAG REGRESSERADE ETT subjekt till en period mellan liv och fann att hon satt med på ett rådsmöte. Omgivningen var eterisk och majestätiskt vacker och var uppenbart beläget på ett högre plan.

S: Om du skulle betrakta det med fysiska ögon skulle det framstå som om den plats vi befann oss på svävade i luften, men det gör den egentligen inte. Den stöds av ett energifält som inte går att uppfatta med ögon på din nivå. Energifältet har en vacker djup violett färg, och det omger oss alla. Det finns egentligen inga fasta väggar eller tak; allt är bara av denna djupa violetta och guldiga färg. Och i mitten av detta energifält finns en rådssal, antar jag att man kan kalla det. Det finns räfflade gyllene kolonner runt sidorna. De tjänar egentligen inget annat syfte än att vara vackra, även om de skulle kunna användas för att fokusera kraft. På det sätt de är placerade så är de alla jämnt fördelade för att hela strukturen ska kunna användas som en kraftgenerator, men de är inte nödvändiga för detta ändamål. Det finns gyllene draperier bakom dessa. Och det är väldigt vackert, guldet mot det violetta. Möblerna vi sitter på är gjorda av guld, men har en träådring. Det är som om det växte ett träd som var helt i guld och att möblerna sedan tillverkades av det. Det är mycket vackert.

D: *Sitter ni runt något slags bord?*

S: Nej, vi befinner oss i utkanten av denna rådssal. Det finns ungefär fyra eller fem förskjutna rader med stolar som går upp, så att de som sitter bakom kan se över huvudet på de som sitter framför. Det är egentligen inte stolar. Det är nivåer - släta trappor som går runt som en amfiteater. Och de omger det tomma utrymmet i mitten. Om någon vill komma fram och tala eller presentera något kan de göra det där så att alla kan se. Det är som en oval rättssal inramad av guldpelare och gulddraperier, med trappor som går runt och som lämnar en öppen plats med ett podium. Det är som något utsmyckat av trä, förutom att det egentligen är gjort av guld. Det finns där om man behöver presentera något. Från podiet kan man till exempel projicera vad man skulle kunna kalla för "hologram."

D: *Vad skulle syftet med det vara?*

S: Det beror på vad det är man diskuterar och vad man behöver presentera. Generellt sett kommer vi hit för att diskutera det inflytande vi har haft på jorden och det inflytande vi kommer att ha i framtiden och hur det passar in i den stora planen. De saker man presenterar här på den öppna platsen är saker som visar det övergripande mönstret i just detta specifika universum. Och hur vår karma har interagerat med detta mönster, och vilken väg vi måste fortsätta följa för att så småningom nå upplysning. Vi kan sväva om vi vill med den form vi har här. Vi behöver inte sitta ner. Men de flesta av oss gör det för att det helt enkelt skapar en mer trivsam atmosfär.

D: *Vilken form har du?*

S: Jag kan se andliga entiteter som ser ut som vita ljus. De är som solar i miniatyrform med olika former och färger, som liksom lyser ut från mitten. Det är som en boll av energi som sänder ut strålar av ljus. Och när ljuset går ut från dess mitt finns det en antydan till andra färger inom detta vita ljus. Det är som ett norrsken, eller som en opal, med skillnaden att en opal i princip är enfärgad. Med dessa entiteter kan man se strålar av olika färger som tycks indikera hur de mår, vilket humör de är på, vad de tänker och hur utvecklade de är.

D: *Jag tänkte kanske att ljuset var i formen av en person, men det är alltså mer som en boll?*

S: Det är som att betrakta solen. Man kan inte riktigt se en tydlig kontur eftersom den är så ljus. Men man vet att det finns ett energicentrum och man kan se hur denna energi går ut som

D: *Pulserande?*

S: Med ett jämnt flöde.

D: *Strålande?*

S: Det är ett bra ord - det strålar ut från ett gemensamt centrum. Och var och en är placerad i en viss position på dessa nivåer. Alla är medvetna om sig själva, eller självmedvetna, på samma sätt som du och jag är självmedvetna. Det är bara det att de uppfattar saker på en högre nivå än vad du gör. Deras position på dessa nivåer bestäms av någon form av energi. De svävar i luften, och det beror på hur deras energi interagerar med omgivningens energi. Dessa nivåer avger energi i något slags mönster, och det motsvarar att sitta ner i en stol. De stöder sig på denna kudde av energi när de interagerar med de olika nivåerna.

D: Du sa att detta var på ett högre plan?

S: Ja. Vi alla befinner oss mellan liv och har strävat efter att höja vår karma, så att säga (se kapitel 12). Vi har alla nått denna nivå där vi, när vi inte är direkt involverade i ett liv, kan ta oss till detta högre plan för att planera vår framtida väg. Och för att planera sätt att hjälpa andra som inte har kommit lika långt som vi ännu - precis som det finns de som är mer avancerade som hjälper oss. Vi hjälper alla varandra. Allt hänger ihop på det sättet.

D: Du menar att det är en mer avancerad plats än de flesta har nått, men att det fortfarande finns andra högre plan?

S: Precis. Det högsta planet av alla är när man uppnår fullständig upplysning. Vi har inte uppnått det ännu. Men vi jobbar på det, och man har försäkrat oss att vi har gjort goda framsteg. Och därför har vi fått förtroendet att hjälpa andra mindre avancerade än oss.

D: Är det som att vara en guide?

S: Tja, när man befinner sig mellan liv så som vi gör nu existerar inte tid på samma sätt som på det jordiska planet. Människor som är direkt involverade i ett liv på det jordiska planet behöver ibland hjälp. Vi kan hjälpa dem från det här planet utan att behöva använda någon större mängd energi eftersom vi befinner oss på ett högre plan. Jag antar att man skulle kunna säga att det är något liknande guider. Det är lite som att ha en storebror eller storasyster som hjälper till ibland. Även de som befinner mig mellan liv och som inte är lika avancerade kan ofta behöva hjälp med att planera inför framtida liv, så att de kan fortsätta att utveckla sin karma. Vi ger råd och förslag utifrån våra egna erfarenheter för att de sedan ska kunna fatta sina egna beslut - precis som de som befinner sig på högre plan gör för oss. De delar med sig av vad de har gjort för att uppnå sin nivå av karma och huruvida dessa saker skulle vara tillämpliga på vår egen karma när vi strävar efter att nå högre mål.

D: Om du hade några frågor du själv inte kunde besvara, skulle du då fråga dem på den andra nivån? Kan du se de som befinner sig på dessa andra nivåer?

S: Inte just nu. På denna nivå utgör vi ett råd, och hittills har vi kunnat hantera saker och ting. Men om vi skulle komma till en punkt där vi stod handfallna, så kan vi med hjälp av kraftpelarna från podiet kontakta dem på högre nivå, vilka då skulle då kunna kommunicera med oss.

D: Ni kan inte ta er till deras nivå för att kontakta dem? De måste komma till er nivå?

S: Vi kan kontakta dem genom en metod för distanskommunikation. Som er typ av radio. Men de skulle behöva komma till vår nivå för att direkt kunna ta kontakt med oss, eftersom vi bara har uppnått en viss nivå av upplysning. Vi kan inte ta oss till de högre nivåerna eftersom vår energinivå ännu inte är kompatibel med deras. Men vi kan besöka de lägre nivåerna eftersom vi redan tagit oss igenom dem och vet hur vi ska justera vår energi för att göra oss kompatibla med dem. Alltså kan vi ta oss dit för att hjälpa dem som är där. När du förbättrar din karma genom dina liv på jorden och kommer tillbaka, ger de på högre nivåer dig råd om det du har uppnått. Du upptäcker att din energi är kompatibel med den nivå som du nyss har nått. Du kommer ihåg hur det var på dessa andra nivåer och kan därför fortfarande ta dig till dem för att hjälpa de som finns där.

D: Du sa att du kan hjälpa människor utan att det tar så mycket energi. Kräver de andra nivåerna mer energi?

S: Det beror på omständigheterna. Man kan hjälpa människor på det jordiska planet utan att det tar någon större mängd energi eftersom vi återkommande har kontakt med det planet. När vi befinner oss på den här sidan kan vi se hur den underliggande strukturen av energi eller upplysning binder allt samman. Så vi kan ge den en knuff här eller där, så att säga, för att hjälpa någon i en viss riktning. Det behöver inte vara något stort, men det får händelser att utvecklas i en annan riktning än den de ursprungligen utvecklades mot.

D: Var tar det mest energi?

S: Det tar mer energi att kontakta de högre nivåerna, eftersom vår energi inte är kompatibel med deras. Det handlar om att koncentrera vår energi och förfina den så att den kan fånga en sympatiserande vibration på den högre nivån. Något annat som tar mycket energi är då man behöver besöka och hjälpa människor som orsakat mycket negativt för sin karma. Ju mer negativ en persons karma är desto mer inkompatibilitet, vilket gör det svårare att kommunicera och hjälpa dem. Det är som att försöka tvinga ihop samma pol på två magneter. Man vet att de stöter bort varandra. Det skulle vara den typen av situation. De sätter upp oavsiktligen upp energibarriärer, tror vi. De inser inte vad de gör med sin karma. De tycks hamna i en evig cirkel av att göra detta mot sin karma. Oftast behöver vi observera dem mycket noggrant för att fånga dem vid en tidpunkt de är sårbara, där vi kan bryta igenom för att inge en gnutta hopp. Bara glimten av ett budskap som hjälper dem att bryta sig ur sin cirkel och börja göra positiva framsteg i sin karma.

D: *Detta är mycket svårare än att arbeta med människor som är mer öppna för er sida.*

S: Precis. Det skulle vara som en ihålig munk för de som arbetar med negativ karma. De springer runt och runt på insidan av denna munk och fastnar i samma gamla mönster. Om det ville sig riktigt illa skulle det vara som att de rör sig nedåt i en spiral, där man försöker få dem att röra sig uppåt igen. Handlar det däremot om människor som arbetar med sin karma i positiv riktning skulle det vara som att klättra uppför en trappa. Det skulle vara en mer öppen situation och det skulle vara mycket lättare att kontakta dem. De människor som arbetar med negativ karma utgör vanligtvis en sluten typ av situation, en där det är svårare att bryta igenom.

D: *De inser förmodligen inte ens att du är där.*

S: Exakt. De har byggt mentala murar och murar av energi omkring sig för att blockera ute allt de inte vill ta itu med.

D: *Är någon av er specifikt tilldelad någon av dessa personer, eller hjälper ni bara vemhelst ni än ser?*

S: Det är inte så att vi är tilldelade specifika personer. Vi är mer som övervakare. Vi får i uppdrag att hålla ett öga på en specifik del av den övergripande bilden, och när vi ser något som behöver en liten knuff eller hjälp agerar på eget initiativ. Det är inte nödvändigtvis samma person vi hjälper varje gång. När vi än ger en liten knuff för att assistera dem på deras väg att bidra till den övergripande bilden av positiv karma kan ibland en viss person dra nytta av det. Men ofta handlar det om något som gynnar många människor.

D: *Har dessa personer blivit tilldelade guider?*

S: Ja, det har de. Där jag befinner mig arbetar vi dock med generella händelser snarare än med specifika personer.

D: *Skulle det vara korrekt att säga att ni är högre än de vanliga guiderna? Eller finns det en sådan hierarki?*

189

S: Nej, det tror jag inte. Jag tror att det handlar om var du befinner dig i din karma när det kommer till vilken typ av uppgift de ger dig. Uppgift är fel ord. När du befinner dig på det jordiska planet arbetar du med din karma, men det är inte den enda plats du gör det på. När du befinner dig mellan liv på andra plan som detta, arbetar du också med din karma, fast på ett annat sätt. Det är svårt att förklara; jordliga språk saknar nyansering. De som guidar specifika människor befinner sig på en annan plats i sin karmiska utveckling. De behöver kanske växa på ett visst sätt för att kunna se saker ur ett större perspektiv, vilket inkluderar att behöva guida enskilda personer. Det är möjligt att de redan har gjort det jag gör nu; det finns ingen specifik ordning. Det beror helt enkelt på hur man utvecklas individuellt. I mitt fall har jag tidigare gett viss individuell vägledning. Och de som är ovan mig kände att min karma skulle gynnas mest av att vara med i detta allmänna råd den här gången. De vill att alla ska ha möjlighet att vara med i det allmänna rådet för att få en överblick över saker och ting. På så sätt kan de få en ganska bra uppfattning om hur de utvecklas och därmed fortsätta att göra framsteg i rätt riktning. Vanligtvis gör människor ganska bra framsteg i sin karma efter att ha varit med i detta allmänna råd, eftersom de får en bättre överblick av saker och ting.

D: *Du sa att du framförallt var involverad i händelser, men att du också arbetade med vissa personer för att försöka få fram något till dem. Skulle du kunna kontakta deras guider för att ge dem förslag också?*

S: Ja. Vi samarbetar mycket nära med de som agerar som individuella guider. Vi samarbetar med varandra. De tar hand om att hjälpa individuella personer, och de samarbetar samtidigt med oss. De vill försäkra sig om att de är fullt medvetna om händelser för att kunna hjälpa dessa individuella personer att dra full nytta av dem till fördel för deras karma. Ibland kan de tala om för oss att en viss person är fast besluten om att göra någonting specifikt. De frågar oss då om hur det kommer att påverka de mer generella händelserna, och om vi behöver ändra på något för att det ska få en så positiv påverkan på så många som möjligt. Så vi arbetar mycket nära varandra, allt hänger ihop.

D: *Så du kan se eventuella effekter av vad de gör från var du befinner dig nu? Du kan med andra ord se in i framtiden?*

S: Vi kan se de generella mönstren av vad som troligtvis kommer att inträffa, vilket generellt brukar inträffa. Detaljerna kan skilja sig åt beroende på de individuella beslut som fattas längs vägen. Ibland kan en individ vid en avgörande tidpunkt fatta ett helt annat beslut än vad deras guide uppmanat dem till, vilket kan förändra bilden lite.. Vi kan då behöva ge andra händelser en liten knuff längre fram. Men så har det alltid varit, och det är vad som håller universumet levande och fluktuerande.

D: *Ger ni dem en knuff tillbaka mot den ursprungliga vägen?*

S: Inte nödvändigtvis dem individuellt, men om de fattar ett beslut som påverkar en händelse kan vi senare behöva ge en annan händelse en knuff för att minimera eventuella negativa effekter som kan ha uppstått.

D: *På så sätt har de fortfarande fri vilja att göra som de vill.*

S: Åh, ja.

D: *Ni försöker se till så att det inte påverkar det övergripande resultatet, är det så det är?*

S: Precis. Alla har fri vilja att göra som de vill. Men om de fattar ett beslut som kommer att påverka många människor negativt, tja, då är det människor som inte har valt att påverkas på det sättet. Och det tar i själva verket ifrån dem en del av deras fria vilja. Om en enskild person till exempel fattar ett beslut som drastiskt påverkar andra människor negativt, då försöker vi begränsa det på så sätt som mindre drastiskt skulle påverka de andra.

D: *Det låter som om det skulle vara svårt att göra.*

S: Det är komplicerat. Men det är en del av vår utveckling och något vi tycker om att göra.

D: *Det skulle vara väldigt långtgående om det påverkade många människor.*

S: Det är bara en fråga om att hålla saker inom mönstret. Det är svårt att beskriva det för er på ert plan, men här kan mönstret ses mycket tydligt. Vi ser inte nödvändigtvis saker i form av enskilda människor eller enskilda händelser, åtminstone inte i detta allmänna råd. Vad vi ser är det övergripande mönstret. Som ett glittrande nätverk av energi. Skulle det uppstå en knut i detta nät av energi använder vi en annan typ av energi som helar det och gör det helt igen. På så sätt påverkar det händelserna på jorden. Det är det övergripande mönstret av energi som säkerställer allt allt är som det ska och att allt vad som ska ske faktiskt sker.

191

D: Men ni har inte absolut makt? Gör ni också misstag?

S: Vi har inte absolut makt, nej, men vi gör generellt sett heller inga misstag eftersom de högre nivåerna ser till så att vi inte får mer än vad vi kan hantera.

D: Det låter som om allt hänger ihop och att det är så komplicerat att man kan göra bort sig lite då och då.

S: Tja, om vi håller på att göra bort oss kommer någon från en högre nivå för att ge oss råd, precis som vi ger rådgör de på lägre nivåer.

D: Det har funnits enormt negativa händelser genom historien som verkar ha gått helt överstyr. Jag tänker på krig och liknande saker.

S: Ja. Och de som sitter i detta råd har gjort sitt bästa för att begränsa dessa enormt negativa beslut. Många gånger kan dessa saker härledas ner till en enskild handfull individer som är så fast i sin negativa karma att ingenting kan komma igenom till dem. Det handlar om att försöka begränsa själva resultatet av deras beslut på ett sådant sätt att skadan hålls under kontroll.

D: Men du sa att du tittar på allt detta. Kan du se saker som händer på jorden från där du är?

Jag hoppades på att få lite information om händelser i vår framtid.

S: Inte just nu. Vi har ett rådsmöte där vi diskuterar något annat som påverkar ett annat plan och inte det jordiska planet. Vanligtvis när vi har att göra med saker på jorden intresserar vi oss för det övergripande mönstret av saker. Vi tenderar att koncentrera oss på den karmiska energin snarare än på människor och annat. Vi har ett nära samarbete med de som guidar enskilda personer. Det är dessa guider som ser hur saker framträder på det fysiska planet, så att de kan vara till hjälp för människor.

D: Kan en guide se vad som kommer att hända om en viss person handlar på ett visst sätt?

S: Ja. Vi byter mellan liv vad gäller att arbeta i ett allmänt råd som detta och att vara en specifik guide. Vi gör både och flera gånger, eftersom det inte går att få för mycket erfarenhet av det. Och de som är guider har antingen tjänstgjort i det allmänna rådet tidigare, eller så har de arbetat tillräckligt nära det för att vara medvetna om hur det fungerar. När vi samarbetar kring något har de möjlighet att observera det övergripande mönstret mycket noga, precis som vi kommer att ha möjlighet att fokusera in på enskilda individer för att se hur vårt arbete med det övergripande mönstret påverkar dem. Det sker alltså ett stort utbyte av information. Det är bara en fråga om olika perspektiv.

D: Du sa att det ni diskuterar i rådet just nu rör ett annat plan?

S: Ja. Det finns några andar som nyligen har gått över till den andliga sidan. De har just lämnat jorden och befinner sig nu i processen att anpassa sig. Varje själ behöver en period av anpassning när de går antingen från det fysiska planet till det andliga eller tvärtom. För att vänja sig vid de nya situationerna innan de kan börja arbeta med sin karma igen. Så, medan dessa själar genomgår sin period av anpassning, träffas rådet för att diskutera deras situation och vad de behöver. Och hur vi kan tjäna dem på bästa sätt för att hjälpa dem utveckla sin karma i detta nya skede de befinner sig i. Det finns några andar som har genomgått denna anpassningsperiod på ett särskilt andligt plan. Vi håller på att samla de sista detaljerna så att vi, när de är redo, kan kontakta dem, guida dem och hjälpa dem, så att de konstruktivt kan använda denna period mellan liv innan det är dags för dem att återvända till det fysiska planet.

D: När de först går över, får de en viss typ av omgivning som gör det lättare för dem att anpassa sig?

S: Ja, beroende på deras andliga utveckling. Deras personliga guider samarbetar med oss, och genom att titta på deras energivibrationer och karmiska utveckling vet vi på vilken nivå av andlig utveckling de befinner sig. När de går över till den här sidan uppfattar de först det som de har förmåga att hantera. Och om det är möjligt ser vi till att det finns andliga entiteter som de har haft förbindelser till i det föregående livet där för att hjälpa dem med sin övergång. För att hjälpa dem att göra den första anpassningen, då den primära anpassningen alltid är den svåraste. Och efter att de har accepterat det faktum att de har gått över och att de befinner sig på ett nytt existensplan, då är det en fråga om att ge dem tid att anpassa sig till denna nya situation. Vid det laget är upplevelsen av det fysiska planet inte lika färska i minnet, och de kan då börja se saker ur ett andligt perspektiv. Vi kan då hjälpa dem fortsätta sin utveckling fram till dess de är redo att återvända till en fysisk tillvaro.

D: På så sätt blir det inte så chockartat för dem. Är det vad du menar?

S: Precis. Övergången är en chock i sig, men vi försöker mildra det så mycket som möjligt för att den andliga entiteten inte ska lida ett stort bakslag.

D: *Då kan den här omgivningen vara vad som helst. Jag har alltid undrat över det. Människor har nära döden-upplevelser och beskriver ibland samma saker.*

S: Ja. Vad de beskriver är vad de ser fram till närmandet av barriären mellan det fysiska och det andliga. Vägen fram till denna barriär är vanligtvis mycket likartad, eftersom man måste ta sig igenom samma typ av energifält för att korsa över till den andliga sidan. Men när de kommer förbi det som brukar beskrivas som ett starkt ljus i slutet av en tunnel - detta starka ljus är själva barriären - då skiljer det de ser sig åt beroende på var de befinner sig i sin utveckling.

D: *De har beskrivit att de ser olika saker och människor, och att det ibland är som att ta sig igenom en tunnel. Men allt detta leder alltså fram till barriären?*

S: Ja, precis. Det handlar om att hjälpa dem att förbereda sig för den chock de går igenom på kortast möjliga tid. Att lämna kroppen är en mycket naturlig handling, det är som att andas. Men att gå från den fysiska sidan till den andliga sidan kan vara en chock för systemet. Vad de ser syftar till att göra dem medvetna om att de förbereder sig på att gå över, och för att inge mod.

D: *När de väl passerat ljuset kan de inte återvända till den fysiska kroppen?*

S: Det stämmer. När de åter passerar detta ljus kommer det att vara för att träda in i en annan kropp.

D: *Jag har fått höra att det ska finnas en sträng som binder anden till kroppen.*

S: Ja, och när man passerar det starka ljuset skärs strängen av, eftersom man passerar genom ett intensivt energifält. Den sträng som förbinder den astrala kroppen med den fysiska kroppen är en typ av energi. När man passerar energibarriären löses den upp.

D: *Då tar sig de människor som har en nära döden-upplevelse bara så långt. De säger att det känns som om de dras mot ljuset och att de sedan kommer tillbaka. Tydligen har de inte tagit sig tillräckligt långt.*

S: Det var inte deras tid. När de dör kommer de att uppleva samma dragande känsla, och de kommer då att slutföra övergången. Det är en mycket behaglig upplevelse. Det är bara en stor förändring, och därför en chock i det avseendet.

D: *Så de människor som haft dessa upplevelser var verkligen döende??*

S: Ja, de fullföljde bara inte processen.

D: *Så genom att vända och komma tillbaka kunde de återinträda kroppen. De säger ibland att livet förändras efter en sådan upplevelse.*

S: Ja, som det borde. När sådana saker inträffar är det oftast för att deras guide har sett att de varit påväg mot en återvändsgränd vad gäller karma. De har inte riktigt velat bryta sig ur sitt mönster. Något sådant händer för att verkligen skaka om dem, så att de kan finna nya vägar och riktningar att styra sin karma, och förhoppningsvis mer positiva sådana.

D: *Då är det detta de menar med att "gå över" - att de går igenom energibarriären.*

S: Ja. Det finns många metaforer för det i de jordiska språken. "Korsa Jordan," "gå genom slöjan," eller "passera över;" samtliga hänvisar till denna del av upplevelsen. Jag försöker använda termer som jag tror är bekanta för dig. Metaforen "kasta av sig sina gamla kläder för att ta på sig nya" syftar på strängen av energi som blir upplöst av barriären och inträdet i en ny existens.

D: *Ser man omgivningar och liknande omkring sig vid den tidpunkten?*

S: När de tar sig genom barriären ser de bara ljus energi. Och de känner att de blir renade, eftersom energin justerar deras egna andliga vibrationer för att göra dem mer kompatibla med den nivå de har nått. Det skulle motsvara vad som menas med metaforen att "renas av Jordan" när man går över. När man väl kommer till den andra sidan kan man i ett första skede i denna period se sådant som liknar det man minns eller har föreställt sig på det fysiska planet, de är bara mer perfekta och vackrare än vad man kunnat föreställa sig. När man sedan börjat anpassa sig inser man att det faktiskt är ens egna mentala konstruktioner, och man börjar att se saker som de faktiskt är. Men övergången är mycket smidig, eftersom den helt styrs av vad sinnet kan hantera. Det är sinnet som konstruerar det man ser, till dess att man är redo att se saker som de verkligen är.

D: *Hur är de egentligen?*

195

S: Det beror på vilken nivå man befinner sig. Det är svårt att beskriva hur saker och ting verkligen är då era fysiska lagar inte gäller här. Om man till exempel föreställer sig att man befinner sig någonstans, föreställer man sig vanligtvis att man står på en planet med en bestämd uppsättning omgivningar. Men på det andliga planet skulle det inte nödvändigtvis vara så. Du skulle kunna befinna dig i ett särskilt energifält med olika egenskaper. Och olika händelser skulle äga till följd av din interaktion med detta energifält och med andra som också befinner sig inom detta energifält. Det beror alltså på vilket plan det är och är därför svårt att beskriva. Du kommer ibland att se visuella analogier som hjälper dig att göra kopplingar mellan de saker du ser och sådant du redan har upplevt.

D: *Behöver du återvända till rådet? Jag stör dig väl inte?*

S: Nej, inte alls. Närhelst förstående andar på ert plan tar kontakt med oss i detta råd är det en del av vår karma att hjälpa genom att ge så tydliga svar som möjligt. Och det är en del av din och detta subjekts karma, att förmedla kunskap om de högre planen till ert plan för att hjälpa andra andar göra framsteg i sin karma. Det är allt en del av mönstret.

D: *Det är därför jag måste försöka uttrycka detta med ord som människor kan förstå. Det är mycket komplicerat. Det är väldigt viktigt att jag presenterar det på ett sätt som de kan förstå, och det är svårt att göra.*

S: Det är en av anledningarna till att jag har fått denna uppgift att använda metaforer. De högre andarna säger att jag är bra på att använda metaforer människor kan förstå på det fysiska planet, för att hjälpa dem att föreställa sig saker som inte går att föreställa sig.

D: *Ja, jag behöver metaforer och analogier. Det gör det lättare för mig att förstå. Det skulle annars vara helt obegripligt för mig. Jag tar tacksamt emot all information som du kan ge, för jag vet aldrig åt vilket håll vi rör oss. Allt är av vikt.*

S: De frågor som du tror att du själv kommer på är faktiskt förslag från din guide om saker att fråga om. Håll dig fortsatt kreativ, och håll dig öppen för de frågor som plötsligt dyker upp i ditt sinne för att utforska dem närmare. Jag och de andra på den här sidan kommer att fortsätta försöka förmedla information till dig på ett sätt som du och andra på det fysiska planet kan förstå.

D: *Vi tycker att det är dags för människor att få veta dessa saker.*

S: Ja, det är det. Din guide gav dig den tanken. För det är ju vi som avgör när människor är redo för att lära sig mer om dessa saker.

Jag har fått höra att det förutom de allmänna råden finns många nivåer av råd ovanför dem. Jag är osäker på om det finns en gräns, för jag har hört om universella råd som behandlar hela universum, och även om råd på skapande nivå. De på den nivån betraktas som medskapare med Gud och arbetar med att skapa nya universum, eller vad som än behövs, ad infinitum.

Jag tror att det skulle vara omöjligt att förvänta sig att vi med våra mänskliga sinnen skulle kunna greppa eller förstå ens en bråkdel av vad det egentligen handlar om. Men det är fascinerande att inse att det finns mer än vad vi någonsin kunnat drömma om.

Kapitel 14
Inpräntning

DEN RADIKALA IDÉN om inpräntning dök upp av en slump när jag råkade ställa en slumpmässig fråga till ett manligt subjekt.

D: Har du haft många liv på den här planeten jorden?
S: Det här är mitt första fysiska liv, min första riktiga inkarnation på den här planeten. Jag har haft inpräntningar från många och assisterat andra. Men detta är min första riktiga fysiska inkarnation på jorden.

Vad menade han? Detta var förvirrande, för när vi först började arbeta tillsammans hade vi berört ungefär fyra andra liv, vilka definitivt hade ägt rum på den här planeten. Vad var det som hade pågått under de tidigare sessionerna?

D: Så de andra vi diskuterade var inte verkliga?
S: De var inpräntningar och assistanser; de var inga verkliga fysiska inkarnationer.

Jag har haft många häpnadsväckande uppenbarelser under min oortodoxa jakt på kunskap, men detta gjorde mig verkligen förvirrad. Jag har aldrig hört talas om en inpräntning. I mitt arbete med regressioner har man antingen levt ett liv, eller så har man inte gjort det. Det enda andra alternativet skulle vara att personen fantiserat eller inbillat sig alltihop. Jag har alltid tagit stolthet i att kunna göra denna distinktion. I allt jag har läst om möjliga förklaringar till minnen från andra liv har jag aldrig hört talas om något som kallas "inpräntning." Jag var förvirrad. Om ett liv inte anses vara en riktigt fysisk inkarnation, hur ska jag då någonsin kunna veta vad jag har att göra med?

D: Menar du att då vissa själar träder in i ett liv, att de istället för att ha upplevt just dessa tidigare livserfarenheter, att de tar...

S: De kan hämta information från de Akashiska registren för att pränta in den informationen i sin själ, vilket då blir en av deras egna upplevelser.

Andra forskare har sagt att de Akashiska registren inte innehåller något om tid, utan endast om händelser, känslor och lärdomar.

D: Okej... Kan du berätta hur jag kan avgöra skillnaden i ett arbete som detta?

S: Nej, för inte ens jag skulle kunna avgöra skillnaden. Om jag befinner mig i en inpräntning så är den inpräntningen lika verklig som om jag faktiskt hade upplevt det själv. Alla emotioner, minnen, och känslor, ja, praktiskt taget allt som ryms i det livet finns i den inpräntningen. Så ur mitt perspektiv skulle jag inte kunna avgöra det eftersom jag skulle vara helt uppslukad av upplevelsen. Det är hela idén med inpräntning. Det är förmågan att leva tusentals, hundratusentals år på en planet utan att någonsin faktiskt ha varit där.

D: Vad skulle vara anledningen?

S: Om man aldrig har upplevt ett liv på jorden tidigare, eller om det kanske har gått en lång tid sedan den senaste inkarnationen, finns det ingen referenspunkt, inget att falla tillbaka på eller relatera till. Om man skulle komma till den här planeten utan hjälp av en inpräntning skulle man vara helt vilsen. Man skulle inte förstå seder, religioner, politik eller ens hur man agerar i en social miljö. Detta är varför inpräntning är nödvändigt, i det fall det inte finns någon tidigare erfarenhet i det undermedvetna av mänskligt existerande på jorden. För att en person ska kunna känna sig bekväm och tillfreds måste det finnas något att ta hjälp av och jämföra de dagliga erfarenheterna med. För om det inte vore så, skulle man uppleva en känsla av total disharmoni praktiskt taget varje dag, tills den tid kommer då man kan se tillbaka och urskönja någon form av historiskt sammanhang. Det vill säga, under den senare delen av livet. Men förvirringen och disharmonin från att behöva uppleva detta skulle hämma all form av inlärning, eftersom all inlärning skulle behöva filtreras genom denna disharmoni. All inlärning skulle bli färgad av denna disharmoni, vilket i själva verket inte skulle vara någon inlärning alls. Alltså måste denna form av inpräntning finnas för att det ska vara möjligt för en person att känna sig bekväm i en ny omgivning och i de upplevelser som annars skulle vara helt främmande. Även något så litet som ett argument skulle vara så skrämmande för personen att det skulle lämna honom helt tom. Dessa stackare har ingen erfarenhet av ilska eller rädsla så som ni känner det. De skulle göra dem oförmögna. Det skulle förlama dem. De skulle bli fullständigt traumatiserade.

Många tror att allt detta ändå är betingat av miljön. Att ett spädbarns sinne är ett oskrivet blad och att all information lärs in och absorberas medan barnet växer och fortsätter sitt liv. Vi förlitar oss uppenbarligen mer på våra undermedvetna minnen än vad vi inser. Det tycks vara mer som en databank utifrån vilken vi ständigt gör jämförelser i vårt dagliga liv. Utifrån denna nya idé måste en ande, som för första gången träder in i i en jordisk kropp och som möter en främmande ny kultur, ha något i sina tidigare minnen att orientera sig med och något att relatera till. Hela denna idé var för mig häpnadsväckande och öppnade upp för ett helt nytt sätt att tänka. Det kunde förändra hela min syn på reinkarnation.

D: Men, finns det något sätt för mig att veta om de minns och återupplever ett faktiskt liv eller en inpräntning?
S: Vi undrar varför du önskar veta detta?
D: Tja, förmodligen för att kunna hjälpa bevisa vad det än är jag försöker bevisa.

Jag skrattade inombords, för det kokade ner till: Vad är det jag försöker bevisa egentligen? Han verkade läsa mina tankar.

S: Och vad är det du försöker bevisa?

Jag skakade på huvudet och skrattade förbryllat. "Det är en bra fråga."

S: Vi kommer snart att visa att du kommer att svara på din egen fråga.
D: Jo, jag försöker bevisa att reinkarnation existerar, eftersom många människor inte tror på det. Genom att låta någon återuppleva ett liv och sedan bevisa att den personen verkligen existerade under

den tidsperioden försöker jag verifiera dessa saker. Men om någon minns en inpräntning, skulle vi då kunna verifiera det?

S: Det stämmer. Det är ju en erfarenhet som någon faktiskt har upplevt, även om den inte upplevdes av det subjekt som du skulle tala med där och då. Men all information skulle vara densamma, som om du faktiskt talade med just den själ som befunnit sig i det subjektet vid den tiden. En inpräntning blir i realiteten en del av den själen och är därför något som den själen bär med sig.

D: *Skulle det förklara teorin om att mer än en person ibland verkar ha levt samma tidigare liv? Som till exempel flera Kleopatra, flera Napoleon. Skulle inpräntning ta det i beaktande?*

Jag har aldrig råkat ut för detta, men det är ett av de argument som skeptikerna framfört.

S: Absolut. För det finns ingen ... (han hade svårt att hitta rätt ord) äganderätt till dessa inpräntningar. De är tillgängliga för alla. Och därför blir det meningslöst att försöka fastställa vem som faktiskt varit den personen. Det är meningslöst.

D: *Detta är ett av de argument som många använder sig av mot reinkarnation. De säger att om vi hittar många människor som levt samma liv, då kan det inte vara sant.*

S: De utmanas i att bredda sina kunskaper. De presenteras med fakta som motsäger deras snäva övertygelser och uppmanas därför att utvidga sin medvetenhet.

D: *Då spelar det ingen roll om man har varit den riktiga Kleopatra, eller vem det än är. Vi har fortfarande tillgång till information om deras liv.*

S: Det kan verifieras lika enkelt genom den faktiska själen som genom en av de många hundra andra som upplever samma inpräntning. Det gör ingen skillnad.

D: *Uppfattar olika människor denna inpräntning på olika sätt? Om man frågar en person som har levt som Kleopatra, och någon annan som har haft samma liv, skulle deras uppfattning skilja sig åt?*

S: En mycket bra fråga. Vi skulle säga att den mänskliga upplevelsen är som ett filter, vilket färgar ens uppfattningar. Så om en upplevelse i Kleopatra-inkarnationen avvisades av medvetandet hos personen som berättade om den, skulle det antingen raderas eller ändras för att presenteras på ett sådant sätt att den inte stör entiteten.

Detta låter som att omarbeta sin egen verklighet. Skulle det då kunna förklara de fel som ibland uppstår? Skulle inte detta vara mycket likt det sätt på vilket människor tolkar forskning och använder den för sina egna syften, för att bevisa sina egna åsikter?

D: Det skulle ändå vara sant; det skulle bara vara olika sätt att se det på.

S: Det stämmer. Det skulle vara en så exakt avbildning som möjligt, och också en så bekväm som möjligt.

D: Skulle detta också kunna förklara den eventuella förekomsten av parallella liv, två liv som uppenbarligen äger rum samtidigt eller som överlappar varandra?

S: Ja, detta är den paradox eller motsägelse som parallella liv ger upphov till. Det är helt enkelt en fråga om att förvärva samhälleliga erfarenheter, och att lära sig om lagar, föreskrifter, seder och bruk, för att effektivt kunna genomföra sin inkarnation.

D: Då spelar det ingen roll om det kan bevisas eller inte, eller hur?

S: Precis. Vad är det för mening med det? Man skulle kunna ägna årtusenden åt att spåra sina "tidigare liv", vilket i det här avseendet skulle vara helt meningslöst. Det finns dock mycket man kan lära sig av dessa återupplevelser. Inte bara ur ett personligt perspektiv för den regresserade, utan även för de som läser och hör om det. Det finns mycket kunskap att dela och således mycket nytta för alla.

D: Vissa kan dra stor nytta i sina personliga liv av att återuppleva tidigare liv, som till exempel en djupare förståelse för de personliga relationer man har till andra.

S: Ja, det är sant.

D: Hur avgörs vilka inpräntningar man själv eller någon annan ska ha? Väljer man ut specifika inpräntningar för specifika personer?

S: Inpräntningen bestäms utifrån syftet med inkarnationen. Om man till exempel blir en ledare, en president till exempel, kan man ha inpräntningar från olika typer av ledare. Från till exempel stamledare till presidenter, en borgmästare eller en gängledare. Om tonvikten ligger på att leda kan man använda sig av flera inpräntningar av ledande karaktärer, så att entiteten är bekant med aspekten av, eller idén om, vad ledarskap innebär. Det finns också den sekundära, och till och med tertiära, fördelen med att lära sig ödmjukhet, tålamod och upplevelser av nöje och underhållning. Mångfalden av alla dessa erfarenheter finns i dessa inpräntningar. Metoden för själva inpräntandet ligger bortom min förståelse. Effekten är att uppleva flera liv, kanske samtidigt, kanske i följd. Det handlar om att dra lärdom av andras erfarenheter. Lärdomarna är gemensamma. De erfarenheter som var och en av oss har under denna livstid kommer att vara tillgängliga i slutet av dessa livstider för att användas av alla de som har nytta av att ta del av dem. Det är som att låna böcker på ett bibliotek, om man betraktar varje liv som en bok man läser och omedelbart kan förstå.

D: *Menar du då att det vore som om livsenergin fanns lagrad i en bok på ett bibliotek, tillgänglig att inpräntas i andra människors liv om de så önskade använde sig av den informationen?*

S: Det stämmer. Det finns inte någon gräns för hur många som kan använda sig av ett visst liv. Tusentals människor kan inpränta samma upplevelse samtidigt.

D: *Så det skulle vara möjligt för mig att regressera mer än en person till ett specifikt liv om det var så att den inpräntningen fanns tillgänglig för dem båda?*

S: Det stämmer. Inpräntningar väljs ut före inkarnationen. Det finns en metod för det, alltför komplex för att förstå. Men man kan säga att det finns en slags dator, en huvuddator med tillgång till alla människors liv. Information om vad som förväntas av detta liv matas in och lämpliga inpräntningar väljs sedan ut. Det finns en hierarki av andar som har denna uppgift, och ett råd som övervakar det. De assisterar själen. Denna dator, eller detta råd, får information om uppdraget och de tidigare erfarenheterna av de fordon tillgängliga. Det handlar då om att välja mellan det tidigare liv som arkiverats och en matchning mellan det som är relevant och den kommande upplevelsen. Alla minnen, alla tankar, alla sinnen, allt som är verkligt existerande liv finns där, intakt. Det är ett hologram, en tredimensionell sammanfattning av den livstiden. Alla upplevelser, minnen och känslor finns inpräntade i själen och blir så en del av den. Denna information förs sedan vidare efter att inkarnationen tagit slut och är en gåva från att ha levt i denna värld av existens, och blir därför en del av själens permanenta register.

D: *Vore det inte mer korrekt att säga att inpräntningen är som ett mönster? Skulle det vara ett annat ord för det? Att man väljer dessa mönster och använder dem för att försöka forma sitt liv efter dem?*

S: Det skulle kunna användas.

D: *Jag fick just en intressant tanke. Det är ungefär som att göra efterforskningar på ett bibliotek, eller hur?*

S: Ja. Man ges många böcker om många ämnen, och med den kunskapen i hand tar man sig vidare.

D: *Men när en person verkligen lever ett liv så får de ut mycket av de vardagliga upplevelserna av att leva det livet. Har det lika stort värde som en inpräntning?*

S: Du talar utifrån ett karmiskt perspektiv, och vi skulle säga att det är fel då en inpräntning bara ger en referensram att använda sig av. Det hjälper inte till med att reda ut karma. Det är bara ett extra verktyg med vilket man kan reda ut karma. Om alla fick inpräntningar skulle stiltje uppstå utan någon att uppleva faktiska liv. Och det skulle så småningom inte finnas någonting av relevans att inpränta. Så det finns, eller måste finnas, verkliga liv att utöka detta bibliotek av register med.

D: *Ja, efter ett tag skulle själen föredra genvägarna framför den verkliga upplevelsen.*

S: För vissa själar är genvägar lämpliga; för andra är de inte det. För detta fordon lever nu ett liv som är lämpligt. Man hade kunnat säga att han helt enkelt hade kunnat vänta på att någon annan skulle uppleva en inkarnation vid denna tidpunkt, för att sedan ta del av den inpräntningen, eller hur? Men då hade han inte själv lärt sig av den faktiska erfarenheten av det. Själens fria vilja är närvarande i den meningen att inpräntningen sker genom själens fria vilja, och inte av någon annans fria vilja. All relativ information matas in i denna dator, vilken sedan ger lämpliga inkarnationer att inpräntas av. Inpräntningar görs tillgängliga genom denna källa, men det är individen i fråga som fattar det slutliga beslutet. Själen har makt att neka en inpräntning om han av någon anledning inte anser den som godtagbar. Om han skulle bestämma sig för att använda sin auktoritet i saken och säga, "Jag vill inte ha den där,". Då är det så det blir.

D: *Det här förvirrar mig lite. Menar du då att reinkarnation, så som vi känner det, inte existerar?*

204

S: Låt mig säga såhär, det finns en progression från en kropp till en annan. Det finns också inpräntningar. Man kan ha levt faktiska liv, men ändå ha erfarenheten av femhundra. Det är en kombination av olika saker.

D: *Det är med andra ord information man har när man föds, och som man använder sig av under hela sitt liv.*

S: Inpräntningarna är fullbordade vid tiden för födseln. Men det finns även inpräntningar tillgängliga vid behov. Det skulle kunna liknas vid att packa en väska inför en resa, där man under resans gång upptäcker att man har glömt något. Och att det finns butiker längs vägen. Känner du till kartöverlägg? Man skulle till exempel kunna ha de fysiska gränserna för USA, utan några politiska gränser som de för olika stater eller län. Dessa skulle vara som diabilder, där varje diabild läggs på till dess man får en helhetsbild. Det skulle kunna vara en analogi för hur det förhåller sig med inpräntningar. Dessa inpräntningar kan överlappa varandra på många olika sätt, som en dröm eller som en fysisk upplevelse av något slag. Det kan vara en traumatisk upplevelse som ett dödsfall i familjen, eller att man förlorar sitt jobb, eller närhelst en erfarenhet gör att man öppnar upp sig. Att öppna upp sig är nyckeln, vare sig det sker genom något glädjefyllt, sorgligt, eller något däremellan. Den inpräntning som då erfordras skulle då prydligt infogas utan att entiteten tar någon som helst notis om det. Faktum är att man kan ha levt många liv utan att någonsin ha inpräntats. En inpräntning är inget annat än ett hjälpmedel. De är inte nödvändiga för alla.

D: *En tanke slog mig just. Är Jesus liv tillgängligt för gemene man att ta del av?*

S: Det är ett liv som är tillgängligt och som har använts genom tiderna. Det är ett ytterst exceptionellt liv som har tillgängliggjorts. Det är ett liv som förkroppsligar alla de ideal mänskligheten strävar efter.

D: *Dessa skulle vara principerna för Jesu liv, är det vad du menar?*

S: Det stämmer.

D: *Då skulle det vara värdefullt att bli få inpräntad med dem?*

S: Det skulle vara mycket användbart. Det skulle korrelera som en vän till en vän på de inre planen under den här livstiden. Upplevelsen kan också överlagras på en person. Många av de som är inkarnerade nu har denna inpräntning. Jesus kom som grunden för denna nuvarande evolution, för att inpränta detta speciella liv för helandet av denna planet. Det är vad man kallar

"Kristusmedvetandet." Och varje person som har valt vägen som en vän till en vän, eller som en helare likt Jesus, har denna inpräntning. Och de kan frammana den när de har nått en viss nivå av medvetande i sin utveckling.

D: *Jag är nyfiken på om denna upplevelse skulle gå hand i hand med vad de kristna menar med att bli "pånyttfödd", och det sätt på vilket hela livet förändras? Skulle det vara vad som händer i det fall man tar på sig en inpräntning av Kristus?*

S: Det är ett uppvaknande till denna inpräntning, och något man upplever som en "pånyttfödelse." Många beskriver det som att Kristus träder in i deras liv, när den eller han i själva verket har funnits där hela tiden. Det skulle vara som att hitta en juvel i garderoben.

D: *Deras liv förändras alltså till följd av detta uppvaknande?*

S: Det är helt och hållet korrekt.

D: *När man genomgår en sådan faktisk förändring, innebär det då också en förändring av medvetandenivån i den meningen att man agerar utifrån Kristusmedvetandet?*

S: Man agerar tillsammans med Kristusmedvetandet genom sina inre plan. Kristus ande förs då in i hjärtats eviga låga och brinner som villkorslös kärlek.

D: *Då är det en verklig upplevelse; något som många människor upplever.*

S: Det stämmer. Det är en mycket omvälvande upplevelse, liksom ett ljus som lyser upp i mörkret.

D: *Jag har alltid tänkt att det finns sätt för mig att relatera det arbete jag gör till de erfarenheter som kristna har haft, och visa på att det verkligen inte finns någon konflikt i detta alls.*

S: Det är en fråga om terminologi. Många konflikter uppstår till följd av diskussioner kring hur dessa upplevelser ska benämnas. Det är bara en fråga om semantik, eller etikettering, och det sätt på vilket människor styrs av sin religiösa tro. Alla upplever och benämner det på olika sätt, varför olika uppfattningar uppstår. Man håller fast vid sitt eget koncept, eller sin egen uppfattning, och anser den vara den korrekta. Mycket måste göras för att försäkra dessa människor om att deras tro är giltig, även utan etikettering. För denna etikett blir som en krycka för dem att luta sig mot i vad som är osynligt. Etiketten blir på så vis viktigare än det man har gett en etikett.

D: Är dessa erfarenheter unika för den kristna religionen?

S: Det har funnits liknande upplevelser genom hela mänsklighetens historia, och kommer så att fortsätta under hela mänsklighetens existens. Det finns inom alla religiösa aspekter och all kulturell utveckling. Och som jag sa så kan tusentals människor ha samma inpräntning på samma gång. Jesus inkarnation har inte varit den enda inkarnationen av Kristusmedvetandet på den här planeten. Det har funnits många som förkroppsligat samma principer, som Gautama (Buddha), Mohammed, Moses, Elia, och så vidare.

D: Jag tror att det handlar om att "sanning är sanning", oavsett vad man kallar det.

S: Det stämmer.

D: Det skulle bidra att förklara att det finns så stora skillnader som människor tror.

S: Det finns bara etikettering och den kontrovers som följer med sådan etikettering. Fokus borde i stället ligga på att tillåta människor att se vad som finns under dessa etiketter och att acceptera dem för vad de är.

Kapitel 15
Walk-ins

MIN FÖRSTA ERFARENHET av en Walk-in inträffade med oväntad spontanitet. Det skulle ändå vara omöjligt att förutse något sådant. När de guidas genom födelseupplevelsen återupplever majoriteten av mina subjekt att de kommer till världen på ett konventionellt sätt. Jag var därför inte förberedd på detta radikalt annorlunda sätt att inkarnera på. Den unga kvinna som var mitt subjekt berättade för mig om sin födelse till detta liv. Hon sa att hon kom ut dödfödd under en hemförlossning. Läkaren hade försökt, men inte kunnat göra något för henne, så han hade lagt hennes livlösa kropp åt sidan för att ta hand om hennes mor. Det var tack vare hennes mosters ingripande som hon över huvud taget levde. Trots att läkaren hade sagt att det inte var någon idé att försöka, så hade hennes moster kämpat med den livlösa kroppen i flera långa minuter, tills de slutligen kunde höra ett svagt skrik. Den här unga kvinnan hade fått höra denna historia berättas hela sitt liv. Familjen var fast övertygad om att hon inte hade varit här idag om det inte hade varit för hennes mosters uthållighet.

Jag ville ta henne genom födelseupplevelsen för att se vad som faktiskt hade hänt. Subjekt har haft stor nytta av regressioner som denna. De har framför allt fått en större insikt i nära familjemedlemmars känslor och attityder, eftersom det har visat sig att entiteten är fullt medveten om allt som händer under graviditeten och innan födelsen.

Jag har guidat tillräckligt många personer genom födelseupplevelsen för att kunna vara säker på att denna unga kvinna inte befann sig i barnets kropp vid den tidpunkten, utan istället hade fördröjt sitt inträde av någon anledning. Kanske hade hon samtalat med sina lärare och mästare på skolan på det andra planet och därför nästan inte hunnit fram i tid. Kanske hade hon kommit på andra tankar kring sitt inträde i detta liv, där lärarna behövt vara påstridiga i sin övertalan. Ofta försöker entiteten ta på sig för mycket karma att ta itu med när de planerar sin läroplan i detta jordiska klassrum. De börjar undra om de tar på sig en alltför tung börda. Det skulle kunna liknas vid att anmäla sig till högskolan. Det finns ofta kurser som krävs och som är svårare än de lättare extrakurserna. Ofta inser en student att han tar på sig mer än vad han bekvämt kan hantera. Samma är det med inkarnation. Det ser alltid enklare ut under planeringsstadiet. Men ofta har planerna med ordnade karmiska relationer och annat gått för långt för att entiteten ska kunna backa ur det hela.

I mitt arbete har jag upptäckt åtminstone två huvudsakliga sätt för en entitet att träda in på. De kan träda in i kroppen medan den ännu ligger i livmodern och uppleva den faktiska födseln, om det är vad de önskar uppleva. De kan också hålla sig utanför barnets kropp, men i närheten av modern, och bara observera. De är fria att under denna tid ta röra sig mellan de andliga planen, eftersom de ännu inte är bundna till barnet. Huvudkravet, oavsett vilket sätt de väljer att göra det på, är att de träder in i barnet vid det första andetaget. Att misslyckas med detta kan resultera i dödfödslar.

På grund av omständigheterna kring födseln bad jag henne att istället för tidpunkten för födseln ta sig till den tidpunkt då hon först trädde in i den fysiska kropp jag talade till. Kanske var det denna formulering som utlöste händelsen. Jag räknade henne dit och frågade vad hon gjorde.

S: Jag tittar.

Jag visste att hon inte skulle befinna sig i kroppen av detta barn och blev därför heller inte förvånad.

D: *Var befinner du dig?*
S: Vid fotändan av sängen. (Ett djupt andetag) Jag förbereder mig på att träda in i kroppen en sista gång. Det har fram tills nu bara varit...i korta perioder.
D: *Du menar i spädbarnet?*
S: Nej. Det är inte kroppen av ett barn. Det är en vuxen kropp.

Detta kom som en chock och var något jag var helt oförberedd på. Vad menade hon?

D: *Du menar att du inte ska träda in i kroppen av ett spädbarn som har fötts?*
S: Nej.
D: *Det här är inte någonting normalt, eller hur?*

209

S: Nej. Men det är något som börjat ske oftare än vad många skulle förledas att tro.

D: *Du sa att du bara hade befunnit dig i den här kroppen under korta perioder fram till denna tidpunkt? Vad menade du med det?*

S: Det har skett ett utbyte av själar. En prövotid, så att säga, för att avgöra om en överlämning ska ske eller inte. Om hon kommer att acceptera det hon har bett om eller inte.

D: *Har hon bett om detta?*

S: Ja. Det är något man önskat, och den andra entiteten kände att hennes tid var över.

Detta var något jag hade svårt att acceptera. Det lät väldigt likt vad som kallas för "walk-in." Det är ett begrepp som har sitt ursprung i Ruth Montgomerys skrifter och som har kommit att bli populärt. Det innebär lite löst att en ande "vandrar in" i en levande kropp istället för att födas som spädbarn. Jag hade en gång tidigare stött på detta fenomen genom regressiv hypnos. Den händelsen involverade en entitet som trädde in i kroppen av ett litet barn som var mycket sjukt. Ett utbyte av själar ägde rum när den befintliga själen ville ut. Denna händelse ägde rum under en session på 1960-talet, långt innan termen "walk-in" ens myntats. (Jag skrev om detta i min bok Five Lives Remembered)

D: *Varför? Var det något som hände? Fanns det en anledning till det?*

S: De beslut som påverkade detta liv. Hon trodde att hon skulle kunna hantera de problem hon hade ålagt sig att hantera, och när hon upptäckte att de var för svåra bad hon om att få återvända hem.

D: *Kan du förklara vad du menar?*

S: (Ett djupt andetag) Hon var inte så stark som hon trodde. Och därför bad hon om att befrias från situationen.

D: *Kan inte det ske genom att kroppen dör?*

S: Jo, men varför låta kroppen dö när någon annan kan ta dess plats och göra mycket gott. Det var själen som beslutade att hon inte kunde hantera den karma hon beslutat om, och valde därför att lämna kroppen. Den här kroppen...tiden är ännu inte inne för den att dö. Den måste fortsätta vidare. I ett fall som detta låter man kroppen fortsätta så att en annan själ kan träda in i den.

D: *Och det är inget man rynkar på näsan åt?*

S: Det skulle inte ses med blida ögon om hon tog den fysiska kroppens liv.

D: *Du menar genom självmord?*

S: Ja. Men genom att överlåta den till någon som skulle göra gott blir ingen skada skedd och man ser inte negativt på entiteten. Det är ett utbyte som sker med båda parters samtycke.

Det som förvirrade mig mest var att det lät så likt besatthet. Vi har haft så många filmer som Exorcisten på sistone, att tanken var skrämmande.

S: Det finns inga som helst likheter. Att vara besatt är då en förvriden ande försöker kontrollera en annan. Vid en walk-in finns det ingen sådan kontroll. Det finns bara en entitet i den kroppen. Det finns bara ett sätt för entiteten att träda in i den kroppen, och det är då den andra frivilligt överlåter den. Det finns ett fullständigt samtycke. Att vara besatt är just det - att vara besatt - utan rätt.

D: *Var beslutas allt detta? Var planerar man det?*

S: På den andliga sidan. Man diskuterar det med mästarna och fattar beslut.

Jag undrade om den fysiska personligheten hade något att säga om saken. Den här flickan var verkligen inte medveten om ett beslut av den magnituden.

D: *Tar hon sig någonstans vid olika tillfällen för att diskutera saken?*

S: Ja, hon färdas när hon befinner sig i vad andra skulle betrakta som ett sovande tillstånd.

Detta var en oroande tanke för mig. Att tänka sig att vi som medvetna människor har så lite att säga till om när det gäller de saker som händer i våra egna liv. Det är som om vårt medvetna endast vore ett tunt ytskikt som täcker ett extremt komplicerat inre.

D: *Har det varit en diskussion som pågått en längre tid?*
S: I ungefär två månader.
D: *Hur gammal är den fysiska kropp du avser träda in i?*
S: Tjugoett.

211

Tjugoett? Detta var en ytterligare chock. Jag hade träffat den här flickan strax före hennes tjugotvå års dag. Det innebar att detta utbyte hade ägt rum strax innan jag hade träffat henne. Och ändå verkade hon skilja sig från andra jag hade kontakt med.

D: Hon stannade i den kroppen ganska länge.
S: Ja. Många saker blev avklarade. Hon hade enkelt tagit på sig för mycket karma som inte kunde fullföljas.

Var det därför hon dröjde med att träda in i den fysiska kroppen vid födseln? Tvivlade hon på sin förmåga att fullfölja de uppgifter hon tagit sig an? Hon hade redan haft många problem i sitt ännu unga liv, och av allt att döma hade hon tagit sig an och löst dem på ett beundransvärt sätt. Hade hon verkligen motvilligt levt sitt liv, och nått 21 år ålder genom uthållighet?

Betyder det att vi aldrig riktigt kan känna en människa? Betyder det att vi aldrig riktigt kan känna oss själva? Denna händelse gav mig för första gången det starka intrycket av hur åtskilda de olika aspekterna av en människa är, och hur lite kontroll vi faktiskt har över dessa andra aspekter.

D: Vem fattade beslut om vem som skulle träda in i kroppen?
S: Mästarna beslutade att det fanns tillräckligt många likheter mellan själarna för att förändringen inte skulle bli alltför märkbar.
D: Kände du den andra entiteten?
S: Ja. Vi har delat andra liv tillsammans.
D: Du sa att detta är något som börjar bli allt vanligare. Vad beror det på? Har utmaningarna med ett liv på jorden blivit alltför stora?
S: Ja. Till detta kommer det faktum att de som träder in gör det utan att ha genomgått barndomens och födselns trauman, vilket gör dem mer öppna för influenser från den här sidan. Just nu och framåt finns det ett stort behov av sådan öppenhet. Det här är människor som ska vägleda andra in i de kommande tiderna. En av anledningarna till att man träder in är att det är ont om tid och ont om fordon. Det måste finnas de med ett öra öppet för den andra sidan. Och då är det en bra lösning att inte behöva gå igenom förlossning och barndom och förlora alla minnen från tidigare. Alltså kan de föra med sig mycket gott. Den energi som

vi bär med oss vid en walk-in påverkar också de omkring oss - på många sätt som inte går att se på ytan. Det är ett mycket viktigt arbete som pågår.

Utifrån mitt regressionsarbete har jag utvecklat en teori om barn och minnen från tidigare liv. När själen träder in i kroppen är minnena fortfarande mycket nära ytan. Det måste vara mycket frustrerande att plötsligt befinna sig i kroppen av ett barn som inte kan kommunicera. Inte undra på att de gråter så mycket. De försöker få människor att förstå att de egentligen är gamla själar med mer kunskap än vad vi kan föreställa oss. Under de första två åren är sinnet så upptaget av hur den kan få den nya kroppen att fungera och med att lära sig att kommunicera, att minnena tystas ner och hamnar i bakgrunden. De få barn som fortfarande minns och som försöker förmedla det blir vanligtvis kritiserade eller förlöjligade, fram tills att de slutar försöka och i stället försöker bete sig "normalt." Jag tror att om sådana barn uppmuntrades i stället för att få dem att känna sig annorlunda, att de skulle lära sig att använda dessa förmågor till sin fördel. En walk-in, å andra sidan, inträder kroppen utan traumat av en förlossning, och utan att ha behövt tillbringa åratal med att försöka få kroppen att fungera. Det gör dem väldigt mediala, eftersom minnena och förmågorna de har med sig från den andra sidan är högt utvecklade och mycket färska och aktiva.

D: *Märker den fysiska kroppen någon skillnad när utbytet har genomförts?*
S: Nej, hjärtfrekvensen och andningen fortsätter som vanligt. I många fall sker detta utbyte vid dödsögonblicket då en person förefaller dö men sedan fortsätter leva. Men det är inte alltid fallet. Många gånger sker det då personen i fråga somnar. Och när de vaknar så…är man den personen och den andra har lämnat. Man har dock absorberat alla minnen och är därför den personen.
D: *Hur är det med den andra entitetens karma? Fortsätter du med det åt dem?*
S: Ja. Utifrån de överenskommelser som gjorts måste jag avsluta vissa saker som den andra har bestämt måste avslutas.
D: *Du reder ut den andra personens karma.*
S: Inte så mycket karma. Det finns vissa saker som den ursprungliga tar på sig vid födseln. Det finns så mycket interaktion med andra

själar att det skulle påverka alltför många liv om vissa av dessa förpliktelser inte fullföljdes. Alltså måste man förhandla för att kunna uppfylla dessa förpliktelser.

D: Menar du att själen som träder in känner till alla de skyldigheter som den tidigare kroppens ägare hade? Och är helt medveten innan den träder in om vad den har...

S: (Avbruten) Om vad det är den måste göra, ja.

D: Så du har dina egna minnen och absorberar även hennes?

S: Jag har hennes minnen från detta liv, men inget förflutet.

D: Då bär du inte med dig minnen från hennes tidigare inkarnationer?

S: Nej, bara mina egna.

Detta öppnade upp för en annan spännande idé. Betyder det att om jag hade regresserat henne några år tidigare så skulle jag ha fått minnen från helt andra liv än de hon hade gett mig under det år jag arbetade med henne? Detta har hänt andra forskare och är något som ofta lyfts av psykiatriker och skeptiker som ett sätt att avfärda reinkarnation.

D: Varför vet inte personen, den fysiska entiteten, att något sånt här har hänt?

S: Det kan vara alltför traumatiskt för vissa att veta vid den tidpunkten. Vissa walk-ins går resten av sitt liv utan att veta. Men de lever bättre och lyckligare liv än tidigare, och de gör mycket gott mot och för andra. Att minnas är inte alltid så viktigt. Det är det goda det gör.

D: Om den fysiska kroppen ibland inte ens vet att något har hänt, betyder det att den fysiska kroppen är en separat enhet?

S: Är det inte så då? Om du föds in i en kropp kan kroppen fortsätta en tid utan att det finns en själ i den. Alltså är den separat.

D: Du menar då anden rör sig fram och tillbaka, då man är en liten bebis?

S: Ja.

Detta är något som har kommit upp i många regressioner. Att själen kontinuerligt, och under långa perioder, lämnar barnets kropp när det är litet. Detta sker oftast när barnet sover. Och alla vet att bebisar sover mycket. Det är något som fortsätter till dess att barnet har nått en ålder av cirka två år. Själen samtalar vanligtvis med mästarna på skolan under denna tid, och fattar sista-minuten beslut. Det är också en möjlig förklaring till då barn dör i sin spjälsäng. Att själen är borta för länge, eller bestämmer sig för att bryta sitt kontrakt. På så vis kan kroppen vara något separat, och under perioder fortsätta existera utan en livskraft. Jag tror att det också är vad som händer med människor som befinner sig i koma. Kroppen fortsätter att leva medan själen har gått vidare till en annan plats. Jag anser därför att det är fel att hålla en kliniskt död kropp vid liv. När kroppen har varit tom för länge är det inte särskilt troligt att själen kommer att ta beslutet att återvända. Kroppen kan också vara så pass skadad att det skulle vara omöjligt för den ursprungliga själen, eller för någon annan själ, att återvända till den. Kroppen skulle kunna vara oförmögen att återaktiveras.

Medan hon fortsatte att prata började hennes röst att låta trött och hennes svar otydliga. Hon hade inte längre något intresse av att svara, eller så kunde hon inte komma ihåg svaren på frågorna. Detta är något jag ibland tidigare bevittnat då en entitet träder in i kroppen av en bebis. När den andra sidan sluts för dem sluts även kunskapen. De tänker inte längre i andliga termer, utan blir snarare upptagna av det fysiska.

D: *Jag vet att du börjar bli trött eftersom du börjar att absorbera allt när du träder in i kroppen. Har du trätt in i den nu?*
S: Ja.
D: *Och det händer när den fysiska kroppen sover på natten?*
S: Ja.
D: *Och den andra entiteten har fortsatt vidare?*
S: Ja

Hennes reaktioner blev långsammare och långsammare, som om hon höll på att somna.

S: (Mjukt) Det känns konstigt att känna hjärtat igen. Att känna kroppen.
D: *Hade du för avsikt att komma tillbaka så snabbt, eller tänkte du stanna på den andra sidan?*
S: Det skulle ske snart. Jag föredrar det här sättet. Jag har inte lika många problem att ta itu med som då jag växte upp. Det finns mycket arbete att göra nu. Det är mycket lättare på det här sättet.

215

D: Då ska jag låta dig vila, för det måste vara en riktig prövning att göra något sådant.

För att inte tala om den prövning hon just hade utsatt mig för. När denna unga kvinna vid sitt uppvaknande fick höra det hon hade berättat under hypnos blev hon minst sagt förvånad. Hon sa att, Nej! Hon kunde inte tro det. Hon kände sig inte annorlunda; hon visste att hon fortfarande var samma person. Hennes medvetna sinne var som i uppror mot tanken, och hon hade samma svårigheter som jag att ta till sig något av denna magnitud. Jag sa till henne att hon inte behövde acceptera det om hon inte ville det. Att hon helt enkelt kunde se på det som en intressant kuriositet. Hon sa att hennes föräldrar hade anmärkt att hon var annorlunda, att hon hade förändrats under det senaste året eller så. Men det kunde likväl bero på den naturliga mognadsprocessen. Ingen av oss förblir sig lik, vi växer hela tiden.

Då historien om hennes födelse var ett välkänt faktum som hade återberättats många gånger i familjen, var det uppenbart att informationen om att vara en walk-in hade varit det sista hon hade förväntat sig finna under en regression.

Jag fick senare väldigt liknande information om detta ämne från andra subjekt.

D: Har du hört talas om en "walk-in"?
S: Ja.
D: Skulle du kunna förklara det för mig?
S: Som vi nämnde tidigare så finns det fler själar som väntar på att få inkarnera än vad det finns kroppar att inkarnera i. Ibland kommer det en tid i en persons liv då man upptäcker att man verkligen inte längre vill stanna i det fysiska. Man har nått en punkt där de fysiska lasterna och bekymren tagit själen till en nivå från vilken den inte kan upprätthålla sig själv. Alltså ges individen möjlighet att gå över till den andra sidan. Det möjliggör för någon på den andliga sidan att träda in och leva i den kroppen. Det sker ett ömsesidigt utbyte av plats, så att säga. Det är mycket fördelaktigt för de båda. För som ni förstår så tillåts den ursprungliga själen att återvända till sitt sanna hem. Och individen på den andliga sidan ges ett fordon att utarbeta karma genom.
D: Varför låter man inte bara kroppen dö om man vill återvända?

216

S: Det skulle vara en förlust av fordonet, av den fysiska kroppen. Och ofta har man en tidsram att ta hänsyn till. Anta till exempel att den ursprungliga entiteten eller själen behövde reda ut relationen till sin fru. Att situationen utvecklades på ett sådant sätt att mannen fann att han inte längre kunde fortsätta under dessa förhållanden, och att han därför tilläts återvända till den andliga sidan. Den entitet som träder in i kroppen skulle få ansvaret att reda ut karman med hustrun. Efter att ha slutfört de olika uppgifter man i förväg kommit överens om, tillåts den entitet som trätt in att börja ta itu med sina egna uppgifter och sin egen karma.

D: Då måste de gå med på att slutföra vad än fordonet påbörjat?

S: Det stämmer. Det sker inget utbyte utan samtycke från båda parter. Det vill säga, mellan den som avsäger sig karman och den som tar sig an den.

D: Hur beslutar man vem som ska få träda in i denna kropp som fortfarande måste hållas vid liv?

S: På samma sätt som man beslutar om vem som ska träda in från första början. Det beror på vem som har karma att reda ut med dessa människor. Om man anser att de kan hantera det som måste hanteras eller inte. Och om de är tillräckligt utvecklade för att inte hoppa över lärdomarna från barndomen och födseln och träda in i en entitet med minnet intakt.

D: Det gör det svårare, eller hur? Att inte förlora dessa minnen vid födseln?

S: (Eftertryckligt) Man förlorar inte sina minnen vid födseln. Barn har dem fortfarande kvar. Det kan man se i vissa lekar som de leker, vilka föräldrar och vuxna kallar "fantasilekar." Vi som vuxna tystar dem på många sätt, vare sig det sker avsiktligt eller inte. Men på grund av yttre influenser blir minnena allt svagare medan man blir äldre, mer så än att det sker inom entiteten.

D: Jag tänkte att traumat av födseln och att växa upp, att lära sig att använda sin kropp, skulle trycka tillbaka minnena.

S: En del av dem, ja, men inte alla.

D: Jag antar att man glömmer dessa minnen när man blir äldre om man inte använder dem. Jag börjar förstå detta bättre nu, men jag tror att anledningen till att det alltid oroat mig är för att det låter så likt att vara besatt,

S: Som vi sa, det finns inget utbyte utan ett uttryckligt samtycke mellan de båda själarna. Det är något man på förhand kommit överens om, och ofta finns det en tidsplan mellan de två. En organiserad tidsplan utifrån vilken proceduren genomförs. Alltså är det inte en ofrivillig och okänd handling. Det är ett partnerskapsavtal.

D: *Hur är det med den medvetna individen? Är personen medveten om de förändringar som har ägt rum?*

S: Oftast vet fordonet inte om att kroppen har bytt ägare, så att säga. För med inplanteringen av en ny ande följer även alla tidigare minnen från det fordonets liv. Ur ett fysiskt perspektiv finns det alltså ingen uppenbar förändring av ägarskap eller förmyndarskap.

D: *Den medvetna individen har alltså inget att säga om saken. Den blir med andra ord inte konsulterad.*

S: Medvetandet upphör aldrig. Det undermedvetna är vad som byter ägare. Det upplever inget obehag, ingen störning. Ibland, om det är nödvändigt eller önskvärt, kan man få insikt och minne av det faktiska utbytet. Och med tiden kommer en gradvis insikt, och kanske minnet av, den exakta tidpunkten för utbytet.

D: *Jag tror att det är vad som stör mig. Det verkar som om man har så lite att säga om det.*

S: Det är inte så att vi inte har något att säga. Vi har helt enkelt mer att säga än vad som kan tas emot.

Han förstod uppenbarligen inte min kommentar. Jag syftade på att den fysiska personen inte hade något att säga till om. Han trodde att jag syftade på att han, som kommunikatör, inte gav tillräckligt med information. Det visar hur bokstavligt det undermedvetna tolkar kommentarer när det befinner sig i ett tillstånd av trans.

S: Vi vet helt enkelt inte vilka frågor du har förrän du ställer dem.

D: *Det är sant. Du sa tidigare att frågorna är lika viktiga som svaren.*

S: Det stämmer. Det måste finnas ett tomrum för att kunna fylla det.

D: *Att en själ vill dra sig ur eller bryta sitt kontrakt är alltså inget man rynkar på näsan åt?*

S: Det är inte så att de inte håller vad de har lovat; det är helt enkelt en situation en själ finner sig i. För det är väl observerat och välkänt på den här sidan att allt inte alltid går som planerat. Så det är helt enkelt en situation till vilken det finns en idealisk lösning. Vi finner ett sådant utbyte som gynnsamt då det är ganska beundransvärt och nobelt. Det är mer praktiskt och effektivt än att låta fordonet dö, eftersom kroppen då inte skulle kunna nyttjas till att göra gott eller till att få mer arbete gjort.

D: Jag försöker förstå skillnaden mellan en walk-in och ett självmord. Är det för att självmord förstör kroppen?

S: Det stämmer.

D: Det är vad man anser vara fel?

S: Det stämmer. Inte bara för att kroppen har förbrukats utan någon att fylla den. Det orsakar en störning i själens balans. Det är en handling som är oförlåtlig.

D: Kroppen skulle ha mer saker att uträtta, och det avbryter ordningen av flera saker?

S: Det stämmer.

D: Kan du säga vid vilken punkt eller vid vilken tid i människans fysiska utveckling som själen eller anden under normala omständigheter träder in i kroppen?

S: Det sker vid den punkt anden väljer att träda in. Det kan vara vid den exakta tidpunkten för befruktning eller födsel, eller kanske en tid efter födelseupplevelsen, för att inte behöva uppleva traumat av födseln. Det är helt och hållet upp till den anden att avgöra. Det är också beroende av de lärdomar den anden behöver.

D: Så du menar att man kan leva en viss tid utan att ha en ande eller en själ?

S: Nej, det behöver finnas en livskraft. Andligt inträde är dock inte ett krav för livskraft, då livskraften kan härröra från modern. Men andens hemvist i den formen skulle vara valfri eller upp till den individuella anden vad gäller att ta hand om den livsformen och därmed integrera den i sin egen verklighet och nära den med sin egen livskraft.

D: Så vad du säger är att vi inte skulle kunna avgöra vid vilken tidpunkt livet faktiskt börjar.

S: Det stämmer. Och därför bör man heller inte kritisera abort i den meningen att det innebär att döda en själ, eftersom det inte är möjligt att avgöra vid vilken tidpunkt den fysiska livsformen faktiskt har en själ.

D: Om jag förstår dig rätt så är det inte särskilt troligt att en abort faktiskt innebär att man tar ett liv. Stämmer det?

S: Det kan vara bra att veta att beslutet att abortera är ett delat ansvar av inte bara modern, utan även av den livskraft som skulle ha trätt in i den kropp som man aborterar. Det sker på en något djupare medvetandenivå än det undermedvetna, men inte helt på de inre planen. Det finns en viss medveten kommunikation förknippad med denna beslutsprocess. Det sker på en nivå som är något inre, och ändå något yttre på samma gång, eller samtidigt.

Vi har redan pratat om att den själ som träder in väljer sina föräldrar och sin miljö under stadiet för planering innan den träder in i fostret. Då anden är van vid sin frihet trivs den inte med att vara begränsad av det växande fostret och stannar därför inte kroppen under hela graviditeten. Den kan fortfarande röra sig fram och tillbaka mellan de andliga planen om den så önskar. Under tiden förser modern barnet med liv genom sin livskraft, varför den inträdande själen inte behöver vara närvarande. Om graviditeten avbryts genom abort eller missfall kan det inte skada själen, eftersom den delen är evig och omöjlig att skada. Om den inträdande själen fortfarande önskar vara ansluten till just den familjen, kommer den bara att vänta på nästa tillfälle. Nästa gång modern blir gravid kanske hon bättre kan hantera ansvaret för barnet. Under tiden har man fått många lärdomar att lära av. I fallet med en abort säger alltså den själ som ska träda in att, "Det är okej. Vi tar det nästa gång." I fallet med ett missfall utvecklas fostret inte på rätt sätt och skulle därför inte vara ett lämpligt fordon för att fullfölja den plan själen haft för avsikt att genomföra. Situationen blir densamma, att själen helt enkelt väntar till nästa lämpliga tillfälle att träda in i samma familj.

Jag hade en klient som sa, "Jag önskar att du hade kunnat berätta det för min mamma. Hon fick ett missfall innan hon fick mig och sörjde det barnet hela livet." Jag sa att det inte fanns någon anledning att sörja då hennes mamma inte hade förlorat något. Det första barnet hade återvänt som min klient, det andra barnet. Det här har till och med hänt i min egen familj. En av mina döttrar fick en dödfödd pojke, och efter nästan ett år på dagen fick hon en andra pojke. Vi har aldrig sörjt den första, eftersom vi vet att den återvände som den andra. Han var uppenbarligen inte riktigt redo den första gången för att ta steget ut i denna kaotiska värld. Han behövde övertalning, "Du skrev på ett kontrakt. Du har gjort en överenskommelse, och det är något du nu måste fullfölja."

D: *En annan fråga i samma spår. I den andra änden av livet, är det berättigat att försöka upprätthålla liv i en kropp som förlorat förmåga att fungera?*

S: Även detta beslut skulle vara delat. De som berörs av beslutsprocessen bör vända sig inåt, in i sitt medvetande, och synkronisera inte bara med sig själva, utan med den individ som skulle fatta beslutet åt dem. Denna process av att fatta beslut, detta inre vägval, är en synkronisering med den livsenergi som berörs av detta beslut.

D: *För att återgå till den ande som tar över en livsform: Skulle det vara möjligt för en ande att av någon anledning avvisa den specifika livsformen?*

S: Ja.

D: *Vad skulle hända med det fordonet eller den kroppen?*

S: Det skulle med era termer kunna beskrivas som plötslig spädbarnsdöd. Det innebär att livskraften helt enkelt lämnar kroppen och tar livsenergin med sig.

D: *Skulle det vara den primära orsaken vid plötslig spädbarnsdöd?*

S: Det stämmer. Man ångrar sig eller upplever ett behov av att dra sig tillbaka. Det kan vara så att en händelse på den fysiska nivån, eller på något andligt plan, tvingade energin tillbaka. Kanske gick en karmisk förbindelse för det spädbarnet förlorad. Kanske hade den som barnet förhandlat och ingått avtal med om att träffa vid någon tidpunkt i det framtida livet antingen dött, kanske genom olycka eller sjukdom, eller beslutat sig för att inte inkarnera. Livskraften skulle då kunna välja att inte inkarnera, eftersom kontraktet inte skulle kunna fullföljas.

D: *Finns det även fall där andar bara ändrar sig?*

S: Det stämmer.

D: *Om den ande som planerat att träda in i en kropp inte gör det...*

S: (Avbruten) Ja, då skulle kroppen vara tillgänglig för en annan ande att träda in i. Det är möjligt för dem att byta plats. Barnet skulle i så fall återupplivas på ett till synes mirakulöst sätt. Det är helt enkelt upp till de individer som berörs. Ofta handlar det om mycket komplicerad karma, bortom din förmåga att förstå just nu.

Tydligen är vi, som medvetna mänskliga varelser, de minst informerade deltagarna i hela det jordiska scenariot.

Kapitel 16
Resan tillbaka

INNAN MAN PÅBÖRJAR RESAN tillbaka till det fysiska livet har man inte bara planeringssessioner med sina mästare och lärare, man konsulterar även de människor man ska försöka utarbeta karma med och bekantar sig med den familj man överväger att födas in i. En kvinna som jag berättade detta för ansåg denna tanke som mycket kuslig. "Menar du att mitt barn observerade mig under hela tiden jag var gravid?" frågade hon, med vidöppna förvånade ögon. Tanken är lite skrämmande, men det hela är tydligen en del av planen, och det visar på att anden har full kontroll över omständigheterna kring sin födelse. Nedan följer några exempel på då ande kontrollerar saker och ting före sin återfödelse i en familj.

D: Vad är det du gör?
S: Jag observerar den familj jag ska födas in i.
D: Du har alltså inte återvänt till jorden ännu?
S: Nej, jag studerar och lär mig om dem så jag vet hur jag ska hantera dem.
D: Varifrån observerar du dem?
S: Jag är här.

Hon beskrev platsen där familjen bodde. Hon skulle födas in i ett liv på landsbygden i Kina.

D: Vet du varför du har valt den här familjen?
S: Vi har känt varandra tidigare, och det finns saker som jag behöver få uträttat. Det är människor med vilka jag har saker att utarbeta, och på så sätt kommer de att hjälpa mig att få mycket uträttat.
D: Vad är det du gör? Bara väntar här tills det är dags att födas?
S: Nej, vi observerar och lär oss och återvänder ibland till mästarna för att lära oss saker.
D: Man måste alltså inte hålla sig nära familjen. Nåväl, när träder man då in i sin nya kropp?
S: Ibland före födseln, ibland vid födseln, ibland strax efter.

D: *Då behöver man inte befinna sig i barnets kropp innan det föds?*
S: Nej. Vissa träder in först flera dagar efter det att barnet har fötts. Det har att göra med vad man behöver lära sig. Den här gången kommer jag nog att välja att träda in före födseln.
D: *Menar du att anden liksom bara hänger runt barnet, så att säga?*
S: Ja. Eller så lämnar de i korta perioder i de fall de redan trätt in. De kanske inte vill stanna, och upplever sig kluvna. I de flesta fall har man alltid valet att stanna eller inte, om man av någon anledning bestämmer att det inte är rätt och beslutar sig för att lämna.
D: *Skulle det finnas skäl för dem att ändra sig?*
S: Ja. Det kan finnas saker som har förändrats sedan de bestämde sig för att träda in i en specifik kropp. De kan bestämma sig för att föräldrarna inte är redo för dem, eller att de är oförmögna att ge dem vad de behöver. Eller att de helt enkelt inte är redo själva.
D: *Då är det inte riktigt ett vattentätt system. Det finns sätt man kan dra sig ur på. Du sa att man ibland kan lämna kroppen ett tag, och röra sig fram och tillbaka. Är detta säkert för kroppen?*
S: Det är något som vanligtvis sker när kroppen sover och orsakar ingen större skada, såvida man inte håller sig borta alltför länge. Det skulle kunna skada; kroppen skulle då kunna dö.
D: *Men för det mesta kan de ge sig av och komma tillbaka?*
S: Det är en ny upplevelse. Inte ny i den meningen att de aldrig har gjort det förut, men något de sedan länge kanske glömt. Särskilt i de fall de befunnit sig i ett andligt tillstånd under en längre tid. De upplever sig som instängda.
D: *Jag kan förstå varför de skulle göra det. De ges då tillåtelse att lämna kroppen ett tag medan barnet är mycket litet och det inte gör någon skada. Måste de sluta med detta vid en viss ålder för att bara stanna hos barnet? Finns det några bestämmelser kring det?*
S: Det är att föredra att upphöra med detta vid ungefär ett års ålder. Det har dock funnits fall där man har fortsatt med det fram till tre och till och med fem års ålder. Det finns de som minns hur det var på den här sidan under längre tid än så.
D: *Och kroppen vet inte vad som pågår?*
S: Nej, den fortsätter att existera på egen hand under den tidsperioden.
D: *Vet du vad du måste lära dig av det liv du träder in i?*

223

S: Jag måste lära mig hur det är att...inte vilja ha så mycket. Att lära mig hantera människor individuellt och att inte åtrå, som det står i en bok.

D: *En bok? Vad menar du?*

S: En av de saker vi lär oss av, det är en guide. Jag kommer förhoppningsvis att kunna bemästra dessa saker.

D: *Har du tidigare velat ha för mycket?*

S: Ibland, ja. Det är en av de saker som kan vara svårare att lära sig än andra. Om man inte har någonting och samtidigt ser att de runt omkring har saker, då är det sådant man själv åtrår. Man tänker, "Varför är den personen bättre än mig, och varför har de så mycket mer." Det är något man måste lära sig att hantera.

D: *Det är något väldigt mänskligt. Man behöver det inte men vill ändå ha det.*

S: Man måste lära sig skillnaden mellan att behöva något och att vilja ha något. Att hitta en balans mellan de båda.

D: *Är det en av de saker som du förhoppningsvis kommer att lära dig av det här livet?*

S: Det är vad jag kommer att sträva efter.

D: *Och du tror att den här familjen kan hjälpa dig med det?*

S: Det kan man hoppas på.

D: *Okej. Och just nu observerar du dem bara och förbereder dig inför att återvända. Är du bunden till den familjen?*

S: Ja, beslutet är taget.

D: *Det måste ta ett tag att få ihop alla dessa saker och få det hela att fungera, eller hur?*

S: Ja. Även tiden för födseln måste vara rätt.

D: *Det låter komplicerat. För mig åtminstone. Jag antar att det inte är det för de som ansvarar för det.*

S: Det verkar åtminstone fungera.

Det var ironiskt att detta liv inte blev så som entiteten hade programmerat det innan han trädde in i kroppen. Hans huvudsakliga lärdom var att inte begära, men medan han levde sitt liv var det mänskliga begäret alltför starkt, och han hade naturligtvis inget minne av det noggrant planerade mönster som hans själ hade utarbetat på den andra sidan. Han blev en mycket skicklig handelsman i Kina. Jag ansåg honom vara en tjuv, eller åtminstone en "svindlare" med talets gåva. Han såg sig bara som en smart affärsman. Hans fall kom när han åtrådde en svart pärla och lyckades få tag på den. Det hela ledde till att han blev arresterad och piskades till döds. Som en annan entitet sa; saker och ting ser så enkla ut på den andliga planet, men när man befinner sig i den fysiska kroppen blir dessa saker mer komplicerade och man förlorar sitt mål ur sikte.

Ytterligare ett exempel från före födseln:

S: Jag observerar kvinnan som ska bli min mor. På sätt och vis vet jag vad jag har att förvänta mig.

Hon beskrev familjen och huset.

D: Vad tycker du om familjen?
S: Jag är väldigt osäker. De är mycket krävande. De har bestämda idéer om vad de vill göra. Det slutliga beslutet har inte fattats.
D: När kommer det att fattas?
S: Snart. Jag har ett val. Jag måste bestämma mig för om detta liv kan ge mig de lärdomar jag känner att jag behöver.
D: Hur länge observerar du dem innan beslutet fattas?
S: Ibland några dagar, ibland längre.
D: Om du skulle bestämma dig för att inte födas, skulle en annan ande då träda in?
S: Ja. Men jag har ett behov av den här situationen. Jag skulle kunna lära mig mycket av den.
D: Vad hoppas du lära dig av det livet?
S: Ödmjukhet. Och att kunna hantera relationer till människor dagligen, att lära mig vara tolerant mot andra. Jag måste lära mig att ge mer av mig själv. Att inte hålla tillbaka, att arbeta och skapa goda band i stället för att vara alltför självtillräcklig.
D: Är det sådan du har varit tidigare?
S: Ja, och jag måste lära mig att rätta till denna brist inom mig.
D: Finns det människor i det här livet som du har karma att reda ut med?
S: Ja. Det har funnits problem i förhållande till den person som ska bli min mor. Vi måste lösa dem och lära oss att älska varandra trots våra brister.
D: Finns det andra människor i det livet som du redan har gjort överenskommelser med?

225

S: Ja, det kommer att finnas andra med mig. Jag ser någon som kommer att se till mig för vägledning, vilket jag måste sträva efter att ge. Det har funnits ett misslyckande, vilket behöver åtgärdas.

D: *Vet du vad du kommer att bli i det här livet?*

S: Jag kommer att bli en präst. Det är nödvändigt för mig att följa den vägen för att betala för mina skulder.

D: *Jag antar att det är skulder du har ådragit dig i tidigare liv. Är det här livet redan planerat?*

S: Det är förutbestämt i den mån saker och ting planeras. Det finns fortfarande en fri vilja att ta hänsyn till.

D: *Jag har hört att det finns vissa saker som måste hända. Att det inte finns något sätt att ändra på dem?*

S: Om de är nödvändiga för att påskynda din tillväxt så kommer de att inträffa, oavsett vad du själv önskar.

D: *Man säger att de bästa planerna ofta går om intet. Är det något som inträffar? Förstår du vad jag menar?*

S: Av möss eller människor? Någon skulle säga som så... Men detta är inte en plan skapad av människor, och därför kan inte allt som är planerat ändras. Om det visar sig nödvändigt, då är det vad som sker.

D: *Man kan inte göra planer så vattentäta att det inte finns någon utväg. Det skulle inte lämna rum för fria vilja. Så även om man planerar saker mycket noggrant, går de inte alltid som man vill, eller hur?*

S: Ibland inte.

D: *Men man kan ju hoppas, antar jag.*

S: Man ska inte hoppas, man ska tro. Hopp har vare sig kraft eller styrka, men det har tro. Med tro kan vi kan vi arbeta mot vårt ultimata mål.

Det är återigen ironiskt att planerna för detta liv blev mer komplicerade i praktiken än i teorin. Han blev verkligen präst, men inte av eget val. Om en familj hade många barn under den tid då han levde gav man ofta en son till klostret för att bli präst. Hellre det än att ha ytterligare en mage att mätta. Detta var ödet för många inom kyrkan på den tiden, och eftersom de inte gått in i denna religiösa värld av en önskan att hjälpa mänskligheten, var de överordnade ofta bittra och utövade en makt på gränsen till grymhet över munkarna. Alltså blev denna entitet präst, utan förmåga att hjälpa. Han levde ett fattigt, ensamt och olyckligt liv, till dess han undkom det genom en tidig hjärtattack. Återigen hade de bästa planer av möss och människor gått om intet.

JAG HAR TAGIT många regredierade personer genom sin födelse. Det bekräftar det som redan förklarats, att anden ibland väljer att observera sin förlossning och träda in i barnets kropp efter att det har fötts. Eller så väljer de att träda in i barnet medan det ännu befinner sig i moderns kropp för att uppleva den fysiska födelsen. De tycker inte om att befinna sig i det växande fostret; det är en trång och obehaglig känsla. De har en känsla av att de är varma, men befinner sig i mörker. De kan också beskriva alla de känslor som den blivande mamman upplever. Jag har haft en del sorgliga regressioner där mamman inte har velat ha barnet, vilket anden varit mycket medveten om. De kände dock att det inte fanns något återvändo och att de möjligtvis skulle kunna rätta till situationen när de väl var födda. De kände fortfarande att det var nödvändigt för dem att av någon anledning, förmodligen en karmisk sådan, födas in i den familjen.

Det är mycket märkligt att se någon genomgå själva förlossningsprocessen. De upplever ofta ett starkt tryck över huvudet och axlarna. Ibland kippar de efter andan som om de har svårt att andas. Det är vid dessa tillfällen som jag behöver försöka minimera alla fysiska obehag. De ser ingenting förrän de kommer ut i det starka ljuset. De upplever sig då mycket frusna och förvirrade. Ett subjekt såg de vitklädda människorna, men sade att de var klädda annorlunda än de "hemma", vilka också var vitklädda. De är medvetna om allas tankar och de tycker inte om att vara skilda från mamman. Deras första skrik är av frustration över att inte kunna kommunicera med dessa främmande varelser i denna nya miljö. Sedan verkar en våg av glömska svepa över dem när deras reaktioner mattas av och minnena av de andra planen och existenserna bleknar bort.

MÅNGA HAR UNDRAT över vad man kallar "befolkningsfrågan." Det sägs att det finns fler människor på jorden nu än den totala och sammanlagda befolkningen som någonsin har levt på jorden, och ändå fortsätter det bara att öka. Om det är samma själar som kommer tillbaka om och om igen, hur förklarar man då befolkningsökningen? De människor som ställer dessa frågor hämmas uppenbarligen av ett snävt perspektiv. De tror att de själar som inkarnerat sedan historisk tid, såsom vi känner den, är alla själar som finns.

S: Vi förstår din fråga. Var kommer alla dessa nya själar ifrån? Vi ber dig att förstå att det finns många fler själar än det finns tillgängliga fordon. För om det omvända skulle vara sant, skulle ni då kunna föreställa er kroppar som går runt utan själar? Det skulle vara en intressant situation i sig. Men, som vi sa, det finns fler själar tillgängliga att inkarnera än kroppar att inkarnera i. Alltså finns det en process av att vänta på att rätt kropp ska dyka upp.

D: *Jag tror att deras argument bottnar i att vi nu har en större befolkning än vad vi någonsin har haft. Och om detta är alla människor som någonsin har levt...*

S: Det stämmer inte. Om alla skulle inkarnera skulle det inte finnas någon kvar i den andliga världen att ta hand om butiken, så att säga. Det måste alltid finnas de på den här sidan som kan hjälpa till och vägleda och styra. För det finns arbete att göra här i byråkratisk mening eller styrande mening, lika säkert som på er planet.

D: *Det är vad jag har försökt att förklara för dem. Att alla själar som har skapats inte har inkarnerat.*

S: Det stämmer. Det har aldrig funnits en konstant tillströmning av alla själar till den här planeten. Om det vore så skulle ni säkert stå flera meter djupt i människor, axel till axel över hela jorden.

D: *Det vill vi inte.*

S: Inte vi heller. Det vi menar är helt enkelt att de själar som inkarnerar nu gör det i en takt som är förenlig med mängden tillgängliga fordon.

DET FINNS MÅNGA lärdomar att dra på jorden, och om man lär sig vissa av dem blir de andra lättare.

S: Vi ska nu tala med dig om ovillkorlig kärlek. För att kunna uppleva detta menar vi att det även är nödvändigt att uppleva en brist på den energi som vi kallar ovillkorlig kärlek. Alltså, utifrån sakernas naturliga ordning, den storslagna planen, finner man sig återvända från mörkret och bristen på kärlek och förståelse. Och därefter in i ljuset igen på den här sidan, där man finner sig omgiven av de som ger av denna ovillkorliga kärlek. Då kan man enkelt minnas bristen på den, och på ett mycket enkelt sätt förhålla sig till ett överflöd av den. Det är en lärdom som denna planet som helhet nu håller på att lära sig. Den förvirring och disharmoni som förekommit på er planet har grumlat och förvrängt denna kärlek till en sådan grad att den nästan inte går att känna igen. Denna övergång från en villkorlig till en ovillkorlig kärlek är nu i ett senare stadie.

D: *Kan du definiera villkorslös kärlek för mig?*

S: Det skulle vara nästintill omöjligt att exakt definiera utifrån ert begreppssystem och era formuleringar, eftersom det inte finns några begrepp tillgängliga att göra det rättvisa. Det kan beskrivas, men det kan inte definieras.

D: *Kan du beskriva det eller ge exempel på en analogi?*

S: Vi skulle säga att den mest korrekta skildringen eller exemplet av det på er planet skulle vara en mors kärlek till sitt barn, då hon älskar detta barn oavsett hur det förhåller sig till sociala normer. När man finner att ens barn har överträtt samhällets lagar och måste ta sitt straff, ges mer kärlek, mer förståelse. Och det är precis som det ska vara, eftersom det ur barnets perspektiv finns ett mycket större behov av denna kärlek och förståelse. Man ger således av denna villkorslösa kärlek, oavsett de omständigheter som omger överträdelserna. Det är en kärlek man helt enkelt ger till följd av relationens natur mellan de två. Detta är ett exempel på villkorslös kärlek.

D: *Är det vad vi behöver lära oss av varandra?*

S: Det stämmer.

D: *Men du vet hur människor är. För vissa är kärlek något mycket svårt, för att inte tala om ovillkorlig kärlek. Det är något mycket svårt för vissa människor att förstå.*

S: Det stämmer. Det är visdomen av denna lärdom. För detta är något mycket svårt att lära.

D: *Var det inte vad Jesus försökte lära när Han kom till jorden?*

S: Det är ett obestridligt faktum! Hans inkarnation var ett förkroppsligande av ovillkorlig kärlek. Det är många som nu instämmer i detta och som blir alltmer medvetna om subtiliteterna i Kristi läror. Det finns många fler lärdomar på det subtila planet än vad man någonsin hoppas kunna finna i det bokstavliga.

D: *Finns det någon annan lärdom du skulle vilja framföra?*

S: Vi skulle säga att tolerans och tålamod är lite som tvillingar. På så sätt att de var och en fungerar som ett komplement till den andra. Utan den ena kan inte den andra finnas.

D: *Är detta några av de lärdomar som vi bör försöka lära när vi kommer till jorden?*

S: Det stämmer. En väl avrundad och sund personlighet skulle inte sakna dessa egenskaper.

S: Vi skulle vilja vända oss till de som kanske känner att det borde finnas mer till livet än vad de har upplevt. Ni längtar efter mer men finner kanske inte dörren att öppna för att uppleva det. Dörren, om ni vill använda den analogin, utgörs av ert eget sinne och ingenting annat. Det yttersta målet på det fysiska planet är att lära känna sig själv. Ni kommer att ges många lärdomar som utmanar er att lära känna er själva. Dessa kommer ofta att vara smärtsamma. Vi skulle be er att undersöka rosen för att se att det i en sådan skönhet finns inslag av smärta. För att verkligen kunna njuta av den måste den plockas från sin stjälk. Men det finns en risk att sticka sig på rosens taggar. Detta skulle kunna vara en analogi för livet på det fysiska planet. I dessa tider av nöd och brådska skulle vi dock vilja be er att alltid vara medvetna om att dessa erfarenheter är något ni ger er själva. Det är du själv som väljer vad du ska uppleva, så att du kan lära dig det du behöver lära dig. Genom dessa smärtsamma erfarenheter kommer du verkligen att lära känna dig själv. Och om du lär er något av dessa erfarenheter, då har de inte varit förgäves. Du är verkligen herre över ditt eget öde. Du har själv fullständig kontroll över det du kallar för ditt liv. Du är den som fattar beslut om när, var och hur. Vi, utifrån vårt perspektiv, kan se alla de alternativ som breder ut sig framför dig. Men det är du själv som måste fatta de slutgiltiga besluten. Du kan heller inte hjälpa att påverka andra medan du lever på det här planet. Du påverkar andra kontinuerligt.

D: *Jag trodde att vi var menade att inte påverka andra.*

S: Det är en sak att styra och något helt annat att påverka. Skulle det vara möjligt för dig att undervisa om du inte hade möjlighet att påverka? Påverkan är inget dåligt. Alla har förmåga att skilja mellan det som är bra och det som inte är det. Du lägger helt enkelt ut dina pjäser på brädet och låter de andra bestämma vad de vill ha. Det tycks alltid finnas så mycket oro på jorden. Detta är helt naturligt i den cykliska naturen av de händelser avsedda att inträffa på den här planeten. Men ur ert perspektiv är det något ganska onaturligt, för ni verkar föredra den period då allt är som det borde vara, så att säga. Men om allt skulle förbli som det borde vara, skulle ingenting någonsin förändras. Det skulle vara som det borde vara för alltid. Det är inte vad som är syftet med jorden. För jorden är en testplats, en lekplats, och mycket annat. För att tillgodose alla dessa olika erfarenhetsmässiga manifestationer; i brist på bättre terminologi; är det alltså nödvändigt att ibland skifta realiteterna så att betoningen ligger mindre på den ena och mer på den andra. Kanske blir det mindre av en lekplats och mer av ett slagfält, och så vidare. Man prioriterar helt enkelt något annat när det finns behov av det. Och det som ni uppfattar som kaos är i själva verket bara en fysisk manifestation av förändrade prioriteringar. Vi skulle mena på att ni bör låta er vägledas av er intuition under er tid på jorden. Det skulle vara vad som är mest ändamålsenligt. För det som man minst önskar kan i själva verket vara det mest önskvärda för någon annan. Det finns ingen bestämd och definitiv verklighet. Ingen verklig sanning, då allt i själva verket är relativt. Därför måste man vara försiktig när man definierar sanningar eller realiteter, för att se till att dessa realiteter och sanningar inte inskränker någon annans. När man skapar realiteter är det därför viktigt att alltid komma ihåg att inkludera ansvarsfriskrivning, att endast det som är mest lämpligt manifesteras. Vi skulle mena på att det som är nödvändigt också är vad som kommer att manifesteras.

D: *Det är mycket svårt för oss här på jorden att se andra människors ångest, hjärtesorg och smärta, och erkänna det som evolution.*

S: Det är sant sett till den mänskliga erfarenheten. Vi känner att detta kanske är något som många på ert plan ännu inte riktigt förstått. Det skulle inte vara rätt att avslöja det stadie ni på jorden nu befinner er i denna evolution. För om vi skulle säga att det är i början skulle det tynga era hjärtan. Och om vi skulle säga att det är i slutet, skulle det finnas en ivrig förväntan inför något som kanske inte kommer på ett tag. Alltså vore det mest ändamålsenligt att bara acceptera det faktum att det finns oroligheter och turbulens oavsett i vilket stadie man befinner sig. Att göra det vi ska göra i den period vi befinner oss i, och att låta cykeln fortsätta av sig själv. Den viktigaste perioden att arbeta

231

med är nuet. Huruvida din verklighet just nu är i tvättcykeln eller centrifigueringscykeln är irrelevant. Tvätten kommer lika säkert att bli klar.

D: *(Skratt) Men vi vet inte vilken cykel vi befinner oss i.*

S: De själar som beslutar sig för att påbörja en livscykel i er tid är antingen dumdristiga eller modiga, beroende på hur de ser på det. En del av dem gör det helt enkelt av plikt, eftersom de vet att de måste leva ett visst antal liv för att utvecklas till en viss nivå. De flesta av dem är ganska tråkiga och konventionella i er värld. De mer avancerade själarna gör det med båda ögonen öppna och är väl medvetna om att det kommer att bli svårt. Men de vet också att det kommer att främja deras karma eftersom de går in i det redan avancerade och vet att de kommer att kunna göra framsteg motsvarande två eller tre liv. Detta kan uppnås genom att inkarnera vid just den här tiden då det är svårt att utvecklas andligt i materialismen i er värld. Dessa mer avancerade själar har förmåga att förhålla sig i kontakt och i samklang sin andliga sida, och de gör det med stor andlig framgång på grund av det arbete de behöver lägga ner i det. Motståndet till de generella trenderna i världen gör dem mycket starkare, så till den grad att det motsvarar framstegen av två eller tre liv. När de sedan återvänder till den här sidan har de utvecklats enormt och ombeds ofta att stanna ett tag för att hjälpa de av oss som vill återvända att förbereda sig. Och efter ett tag säger de, "Tja, jag tror att jag vill tillbaka för att lära mig lite mer," och så gör de det. Och det är så det går till i mönstret av saker. Vi skulle vilja säga er som nu är samlade i detta rum, att var och en av er på ert eget speciella sätt och i någon form, kan se den resa ni har att göra framför er. Vi skulle väldigt enkelt kunna uttrycka det som att ni alla på denna planet gör samma resa. Många är dock mer medvetna om den än andra.

D: *Vi befinner oss alla på samma väg, vi rör oss bara i olika riktningar.*

S: Det stämmer. Men alla vägar går till slut samman på en och samma plats.

D: *Vissa av dem är bara mer krokiga och kurviga än andra.*

S: Det stämmer.

DET ÄR OTROLIGT hur all information i denna bok erhållits från många olika personer som inte har känt varandra. De har haft olika religioner och yrken. Trots deras olikheter verkar den information de gav i djup trans inte motsägande. De kompletterade snarare varandra. På många ställen passar de så bra ihop att det nästan låter som om de kommer från en och samma person istället för från flera. Detta är ett fantastiskt fenomen i sig, att när det sätts samman kan skapa en solid bok med sammanhängande information. För mig är det bevis nog på att de såg och rapporterade liknande scener när de regresserade till det så kallade "döda" tillståndet. Om de alla ser samma saker, då tror jag att livet efter detta måste vara en mycket verklig, identifierbar plats med bestämda regler och med en hierarki som håller allt i ordning.

Jag gör inga anspråk på att ha alla svar; frågorna om ett ämne som livet efter döden är alldeles för djupa och komplexa. Läsaren kommer förmodligen att komma på många frågor som de skulle ha velat ställa och som jag inte ens har kommit att tänka på. Men precis så är det när man öppnar dörren till kunskap för att leta svar på de frågor de flesta människor vägrar erkänna ens existerar. Den information jag har fått i mitt arbete är förmodligen bara skummet på ytan. Den ger oss en glimt av vad som finns i den andra värld som vi alla en dag ska besöka. Det kan inte vara en slump att liknande information kommit från så många olika personer i djup trans. För att deras beskrivningar ska kunna vara så likartade måste de verkligen ha föreställt sig samma platser och omständigheter. Det är inte alltid lätt att acceptera ett annat sätt att tänka på, som helt eller delvis bryter mot det mönster vi lärt oss sedan barnsben. Men om det har en gnutta sanning så är det värt att överväga och utforska. Återigen så är denna information bara hörsägen och vi kommer aldrig att veta förrän vi faktiskt gör resan själva. Men om vi kan finna så mycket kunskap från de som redan har gjort resan, och som bär med sig erfarenheten av det i det själsliga minnet, då är vi åtminstone ett steg närmare att förstå denna skrämmande värld, okänd för oss. Jag tror att vi alla bär på dessa minnen och att de möjligtvis kommer upp till ytan då vi som mest behöver dem.

Jag tror att min forskning är lite som att läsa en geografibok om ett märkligt och exotiskt land som ligger långt borta på andra sidan havet. Det är en verklig plats som vi vet existerar eftersom boken ger oss beskrivningar och bilder av den, och berättar om de aktiviteter invånarna ägnar sig åt. Men fram till dess att vi faktiskt åker dit och ser det med egna ögon förblir informationen bara ord och bilder i en bok. Kanske överdrev författaren, kanske förminskade han det, kanske beskrev han det endast utifrån sitt eget perspektiv medan en annan geografibok skulle gett faktabeskrivningar på ett annat sätt. Varje gång vi reser till ett främmande land så ser vi det med våra egna ögon och lägger kanske märke till något som någon annan inte alls la märke till. Allt som händer oss färgas av våra egna tankar och erfarenheter.

Vi kommer därför aldrig att kunna veta förrän vi en sista gång lämnar vår kropp för att färdas mot det strålande ljus som markerar gränsen mellan denna värld och nästa. Trots den kunskap jag har erhållit genom mitt arbete är jag inte angelägen om att göra denna resa. Åtminstone inte ännu. Jag känner att jag har mycket kvar att uträtta på det här planet. I min studie av döden har jag funnit hyllningen till livet.

Och jag tror att det är en resa som inte kommer att väcka lika mycket rädsla som den en gång gjorde när tiden väl är inne. För jag vet att jag inte kommer att bege mig mot något märkligt, mörkt och okänt. Jag återvänder helt enkelt hem, och på de planen kommer det att finnas lika många bekanta människor och syner som det finns på det här. Kanske har den information jag har funnit gjort det möjligt för oss att lyfta lite på slöjan för att se bortom den, att få glimta genom glaset in i skuggorna för att upptäcka att det inte är så mörkt som det en gång varit. Det är uppvaknandet av minnen som länge legat begravda. Och minnen är verkligen underbara, för det vi ser är någonting vackert att beskåda.

Jag är tacksam för att jag har fått möjlighet att föra dessa samtal med andarna. Vad de har låtit berätta för mig uppmuntrar till att släppa rädslor och tvivel, och de för med sig insikten om att det som ligger bortom barriären inte är något annat än en lycklig "hemkomst."

Om författaren

Dolores Cannon, en regressionsterapeut och forskare av det övernaturliga som dokumenterar 'förlorad' kunskap, föddes år 1931 i St. Louis, Missouri. Hon utbildades och bodde i St. Louis fram till sitt giftermål med en karriärsman inom marinen. De kommande 20 åren tillbringade hon med att resa över hela världen som en typisk hustru till en man inom marinen, och uppfostrade sin familj. År 1970 fick hennes man avsked som invalidiserad veteran och de drog sig tillbaka till bergen i Arkansas. Där inledde hon sin författarkarriär och började sälja sina artiklar till olika tidskrifter och tidningar. Hon har varit verksam inom hypnos sedan 1968 och har sedan 1979 uteslutande ägnat sig åt terapi av tidigare liv och regressionsarbete. Hon har studerat de olika hypnosmetoderna och därigenom utvecklat sin egen unika metod, vilket möjliggjort för henne att på ett mycket effektivt sätt frigöra information från sina klienter. Dolores undervisar nu i sin unika hypnosteknik över hela världen.

År 1986 utvidgade hon sina undersökningar till att omfatta UFO-området. Hon har gjort studier på plats av misstänkta UFO-landningar och har undersökt sädesfältcirklarna i England. Huvuddelen av hennes arbete inom detta område har bestått i att samla in bevis genom hypnos från misstänkt bortförda personer.

Dolores är en internationell talare som har föreläst på alla världens kontinenter. Hennes sjutton böcker är översatta till tjugo språk. Hon har talat inför radio- och TV-publik över hela världen. Artiklar om/av Dolores har publicerats i flera amerikanska och internationella tidskrifter och tidningar. Dolores var den första amerikanen och den första utlänningen att få "Orpheus Award" i Bulgarien, för det främsta framsteget inom forskning av övernaturliga fenomen. Hon har fått utmärkelser för enastående bidrag och för livslång prestation från flera organisationer inom hypnos.

Dolores har en mycket stor familj som hjälper henne att finna balans mellan den "verkliga" världen med sin familj och den "osynliga" världen i sitt arbete.

Om du önskar korrespondera med Ozark Mountain Publishing om Dolores arbete eller hennes kurser, vänligen skriv till följande adress. (Bifoga ett frankerat kuvert för svar.) Dolores Cannon, P.O. Box 754. Huntsville, AR, 72740. USA
Eller maila kontoret på decannon@msn.com eller via vår webbplats: www.ozarkmt.com

Dolores Cannon lämnade denna värld 18 oktober 2014 och lämnade efter sig otroliga prestationer inom områden som alternativ healing, hypnos, metafysik och regressioner till tidigare liv. Det mest imponerande av allt var hennes inneboende förståelse av att det viktigaste hon kunde göra var att dela med sig av information. Att avslöja den dolda eller oupptäckta kunskap avgörande för mänsklighetens upplysning och de lärdomar vi har här på jorden. Att dela med sig av information och kunskap var vad som var viktigast för Dolores. Det är därför hennes böcker, föreläsningar och unika hypnosmetod QHHT® fortsätter att fascinera, vägleda och informera så många människor runt om i världen. Dolores utforskade alla dessa möjligheter och mer därtill, samtidigt som hon tog oss med på vårt livs resa. Hon ville att medresenärerna skulle dela hennes resor in i det okända.

Other Books by Ozark Mountain Publishing, Inc.

Dolores Cannon
A Soul Remembers Hiroshima
Between Death and Life
Conversations with Nostradamus,
  Volume I, II, III
The Convoluted Universe -Book One,
  Two, Three, Four, Five
The Custodians
Five Lives Remembered
Horns of the Goddess
Jesus and the Essenes
Keepers of the Garden
Legacy from the Stars
The Legend of Starcrash
The Search for Hidden Sacred
  Knowledge
They Walked with Jesus
The Three Waves of Volunteers and the
  New Earth
A Very Special Friend
Aron Abrahamsen
Holiday in Heaven
James Ream Adams
Little Steps
Justine Alessi & M. E. McMillan
Rebirth of the Oracle
Kathryn Andries
Time: The Second Secret
Will Alexander
Call Me Jonah
Cat Baldwin
Divine Gifts of Healing
The Forgiveness Workshop
Penny Barron
The Oracle of UR
P.E. Berg & Amanda Hemmingsen
The Birthmark Scar
Dan Bird
Finding Your Way in the Spiritual Age
Waking Up in the Spiritual Age
Julia Cannon
Soul Speak – The Language of Your
  Body
Jack Cauley
Journey for Life
Ronald Chapman
Seeing True
Jack Churchward
Lifting the Veil on the Lost
  Continent of Mu

The Stone Tablets of Mu
Carolyn Greer Daly
Opening to Fullness of Spirit
Patrick De Haan
The Alien Handbook
Paulinne Delcour-Min
Divine Fire
Holly Ice
Spiritual Gold
Anthony DeNino
The Power of Giving and Gratitude
Joanne DiMaggio
Edgar Cayce and the Unfulfilled
  Destiny of Thomas Jefferson
Reborn
Paul Fisher
Like a River to the Sea
Anita Holmes
Twidders
Aaron Hoopes
Reconnecting to the Earth
Edin Huskovic
God is a Woman
Patricia Irvine
In Light and In Shade
Kevin Killen
Ghosts and Me
Susan Linville
Blessings from Agnes
Donna Lynn
From Fear to Love
Curt Melliger
Heaven Here on Earth
Where the Weeds Grow
Henry Michaelson
And Jesus Said – A Conversation
Andy Myers
Not Your Average Angel Book
Holly Nadler
The Hobo Diaries
Guy Needler
The Anne Dialogues
Avoiding Karma
Beyond the Source – Book 1, Book 2
The Curators
The History of God
The OM
The Origin Speaks

For more information about any of the above titles, soon to be released titles,
or other items in our catalog, write, phone or visit our website:
PO Box 754, Huntsville, AR 72740|479-738-2348/800-935-0045|www.ozarkmt.com

Other Books by Ozark Mountain Publishing, Inc.

Psycho Spiritual Healing
James Nussbaumer
And Then I Knew My Abundance
Each of You
Living Your Dram, Not Someone Else's
The Master of Everything
Mastering Your Own Spiritual Freedom
Sherry O'Brian
Peaks and Valley's
Gabrielle Orr
Akashic Records: One True Love
Let Miracles Happen
Nikki Pattillo
Children of the Stars
A Golden Compass
Victoria Pendragon
Being In A Body
Sleep Magic
The Sleeping Phoenix
Alexander Quinn
Starseeds What's It All About
Debra Rayburn
Let's Get Natural with Herbs
Charmian Redwood
A New Earth Rising
Coming Home to Lemuria
David Rousseau
Beyond Our World, Book 1
Richard Rowe
Exploring the Divine Library
Imagining the Unimaginable
Garnet Schulhauser
Dance of Eternal Rapture
Dance of Heavenly Bliss
Dancing Forever with Spirit
Dancing on a Stamp
Dancing with Angels in Heaven
Annie Stillwater Gray
The Dawn Book
Education of a Guardian Angel
Joys of a Guardian Angel
Work of a Guardian Angel
Manuella Stoerzer

Headless Chicken
Blair Styra
Don't Change the Channel
Who Catharted
Natalie Sudman
Application of Impossible Things
L.R. Sumpter
Judy's Story
The Old is New
We Are the Creators
Artur Tradevosyan
Croton
Croton II
Jim Thomas
Tales from the Trance
Jolene and Jason Tierney
A Quest of Transcendence
Paul Travers
Dancing with the Mountains
Nicholas Vesey
Living the Life-Force
Dennis Wheatley/ Maria Wheatley
The Essential Dowsing Guide
Maria Wheatley
Druidic Soul Star Astrology
Sherry Wilde
The Forgotten Promise
Lyn Willmott
A Small Book of Comfort
Beyond all Boundaries Book 1
Beyond all Boundaries Book 2
Beyond all Boundaries Book 3
D. Arthur Wilson
You Selfish Bastard
Stuart Wilson & Joanna Prentis
Atlantis and the New Consciousness
Beyond Limitations
The Essenes -Children of the Light
The Magdalene Version
Power of the Magdalene
Sally Wolf
Life of a Military Psychologist

For more information about any of the above titles, soon to be released titles,
or other items in our catalog, write, phone or visit our website:
PO Box 754, Huntsville, AR 72740|479-738-2348/800-935-0045|www.ozarkmt.com

www.ingramcontent.com/pod-product-compliance
Lightning Source LLC
Chambersburg PA
CBHW062158080426
42734CB00010B/1744